浓缩中国文化精髓 荟萃文化知识趣点

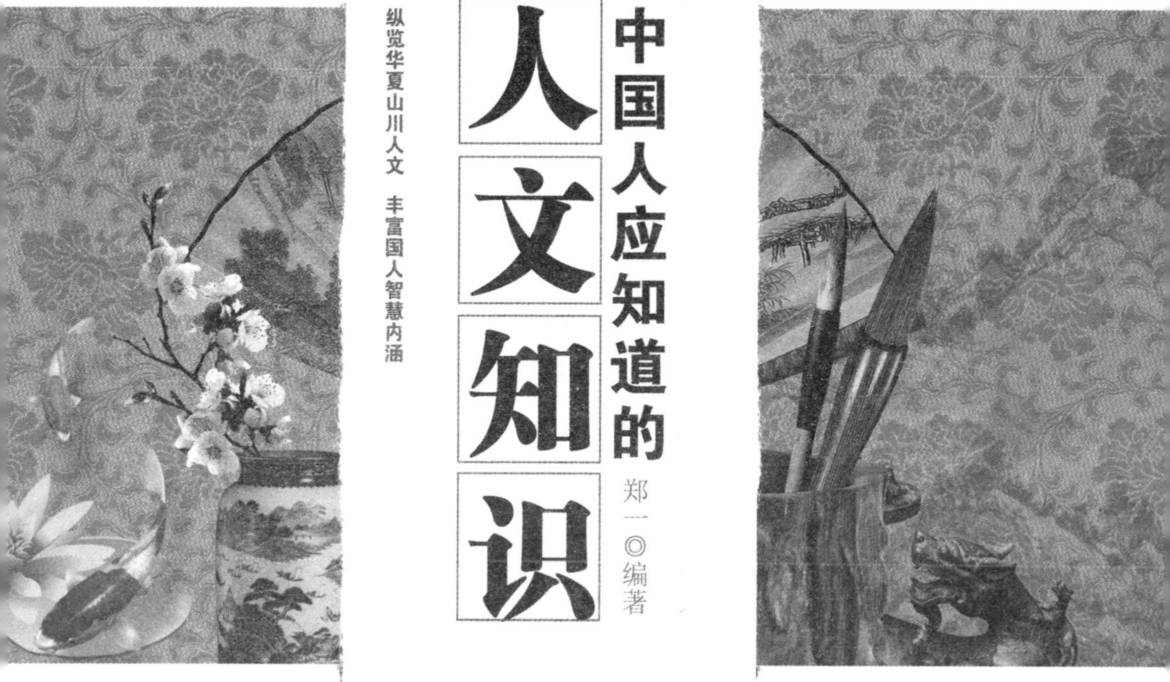

中国人应知道的人文知识

郑一◎编著

纵览华夏山川人文 丰富国人智慧内涵

继承和弘扬中国文化，是每个中国人义不容辞的责任，
是推动中国文化传播、发展的需要。
展现人文常识的历史长卷，领略中华五千年文化，探究中国古代丰富多彩的中华文明
中华人文知识的百科精粹，提高文化素养的必备读本

中国纺织出版社

内 容 提 要

中华文化博大精深，五千年的智慧积淀彰显了民族历史的强大与辉煌。了解中国文化知识，弘扬中国优秀的文化思想，每个中国人都应义不容辞。

本书是一部便捷实用的中国人文知识百科全书，内容涵盖从宗教到文学到艺术的各个领域，展现了精彩纷呈的中国人文知识世界，具有超强的参考性和指导性，相信每个翻阅此书的读者，都能感受人文知识的魅力，提升自己的修养。

图书在版编目（CIP）数据

中国人应知道的人文知识 / 郑一编著. -- 北京：中国纺织出版社，2016.8（2022.8 重印）
ISBN 978-7-5180-2306-6

Ⅰ.①中… Ⅱ.①郑… Ⅲ.①中华文化—通俗读物 Ⅳ.①K203-49

中国版本图书馆CIP数据核字（2016）第018571号

策划编辑：闫 星　　责任印制：储志伟

中国纺织出版社出版发行
地址：北京市朝阳区百子湾东里 A407 号楼　邮政编码：100124
销售电话：010—67004422　传真：010—87155801
http：//www.c-textilep.com
E-mail：faxing@c-textilep.com
中国纺织出版社天猫旗舰店
官方微博http://weibo.com/2119887771
佳兴达印刷（天津）有限公司印刷　各地新华书店经销
2016年8月第1版　2022 年 8 月第 3 次印刷
开本：710 × 1000　1/16　印张：22
字数：281千字　定价：55.00 元

前 言

中华文化，是世界上最古老的文明之一，也是世界上持续时间最长的文化。中华文化源远流长，假如从黄帝时代算起，已经有五千年的历史了。有人说，中华民族有“三十万年的民族根系、一万年的文明史、五千年的国家史”，较之世界，中国也是历史最悠久的文明古国之一。在这五千年的璀璨历史中，闪耀着众多光彩夺目的人文常识。

人文，是一个动态的概念。《辞海》中这样写道：“人文指人类社会的各种文化现象。”众所周知，文化是人类或者一个民族、一个人群共同具有的符号、价值观及其规范。符号是文化的基础，价值观是文化的核心，这样看来，文化的主要内容是规范，包括习惯规范、道德规范和法律规范。在这其中，人文是人类文化中先进的、科学的、优秀的部分。其集中体现就是重视人、尊重人、关心人、爱护人。人文，简单地说，就是重视人的文化。

一般而言，常识性的人文文化包括了四个层次：一是物态文化层，由物化的知识力量构成，是人的物质生产活动以及其产品的总和，这是可以感知、具有物质实体的文化事物；二是制度文化，这是由人类在社会实践中建立的各种社会规范组建而成的，其中包括了社会经济制度、婚姻制度、家族制度、政治法律制度、家族、民族、政治、经济、宗教社团、教育、艺术组织等；三是行为文化，也就是以民风民俗形态出现，经常见于日常起居的活动之中，具有鲜明的民族、地域特色；四是心态文化层，这是由人类在实践和意识活动中经过长时间孕育而最终形成的价值观念、审美情趣、思维方式等，当然，这也是文化的核心部分。

本书是人文常识的浓缩本，具有知识性、科学性和趣味性。在本书中，囊括了最为精华的常识趣闻、远古传说、宫廷文化、风俗文化、节日文化、服饰知识、建筑文化、饮食起居文化、宗教文化、古代交通、古代哲学、古代文学、古代历史、古代音乐、古代天文、古代医学等多方面多角度的内容，以期为您呈现出人文的精彩。中华文化博大精深、包罗万象，一个人的素质和整体能力，就体现在对这些知识的了解上。掌握更多的人文常识，利于我们丰富自身的知识储备、完善个人素质，为将来的成功人生打下基础。

编著者

2015年4月

目　录

第一章 中国古代的趣言妙语

中国的语言不仅神奇、有趣，还蕴涵着丰富的文化。语言，记载着中华民族的物质和精神的历史，蕴藏着中华民族独特的审美性格，它不再是僵硬的符号，而是有形象、有色彩、有故事的精灵。

什么样才是真正的“青梅竹马”

青梅竹马，“青梅”是未长熟的梅子，指代年幼的女孩；“竹马”是指男孩喜欢把竹竿当马骑，也指代少男。“青梅竹马”就是指少男少女无拘束地在一起玩耍的天真无邪的时代。

唐代大诗人李白的《长干行》描写一位女子思夫心切，愿从住地长干跋涉数百里远路，到长风沙迎接丈夫。诗的开头回忆他们从小在一起亲昵地嬉戏：“郎骑竹马来，绕床弄青梅。同居长干里，两小无嫌猜。”后来，人们使用“青梅竹马”和“两小无猜”来表明天真、纯洁的感情深厚而长远，也可以把青梅竹马、两小无猜放在一起使用，意思不变。

每个人都有过童年，童年的记忆往往是最美好的，古人也是一样。折枝花儿，骑匹竹马，两个人一起嬉闹玩耍，都是最寻常不过的，而这种寻常场景经过诗人的加工，顿时变得耐人寻味。当然，也是因为它可以引起几乎所有人的共鸣，能够立即勾起人们的美好回忆，所以很容易被人们记住并且流传下来。

“抛绣球选夫婿”是怎么来的

古装电视剧中常有抛绣球选夫婿的镜头：一位大户人家的女子顾盼左右，然后将绣球扔向自己中意的男子。这些演绎似乎让人不得不相信这种浪漫方式的存在。

然而，从历史考证，在古代抛绣球选夫是根本不可能的事情。戏剧小说中的抛绣球情节都只能属于艺术家的文学虚构而已，在现实生活中，抛绣球的择偶方式是无法实现的。因为封建社会的婚姻讲究父母之命、媒妁之言，同时还要考虑门当户对、政治联姻等因素。家长不可能让子女自己决定婚姻，更不可能听之任之。即使偶有自由恋爱者，也常被视作“淫奔”“野合”，会受到当时主流社会的排挤与否定。

也许正是出于对封建婚姻制度的不满和对美好爱情的向往，才使得抛绣球的情节走进了文学作品里。再者，即使古代抛绣球选夫真的存在，好想通过这种方式找到一个称心如意的夫婿也几乎是不可能的。想想看，绣球一抛出，引得台下一大堆色迷心窍的男子拼命争抢，哪能那么巧恰被自己中意的情郎夺得！恐怕没有哪个小姐敢拿自己的终身大事冒如此大的风险吧。

“小姐”的称谓在古代是怎么来的

“小姐”是现在礼仪交往中对未婚女子的敬称。古装电视剧、电影中也把未婚女子叫“小姐”，让人以为古今用法并无差别。其实不然，此“小姐”并非彼“小姐”，古今“小姐”的意思是不同的。

宋元时期把地位低下的宫婢叫“小姐”，后来也指妓女。这和明清流行的“小姐”之意是不可同日而语的。而现代用在不同地方也有敬称和贬义两种用法。

宋代以后，“小姐”隐含尊贵之意，豪门大户家的女儿都被叫作小姐。元

杂剧中开始频繁使用“小姐”一词，如《西厢记》中小姐崔莺莺的形象至今深入人心。明清时期，千金小姐的形象经常出现于文学作品之中，而小姐定情后花园的情节也成为才子佳人小说中的经典模式。

 什么时候有了“风马牛不相及”这个俗语

生活中，人们常常用“风马牛不相及”这句俗语来比喻那些毫不相干的事情，可为什么单单选择了风、马、牛这三种事物呢？这句话是怎么来的呢？这里，有一个有趣的小故事。

据史料记载：公元前656年，齐桓公会盟北方七国准备联合进攻楚国。当时的楚国君主是楚成王，他认为齐国是出师无名，于是他在准备应战的同时还派大夫屈完出使质问齐国。

屈完来到齐国后见到齐桓公就问：“你们齐国和我们楚国相距这么远，可以说是一个在北方、一个在南方，中间还夹着这么多的国家。即使是发生马和牛与同类相诱而互相追逐的事，也跑不到对方的土地上去，没想到你们竟然进入我们楚国的领地，这是为什么？”在屈完不卑不亢的态度与楚国强大的军事力量面前，齐国终于在权衡利弊之后退了兵。

这里所说的“同类相诱”在古代称作“风”，因此“风马牛不相及”的意思是说齐楚两地相距甚远，连发情的马、牛都不会走失到对方境内。屈完用自己的三寸不烂之舌阻止了齐国的军队，此后，“风马牛不相及”也就成了一个固定的俗语，常被人们用于比喻事物之间毫不相干。

 古代的人都以什么为“人生四喜”

俗话说“人有四喜”，尤其是在古典小说、戏剧诗词中，“喜”也常代表着中和之美的传统审美习惯。那么这里所说的“四喜”到底指些什么呢？

“人有四喜”反映了传统文化中人们对美好事物的追求，尤其是在明清小说中，这个词常常被当作套语反复出现。而这里所说的“四喜”是指：“久旱

逢甘霖，他乡遇故知，洞房花烛夜，金榜题名时。”

因为中国古代把农业看作是国计民生的根本，自然大旱之后的甘霖被认为是一大喜事。其次，人们为谋生计或求功名，都要常年游走异乡，如果在他乡意外遇到自己的同乡知己，必然欣喜若狂。至于洞房花烛夜，就更不用说了，即便在今天也是人生的头等喜事。新婚夫妇琴瑟相悦，家人想到“之子于归，宜其家室”也喜气洋洋。而传统文人均以出仕为追求，所谓“学而优则仕”，十年寒窗一朝金榜题名，怎不令人喜上眉梢?

 “二百五”是从什么时候开始专指傻瓜的

中国人常把傻瓜、好出洋相的人叫作“二百五”。但为什么要这样叫呢?估计知道的人很少。

据说这个词的由来和战国时期的苏秦有关。中国的历史人物中，苏秦算得上是一个很厉害的人，他说服韩、魏、赵、齐、燕、楚六国结成同盟，共同对付秦国，从而受到六国国君的赏识，被封为六国丞相。

然而，正当苏秦想大有作为的时候，却遇刺身亡了。但他临死前给齐王出了一个抓刺客的妙计。

苏秦对楚王说：“我死后，陛下就下令把我的头割下来悬挂在城门，让人用鞭子抽打我的尸体，然后张贴出黄榜，上面写着：‘苏秦是个大内奸，死有余辜。齐王一直想杀了他，却没想到什么好的办法。今幸有义士为民除害，大快人心。齐王下旨重赏，奖励黄金千两，请义士来领赏。’”

苏秦的这一招还真灵。黄榜一出，竟有四人前来领赏，而且都一口咬定：苏秦是自己杀的。于是士兵把他们“请”到齐王跟前。齐王见到他们四个人就煞有介事地问：“这一千两黄金，你们四个人怎么个分法？”这四个人不知道中了计，还高兴得立即回答说：“这好办，每人二百五。”

齐王一听他们还乐滋滋地想着赏金，便拍案大怒：“把这四个二百五推出去斩了！”这四个人就成了替死鬼被杀了。而真正的刺客，据说是秦国派来的杀手，早就逃回秦国去了。

于是，“二百五”的说法很快流传到民间，并被人们用来形容傻瓜、笨蛋

和被财色所迷惑的人。

“下海”为何成了做生意的代名词

在今天的社会里，我们时常听到有人说：“他下海了。”意思是“他经商了”。这就让我们产生了疑惑：“难道经商和大海有关系吗？”这种说法是怎么来的呢？

“下海”一词最早出自20世纪20年代的舞台戏曲《洛阳桥》。说的是清朝有个姓蔡的状元要为家乡建一座洛阳桥，在建桥的过程中，桥墩突然打不下去，这时当地的老百姓就认为这是海龙王在作怪，所以卡壳了。状元听了这些传闻后，居然贴出了这样一则布告：“兹为我乡建造‘洛阳桥’……今拟委派一位能下得海去的人与龙王面洽架桥事宜……”

有两个衙役为了邀功请赏，就在酒馆里找到一个名叫“夏德海”的醉汉，谎称找到了“下得海”的人。

几天后，他们把夏德海灌醉后带到海边，扔到了大海里。后来，人们就把稀里糊涂地或冒险地去干某种事概称为“下海”。

因为在商场博弈，风险甚大，好比在海洋中讨生活，所以人们就把平常人去经商称为“下海”，而这个海就是“商海”。

什么时候开始有“公主”这个称呼

我们在很多古装影视剧里常常看到：古代皇帝的女儿被称作“公主”。为什么要这样叫呢？

“公主”这个称呼最早见于周朝。《春秋公羊传》里有这样一句话：“天子嫁女乎诸侯，必使诸侯同姓者主之。”意思是，天子把女儿嫁给诸侯，自己是不主婚的，而是请和自己同姓的诸侯作为长辈主婚。而诸侯的最高爵位是“公”，因此，天子的女儿就有了个称号——公主。

在先秦时代，可被称为公主的并不限于天子的女儿，诸侯之女也称公主。到

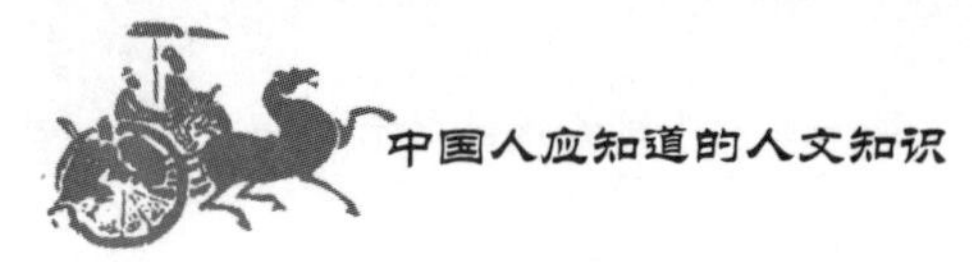

了汉代，称谓之间的等级观念更加严格，“公主”自然就成了皇帝女儿的专用词。不仅如此，皇室内部的公主们也有了区别：皇帝的姊妹称为“长公主”。

“公主”这个称呼被历代沿用。但在北宋时曾出现了两个例外：一是北宋初年，皇帝为表彰开国元勋赵普和高怀德，特封赵女为郡主，高女为县主；二是徽宗时期，一度改公主为“帝姬”，郡主为“宗姬”，县主为“族姬”。

“三长两短”最初是什么意思

在生活中，我们时常用“三长两短”这个词来形容意外的灾祸、事故或人的死亡等不吉利的事。如罗贯中的《三遂平妖传》中有“万一此后再有三长两短，终不能靠着太医活命”的例子。为什么“三长两短”代表着不吉利呢？

原来，“三长两短”这个词来自古代的棺材。古时候的棺材是用三块长木板和两块短板构成的一个匣子。因为古代做棺材不用钉子，所以只能用皮条把棺材底与盖捆合在一起。横向捆三道，纵向捆两道。横向的木板长，纵向的木板短，“三长两短”即源于此。后来由于有了钉子钉棺盖，既方便又快捷，原来的方法也就逐渐被淘汰，但这个词语却一直流传了下来。

所以说，最初的“三长两短”是死的别称，后来又加入了意外、灾祸等意思。有时它被缩写为“长短”，但含义不变。

“绿帽子”是谁“发明”的

为何说“戴绿帽子”，而不是别的颜色的帽子？

绿帽子的起源是从元朝开始的，元朝统治者规定妓女着紫衫，在妓院里做工的男人戴绿头巾，以示与正常人的区别。延续至今，就诞生了中国男人最怕的一顶帽子：绿帽子。关于“戴绿帽子”有个传说。

有一个女子长得很漂亮，和当地的一位商人结婚了，但是商人经常出远门经商，于是这个女子便耐不住寂寞，便找人约会。这天她的丈夫又出差

了，这个女子便和一个男子在家里幽会，两个人聊得正热乎时，女子的丈夫突然回来了，把他们抓个正着。事后女子又把丈夫哄骗好了，还给丈夫做了一顶绿色的帽子，然后说："你戴这顶帽子真漂亮，你以后出差的时候一定要戴着这顶帽子。"其实这是给她幽会的男人做的记号，丈夫戴着这顶帽子出门，那个幽会的男子看到了就知道女子的丈夫出远门了。

吓唬猴子为何要"杀鸡"

俗语有"杀鸡给猴看"，意思是为了警告、恐吓一些人而惩罚一个人，以起到杀一儆百的作用。让人迷惑的是：为什么只是杀鸡给猴子看，杀别的动物难道不可以吗？还是猴子和鸡本身就有什么特殊的关系呢？

原来猴子最怕见血，人们为了驯猴，就利用它怕见血的弱点去恐吓它，以便使猴子轻松地被人驯服。而为何只杀鸡，有一种很迷信的说法：据说鸡是阳气很重的动物，所以鸡血对于猴子的震慑作用最大。当然，这种说法归根结底恐怕还是因为猴子很有灵性，所以看到杀鸡就能反省自己的行为。可是鸡就很冤枉了，为了给猴子现身说法，它们还要白白地赔上性命。自然，后来"杀鸡给猴看"就成了人们用以警告、威吓的俗语了。

"碰瓷儿"一词是怎么来的

北京方言中常用"碰瓷儿"这个词语来形容那些投机取巧、敲诈勒索的行为。那为什么要这样说呢？这个词语是怎么来的呢？对于"碰瓷儿"的由来有两种说法。

一种说法是：在清末时期，有一伙人为了找到一个能敲诈勒索他人钱财的借口，就专门抱着瓷器去路边撞马车。与马车发生碰撞后，这伙人就故意把瓷器摔坏，然后说那瓶是他爷爷的奶奶的二舅妈的大姨子那代的古董，值多少多少银子，要求车主赔偿。于是车主就被狠狠宰了一把白花花的银子，要不然他就甭想脱身而去。瓷器碰马车，就叫“碰瓷儿”。

还有一种说法：一些卖古玩的人，故意把瓷器摆在路中央，专门等待路过的人不小心把瓷器碰坏，他们便可以借机讹诈。可怜被“碰瓷儿”者，气受了，钱花了，还得抱回一堆碎瓷。

现如今，被“碰瓷儿”这类倒霉事更多的是发生在私家车主身上，在广州、北京等地甚至还出现了团伙作案的“职业碰瓷党”。“碰瓷儿”是民间的一种说法，实际就是诈骗违法犯罪的一种表现形式。

“王老五”最初是指什么

“王老五”是民间特指没有老婆的男人的一个俗语，其来历无从考证。俗语说：“王老五，命真苦，裤子破了没人补。”也许就是这句俗语，才会让王老五成了单身汉的代名词。

王老五真正出名是因为一部名叫《王老五》的故事片问世。影片塑造了一个单身汉主人公“王老五”，因家庭贫困，年已三十五岁却仍未娶妻成家。后来帮助老家的邻家姑娘埋葬老父亲，才博取了对方好感，最终两人结婚。婚后他们生儿育女，家庭生活更加窘迫。因汉奸诬陷，王老五不仅被大家误解，还被敌机掷弹轰炸身亡。借助影片的影响，不仅这部电影中的歌曲成为当时的流行歌曲，“王老五”的大名也广为流传，自此单身汉们便有名有姓，一直叫到今天。

如今，“王老五”这个词也变了味，不再是一无所有、没人青睐的单身汉了。比如，“钻石王老五”就特指事业有成而尚未结婚的男性，这可是不少女士们趋之若鹜的对象呢！

为什么用“磨洋工”来指代干活偷懒

在生活中，我们时常听到有人用“你在磨洋工呀！”这句话去责备那些办事态度消极、有意拖延时间的人。当然，我们都知道这里的“磨洋工”是个贬义词，一般指做活时偷懒，消极怠工。

但是，“磨洋工”这个词的最初含义并不是“磨蹭、怠工”的意思，而是建筑中一道工序的代名词。我国古代对房屋建设十分讲究，要求用“磨砖对缝”来保证质量上的完美。其中有所谓“磨工”，就是对砖墙的表面进行打磨，使之平整、光滑的一种功夫，相当于现在的勾缝和打磨石类。

1917年至1921年，美国用清政府的“庚子赔款”在北京建造协和医院和协和医学院。全部工程耗资500万美元，占地22公顷，而且建筑质量要求甚高，外观上采取中国传统的磨砖对缝、琉璃瓦顶建筑工艺。由于这项工程是由外国人出资、设计，中国工人就称它为“洋工”。协和医院共有主楼14座，又是高层建筑，“磨工”工序十分浩繁。所以，许多参加建筑工程的工人就把这一工序称为“磨洋工”。

“破天荒”最早是指的什么

很多时候，人们都喜欢用“破天荒”这个词来形容从未发生过或第一次出现的事情。但为什么要这么说呢？追根溯源，这个词来源于《唐摭言》中的一个小故事。

唐代的荆州南部地区文气凋零、学风不盛，四五十年都没出过一个举人，更别说是金榜题名了。所以当时的人们便把荆南地区戏称为“天荒”。“天荒”这个词的本义是指亘古未开化的原始状态，荆南之所以被称为“天荒”，则是嘲弄讽刺这里是没有举人的偏僻落后地区。

直到唐宣宗大中四年，荆南举子刘蜕一举考中进士，这才破了“天荒”。当时魏国公崔铉镇守荆南，赠给刘蜕“破天荒”钱七十万，刘蜕不受，回书谢道：“五十年来，自是人废；一千里外，岂曰天荒。”

“破天荒”的说法即由此而来。

故弄玄虚为什么又叫“卖关子”

在现实生活中，我们常常用“卖关子”这个词来比喻那些在要紧、关键时

刻故弄玄虚，让听者着急无奈的人。可为什么要卖“关子”呢？这个关子到底是个什么东西，如何能卖呢？

其实在古时候，这个“关子”确实是可以买卖的。宋代的会计、贸易、税收、开垦土地的凭证，或者空白执照就叫“关子”。到北宋末年，“关子”已成为可以买卖转让的票据了。在南宋，“关子”是政府印刷的一种纸币。根据《宋史》记载：“南宋高宗绍兴元年（1131年），婺州出于筹措军费的目的而印造了一种‘关子’，商人用现钱在婺州换取关子。”可见这种关子有交易凭证的职能。

而今天所说的“卖关子”应该是由古时的真正可以卖的关子演变而来的。

“五福临门”指的是哪些方面的福气

很多人都知道“五福临门”这个成语，可是很少有人知道“五福”所指的是哪五种福。至于“五福临门”说法的来源，知道的人就更少了。

那么“五福临门”中的“五福”到底指什么呢？其实很简单，它们都是和人们的日常生活息息相关的。第一福是“富贵”，钱财富足，地位尊贵；第二福是“好德”，宽厚宁静，生性仁善；第三福是“长寿”，福寿绵长，命不夭折；第四福是“康宁”，身体健康，心灵安宁；第五福是“善终”，善能久远，有始有终，身无疾病，寿终正寝。

这五福如果单从一个方面来说，人生并不是十分幸福的。比方说，有的人富贵而健康状况不佳，有的人富贵而无德，有的人长命百岁而贫贱度日，有的人贫贱而善终，有的人富贵长命而最后却惨遭横祸……人生境遇多得不胜枚举，而只有五福合起来才能成就幸福美满的人生。

“纸老虎”一词最先起源于哪儿

人们一般用“纸老虎”这个词来形容一些外强中干的人。有人认为“纸老虎”这个词是陈独秀最早使用的，其实不然，陈独秀只是第一次将其用于文章中。

“纸老虎”一词源于民间。在《扫迷帚》一书中有这样一句话：“自今以往，事事悉凭经验，一切纸糊的老虎，都尽被人戳破，不值一文。”先不说这本书的问世早于陈独秀，单单就“纸糊的”这三个字，就可以使我们想起民间古已有之的“纸糊老虎”的工艺造型——元宵花灯以及殡仪队列中的纸佣。人们正是在现实生活中这种“纸糊老虎”具体事物的启发下，才创造性地使用了“纸老虎”一词，也才有了纸老虎的比喻意义。据此可以说“纸老虎”一词源于民众之中，而作为书面语言，它的确是最早见于陈独秀之文的。

“狗腿子”一词是怎么来的

现在，人们喜欢用“狗腿子”这个词来形容那些没有真本事却仗势欺人的人。可为何要这样说呢？关于这个词的来历还有一个有趣的故事。

从前，有一个恶霸地主，他养了一个家奴，很坏。家奴又养了一条狗，也很坏。他们三个真是人仗狗势狗又仗人势，人们都讨厌他们，背后叫他们恶主、恶奴、恶狗。

有一天，他们又去偷爬人家小寡妇的墙头，恶霸地主不小心摔断了一条腿，疼得哇哇直叫。奴才一见很是心痛，就溜须说：“主子，截下我这条腿来给您老安上吧。”地主一听心里很是乐意，但还是说：“那你呢？”家奴回头瞅见了那条恶狗，心中立时有了主意，回说：“我不会安一条狗腿吗？”“那狗呢？”恶霸还记着恶狗对自己的功劳，心疼地问。恶奴倒挺有办法，眼皮一眨就说道：“咱给它安上条泥腿。”恶霸地主觉得这法子虽欠妥，但为了自己，也难得奴才一片孝心，就同意了。

从那以后，人们就把那些仗势欺人的人叫“狗腿子”了。

“有眼不识泰山”最初不识的是哪个泰山

我们常常用“有眼不识泰山”这句话来比喻“眼力笨拙”“见识浅陋”。这里说的泰山就是现在山东的泰山吗？

关于“有眼不识泰山”这句俗语的来历有个有趣的传说，但却与山东的泰山毫无瓜葛，反倒是跟中国建筑业的祖师爷鲁班有关。

传说鲁班对徒弟要求极严，从不轻易放过他们的缺点，而且十分珍视自己得来不易的声誉。为了保持声誉，他便每隔一段时间就要从徒弟中淘汰个别“不成器”的人。有一年，有个叫“泰山”的年轻人因为技艺长进不大，而被鲁班辞掉了。

事隔数年，一次鲁班在集市上见到一批制作精巧的竹制家具，便想结识这个制造竹器的高手。于是，鲁班便向当地人打听制作这些家具的人的名字，当听说那人就是被自己赶下山的泰山时，大吃一惊。于是，鲁班对于当初错辞泰山的事很是惭愧，并且叹道：“我真是有眼不识泰山啊！”

直到今天，“有眼不识泰山”还是一句流行语。

“员外”是官名吗

“员外”最早是一个官职的名字。武则天时代的职事官就包括正员官和员外官。但是 那时的“员外官”却是正式编制以外的官，说白了就是一个虚官衔，并非正式官员。

在武则天统治时期，朝廷为了广揽人才，发展和完善了科举制度，允许自举为官、试官，并设立员外官。据《唐会要》记载：“员外及检校试官斜封官，皆神龙以后有之。”

唐玄宗继位以后，下诏罢除所有的员外官、试官和检校官，并对以后这三种官的任命作出了明确规定。“员外及检校试官斜封官开元大革前事，多已除去，唯皇亲战功之外，不复除授。今则贬责者，然后以员外官处之。”从这条记载可以看出，从唐玄宗以后，担任员外官的就主要是那些被贬的官员了。

随着时代的变迁和官制的改革，到了明朝以后，员外官已经成为一种闲职，更与财富联系在一起，只要肯花银子，地主和商人都可以捐一个员外官来做。自然，“员外”这个词也就渐渐成为土财主的代名词了。

“吹牛皮”起初是什么意思

人们经常用“吹牛皮”来比喻说大话。为什么要用“吹牛皮”来指代说大话呢？说大话跟吹牛皮有什么关系？这个词又是怎么来的呢？

经考证，“吹牛皮”这个词来源于陕甘宁和内蒙古一带。以前，这些地方紧挨着河流，所以当地的人们得靠划皮筏子过河。皮筏子有羊皮的也有牛皮的，用的时候就往里面吹气，扎好口后，才能作为渡河的工具。小筏子连在一起就成为大筏子；大筏子如果连在一起，数千斤的重物便可以运过河去。

所谓“吹牛皮”，就是往皮筏子里吹气，看似简单，其实是需要技巧的。因为吹牛皮有一定的难度，于是人们便在讽刺那些说大话的人时，总是说：“有本事去河边吹吹牛皮看看。”久而久之，“吹牛皮”就成了说大话的代名词。

谁是第一个“敲竹杠”的人

“敲竹杠”这个词，现在的意思是指凭借势力，或利用他人弱点，或以某种借口，勒索讹诈人家钱财。关于“敲竹杠”的由来，还有一个传说。

清朝末年，鸦片的引入使得很多当时倒卖鸦片的烟土商发了大财。清政府便对此类行为进行严肃整顿，情况有了好转，但这也使得很多人断了财路。然而，面对巨大利益的诱惑，还是有人冒着被抓进监狱的危险继续从事贩卖烟土的生意，因为这个生意利润实在是太大了。

清朝的关卡检查变得十分严厉，但是并没有挡住一位狡猾的云南贩卖客商，他从来没有被关卡查获过。为什么清朝海关的关卡查不出赃物呢？这当然得归功于这位云南商人藏禁品的方法独特。他在毛竹刚生长时，剖开嫩竹，把准备好的烟土藏进去，等到毛竹长大后，便将毛竹做成竹杠、船篙等类似东西。此种办法真是巧妙，竟然一点儿也没有露出痕迹。

但是事情总不能那么一帆风顺。有一次，关卡检察官正准备让这艘夹带烟土的船只放行时，一个在关卡办事的绍兴师爷突然吸着长管旱烟走到船上。无意之中，他拿着烟袋锅子朝搁在船舱里的竹杠“啷、啷、啷”地敲了几下。精明的云南客商听到声音，以为绍兴师爷看出了他的秘密，于是马上向师爷行贿。那位绍兴师爷其实并没有发现什么，但是他见钱眼开，也就没有进一步追问。

就这样，“敲竹杠”一词便在民间流传开来，其本来的意思也逐渐被人们所改变。

“福如东海”是哪片海，“寿比南山”又是哪座山

人们给老人祝寿时，都习惯用“福如东海长流水，寿比南山不老松”这句话，但知道这句话里所说的“东海”“南山”的具体方位的人却不多。

其实这里所说的“东海”就是现在的渤海。在古代，渤海是人们心目中最大的海。因为中国古代的经济中心在黄土高原、华北平原，毗邻渤海。

关于南山的说法最早见于《诗经·小雅·天保》：如月之恒，如日之升。如南山之寿，不骞不崩。大意是：犹如上弦的月，好比初升的日。恰似南山之寿，不会崩坍陷落。但这里的南山是指哪座山，确实很难考证了。

有一种说法是：相传唐代高僧鉴真在公元748年与三十五个门徒第五次东渡日本时，因遇到台风，漂流至今天的三亚市时已经是筋疲力尽，当他们踏上南山的土地时，却马上恢复了精神。这件奇事一传十、十传百，人们从此把南山叫作仙山。

“耳边风”出自哪个典故

耳旁风，又称耳边风，是从成语“秋风过耳”演变过来的。年长的人在批评晚辈、孩子时常说：“说过你多少次了，总是记不住，是不是把我的话当作耳旁风了啊？”这个词最早出自汉代赵晔的《吴越春秋·吴王寿梦传》：“富

贵之于我，如秋风之过耳。”

春秋时，吴王寿梦有四个儿子。寿梦最宠爱小儿子季札，因为季札的才能最为出众，品德最为贤良。寿梦临终前想要改变传位给长子的制度，而把王位传给季札，但遭到了季札的坚决推辞。

但是寿梦也对长子诸樊和其他孩子说了想把皇位让给季札的想法，由于季札不肯答应，寿梦便立下遗书规定王位由季札他们兄弟相继继承。寿梦死后，诸樊等诸位兄长坐过王位之后，便按照父王的遗训准备让季札继位。但季札还是坚决不从，他说：“父王离世前，我曾明确表态不继承王位。做人只要行为正派，品格高尚，至于荣华富贵，不过就像秋风过耳，没什么值得留恋的。”

从上面的叙述中我们可以看出，今天“耳旁风”的语义发生了些许变化，但是变化并不是太大。

“拿人家的手短，吃人家的嘴软”这句话是怎么来的

我们时常听到有人用“拿人家的手短，吃人家的嘴软”这句话来教育、警示别人。为什么要这样说呢？追溯它的起源，就要说到春秋时期。

春秋时期，鲁国的宰相公仪休特别喜欢吃鱼，于是那些想要巴结他的人便不断地送鱼给他。但是公仪休对于别人馈赠的鱼一概不接受。他家里的佣人便问他：“先生十分喜欢吃鱼，但是您为什么不接受别人送的鱼呢？”公仪休义正词严地说：“正因为我喜爱吃鱼，所以才不接受他人送的鱼。如果我接受了别人的鱼，那么以后办事时一定要迁就别人，这样很可能就会知法犯法，就有被罢黜的危险。如果我的宰相之职被罢免，那么即使我再喜爱吃鱼，这些人也一定不会送鱼给我了，而我自己到那时候也没有能力去买鱼了。所以我不接受他人的馈赠，就不会徇私枉法，这样就不会被免职，不免职，即使爱吃鱼的嗜好一辈子不变，也能长期靠自己的薪俸来买鱼吃。”

公仪休的这些话说得很实在也很在理，所以后来人们就把它概括为“拿人家的手短，吃人家的嘴软”，以此警示自己，教育他人。

第二章 源远流长的姓氏称谓

古代姓、氏有别，氏是姓的支系。同一个姓的人，子孙繁衍，分支散居各地，每支各取一个称号，这个称号就是“氏”。其作用是表明子孙的近祖是谁。在称呼一个人时，古人有他们的“省称”法：女子只称其姓，男子只称其氏。

古代成年男子为何被尊称为“子”

“子”是对成年男子的尊称。在春秋战国时期，任何成年男子都可以称为“子”，而且都希望别人称自己为“子”，因为“子”还是一种爵位，所谓“公侯伯子男”也。但是，真正能让别人以“子”相称的，一般是两种人：要么是社会上公信力较高的人，如“老师”；要么就是较有道德的贵族。孔子、老子就属于前者。“子”也是古人对有贤德、有学问的男子的敬称，而且很多时候是对成年男子的敬称，如墨子、孟子、庄子等。

一般的称呼方式是在姓氏后加“子”，就类似于我们现在所叫的“庄先生（庄子）、孟先生（孟子）”等。

姓氏是何时起源的

我国是世界上最早使用姓氏的国家，大约在5000年前的伏羲时期，“姓”就被定为世袭，并且由父亲传递，基本就和我们现在所使用的情况差不多。像今天我们所说的姓氏与常见的“以姓氏笔画为序”，就是把姓氏当成一个统一的概念。

历来认为中国人是先有“姓”然后才有“氏”的，事实上，姓、氏一直在都在我们的老祖先身上混合使用，姓和氏的关系也在变化。

秦始皇统一中国后，姓氏便开始合在一起了。由于形式固定下来，子孙可以永久使用，便于形成一脉相传的家族，血统关系从此变得清晰。许多地区流传着修家谱的习惯，以便后人探讨自己的家族史时很容易据此找到出处。

苏洵给两个儿子起名时作何考虑

按照我们常见的起名字的规矩来看，苏洵、苏轼、苏辙分明就像是兄弟三人的名字。但事实上苏轼、苏辙确实是兄弟，而苏洵却是他们的父亲。苏洵为何要给自己的儿子这样起名字呢?

对于这个问题，苏洵在他的《名二子说》中阐释了其中的深意。大概意思是说：一辆车包括车轮、车辐、车盖和车轼。其中，车轼在平常看起来是最没有作用的，但一辆完整的车却不能少了它。其次，车轼看起来是最张扬显露的，所以苏洵在给苏轼取这个名字时说“吾惧汝之不外饰也”，反映了当时苏洵矛盾的心理，既希望儿子的个性能充分发挥，又担心他过于张扬而遭人嫉妒，于是他又给苏轼起了个字叫作“子瞻”，意思是让他瞻前顾后，谨慎小心。

而对于另一个儿子苏辙，苏洵则相对比较放心，取名为“辙”，意思是让他跟着别人走。

虽然“辙”不像“轼”那样引人注目，却也不易遭人嫉恨。他们的父亲希望苏辙像车印一样能处理好福祸之间的关系，凡事沉稳。

“姓”和“氏”是一回事吗

在古代“姓”和“氏”是有严格区别的，它们分别代表着不同的事物。“姓”起源于母系社会，代表着氏族的血统。“氏”是古代贵族的标志与宗族系统的称号，代表着功勋和地位。

在夏朝之前，姓氏是一分为二的，男子称氏，妇人称姓。氏是用来区别人的贵贱地位的，身份低微的人只有名字但是没有氏。姓是用来区别婚姻的，因此有同姓、异姓、庶姓的区别。

周代以后，姓氏被合二为一，而且不再被用来区别贵贱。即一个大家族世代居住在某地而获得了当地人的敬仰，那么这个家族的人就是高贵的。秦汉以后，姓、氏就不再分开，或称姓，或称氏，或兼称姓氏。

到司马迁撰写《史记》的时候，姓和氏就已经合在一起使用了，一直沿用到了今天。

为什么刘邦又叫作“刘季”

据史料记载：刘邦在未称帝之前常被人叫作“刘季”，而等他称帝之后就再没人这样叫了，即使史书上也叫他为刘邦。这是为什么呢？他的这个叫“刘季”的名字是怎么来的呢？

要回答上面的问题，就首先要说说古代人们的辈分关系。古代人十分讲求辈分，但是穷人家孩子起名字往往不太重视，于是常用一些辈分称呼作为孩子的名。最常见的就是兄弟之间按伯仲叔季来排行。

刘邦因为出身寒微，所以和其他穷人家的孩子一样，没有一个正式的名字。他又在家里的兄弟中排行第三，所以人们就理所当然地叫他为“刘季”。

韩愈为何给自己取字“退之”

韩愈是个孤儿，很小的时候，他的父母就去世了，由哥哥和嫂子抚养长大。到了他入学的年龄，嫂嫂郑氏想给韩愈起一个既好听又文雅的学名。

这天，郑氏翻开字书，挑了又挑，选了又选，始终找不出一个合乎心意的名字。韩愈见嫂嫂为自己起名为难，于是便问："嫂嫂，你是在给我起名字吗？"郑氏笑着说："是的。你大哥名叫会，你弟弟名叫介，他们两人的名字都是人字作头，你的学名也要找个人字作头，而且要讲究一些的才行。"

韩愈说道："嫂嫂，你不必再费心找了，这人字作头的字'愈'字最合适了，我就叫韩愈吧。"嫂嫂不解地问："愈字有什么特别的意义吗？"韩愈说："'愈'是超越的意思。我长大以后，一定要做一番大事，前超古人，后无来者，决不当平庸之辈。"嫂嫂听后，拍手叫绝："好一个愈字。"

韩愈从小饱读经书，从3岁起就开始识文断字，每天能记下一千多条古训，不到7岁，就读完了诸子之书。19岁的时候，正好赶上皇科开选，嫂嫂为他打点了行装，送他进京去应试。

到了京城后，韩愈自恃才高，以为只要参加考试一定能考中，结果却名落孙山。后来，他连续考了四次，最后才中了第十三名。之后，虽然经过了三次殿试，最终也没有捞到一官半职。

由于身上带的盘缠已经不多，韩愈来到洛阳去找朋友求助。在洛阳，朋友穿针引线，他与才貌双全的卢氏小姐订了婚。卢小姐很敬慕韩愈的才华。

这天晚饭后，两人闲聊。韩愈说起了这些年仕途中的挫折。卢小姐说："不要再为这种事情而伤怀了，科场失败的事情常有。只是经历了这么多次挫败，一定是你有什么缺点和不足。目前最重要的是要找到问题、解决问题啊。"韩愈听后，频频点头，说道："你说得很有道理，俗话说自己瞧不见自己脸上的黑，你帮我找找。"卢小姐说："你真是个聪明人哪！"随即展纸挥笔，写道：人求言实，火求心虚，欲成大器，必先退之。

韩愈拿着卢小姐的提示，沉思了一阵。他觉得这真是小姐的肺腑之言呀！自古骄兵必败，自己身上缺少的正是谦虚之德，这个"愈"字便是证据。于是，他立即选用卢小姐赠言中的最后两个字"退之"，给自己起了个这个字。

为什么要给小孩取乳名

"小名"又叫乳名，中国人一般在孩子刚出生时都会为其起个小名，这也

是中国人自古以来就有的一个习俗。那么，中国人为什么要给小孩起小名，而且流传至今呢?

对此，民俗学给出了以下三个方面的解释。

其一，小名一般都是借用身边常见事物的名称而随口叫成，其原因是这些名称比正式的名字更便于记忆，而且也更具亲切感，容易上口。如顾恺之小名“虎头”，陶渊明小名“溪狗”，王安石小名“獾郎”，郭沫若小名“文豹”等。

其二，小名是缘于古代的排行或是出于迷信特意取用的，像阿三阿四、阿猫阿狗、铁蛋柱子之类，既有亲昵怜爱，又有卑贱、易“养活”的意思。

其三，讨个吉利口彩，如家宝、来福、喜儿等，直言不讳地表达了起名者的美好愿望。

“小名”一般只在家庭和亲朋好友之间使用。自秦汉之后，我国士族阶层便开始“讳小名”，认为不雅，有贻笑大方的嫌疑。故另立了“正名”，以供社交场合使用。

“孟姜女”姓孟吗

“孟姜女哭长城”的故事可以说是无人不知，无人不晓。但是，有一件事，估计知道的人微乎其微。那就是孟姜女其实并不姓“孟”。也许会有人问：她不姓孟为什么会被叫作“孟姜女”？看了下面的解释你就明白了。

孟姜女其实姓“姜”，孟是她在家中的排行。古代，待嫁女子是按“孟（伯）、仲、叔、季”来排行的，如果是正妻生的大女儿，就排行为“伯”，偏房生的大女儿就排行为“孟”。

出嫁女子，有冠以自己国家或氏的名称的，如“齐姜”。有冠以配偶也就是别国国君的国名的，如“秦姬”。有冠以配偶也就是别国卿大夫的氏名或邑名的，战国以前，男子称氏，女子称姓。所以，孟姜女就是姓姜的偏房生的大女儿。

为什么母系社会是随母姓

对于今天的人来说，除非一生下来就被父母抛弃，否则不可能有人不知道自己的父亲姓什么。但这样的事情在中国历史上还真的存在，不过是发生在原始社会。

由于原始社会是母系社会，当时的人们只知道有母亲，而不知道有父亲，所以当时的人们只知道母亲姓什么，却无法知道父亲姓什么。这也是为什么姓字是由“女”和“生”组成的一个主要原因。

据考古学资料表明，西周铜器铭文中，可以明确考定的姓不到三十个，但大多数都从女旁，如：姜、姚、姒、姬、娲、婤、妊、妃、好、嬴等。不仅古姓多与“女”字相关，就连“姓”这个字本身也从女旁，这大概是母系氏族制度的一个特征性产物。

在母系社会，孩子生下来后也许一辈子也见不到自己的亲生父亲，所以孩子都是随母亲姓的。

“伯、仲、叔、季”是什么顺序

在先秦时期，姓不但是女子能否与男方婚配的重要标志，而且还具有区别女子结婚与否的重要作用。因为那时的女子虽有名字，但限于周礼“男女非有行媒不相知名”的规定，女子的姓还担负着社会通用的名的作用。

为了区别未婚姑娘，一般在姓前冠以孟（伯）、仲、叔、季，用以表示老大、老二、老三、老幺这种排行。如古书所记孟姜（哭倒长城的孟姜女并不姓孟，而是姜家的大女儿）、仲子、叔姬、季某，意即姜家的大女儿、子家的二女儿、姬家的三姑娘、某家的幺女。女子嫁出去以后，一般用丈夫的姓和娘家的姓并列称某某氏，如一位姬姓女子嫁给卫国大夫孔圉做妻子后，就叫孔姬；若是李姓女子嫁给张姓男子，婚后只能称为“张李氏”或“李氏”，这种称呼方式在当今某些农村还能见到。

根据《国语辞典》记载：“孟、仲、叔、季，兄弟姊妹长幼之别字也。”同时，伯、仲、叔、季，也是指兄弟长幼的次序。辞典的解释为：“兄弟排

行的次序，长兄为伯，次为仲，又次为叔，最幼为季。若兄弟三人，则称孟、仲、季。”

中国人的“家谱”是什么样的

我们知道，中国人十分重视姓，同姓的人都喜欢群居，代代相传，于是便形成了一个家族的家族史。后代的人为了找到同宗同族有血缘关系的同姓，于是产生了家谱。

家谱是中国特有的文化遗产，属珍贵的人文资料，对于历史学、民俗学、人口学、社会学和经济学的研究有很大帮助，有其不可替代的功能。

家谱中所保存的家规、家训以及治家格言等，是以积极、进取的人生价值和社会价值态度来建设家庭环境和家庭氛围。

家谱中的家规、家训除上述内容外，还有“睦族人”“和亲友”以及“戒赌博”“戒懒惰”“戒淫逸”等，对家族成员的行为举止作出规范。同样，家谱作为一个家族血缘关系的总记录，也是海外华人与祖国亲人联系的根据。

“百家姓”中有哪些“稀奇的”的姓氏

中国姓氏完全可以用丰富多彩这个词来形容。有很多姓氏让人看了觉得不可思议，如“难”“老”“死”这三个字，你能想到它们会是姓氏吗?

在中国河南的四座小村里，就居住着一些姓“难”的男女老少。试想想，假如有一天你到了这里，你该如何去称呼他们呢?你心里会有什么感觉呢?这个姓氏真的很容易让外界联想到灾难、困难等不愉快的事情。

对于百家姓里的“老”姓，也是一个让人很难堪的姓氏。一个人刚一降生，就要被称为“老……”，而且还要被别人这样叫一辈子。对于“死”姓，那就更不用说了，据说这是中国倒数第二“小姓”，主要分布于中国西北部，是由北魏时期少数民族的四字复姓发展而来。无论是东方还是西方，

都非常避讳这种事情，不愿意张嘴闭嘴“死来死去”的。可是，以此为姓，就没办法了。

 “赵”姓为什么排在百家姓第一位

“赵钱孙李，周吴郑王”是百家姓的第一句，从中我们可以看出：在中国的所有姓氏中，赵姓被排在了第一位。那么，为什么要把赵姓排第一呢？《百家姓》到底是以怎样的规则来排序的呢？

其实《百家姓》以“赵”姓打头，是宋代钱塘儒生所作。因为，宋朝的皇族姓“赵”，所以他必须将天下第一姓——皇族的姓排在第一位。又因为钱唐儒生原本是越国的臣民，而越国的国王原本也姓钱，所以，理所当然就把“钱”排在了《百家姓》的第二位。

由此可知，《百家姓》的排序是以姓氏的政治地位为规则。就像越国国王的妃子姓孙，所以就把“孙”排在了第三位。当然，其余也是依次排下。

 “令堂”一词是如何而来的

中国人说话非常讲究礼仪，尊卑长幼的关系全表达在一词一语之间，称呼对方的长辈则更是温文尔雅，尽显尊敬之意。“你妈”“你母亲”“你家老太太”这些称呼在大家看来简直就是粗鄙之词。古时候母亲居北堂，后来北堂就代表母亲。令就是你的意思，堂其实是北堂的简称，指代母亲。所以古人常用“北堂”代指母亲，因为古时在士大夫家里，主妇常居住在北堂的位置，因此敬称对方的母亲就是“您的北堂”，简称就是“令堂”。

除“令堂”外，称呼对方的母亲的词还有“令母、令萱、令慈、寿堂、尊堂、太君、老太君、太夫人”等。“太君”原来是古代对官员的母亲的一种封号，后来就逐渐演变成了对他人母亲的一种尊称。“太夫人”在古代是对列侯的母亲的称谓，后来也演变为上层阶级对对方母亲的敬称，现在则成为对他人母亲的尊称。

“家严”“家慈”分别指谁

古人称己、称人、自称、他称，都有一套文明用语，这方面的用语需要用一厚本专书才能表述清楚。这里仅就与“家父”相关的称谓作点介绍。有关中国人这方面的文明用语只要记住一句话：“家大舍小令他人”。笼统地说，凡是对别人称呼自己家里的人要用“家”或“舍”；凡是称呼他人家里的人要用“令”。

具体情况是：面对他人称呼自己家里的长辈或亲戚中的长辈，在称谓前加一个“家”字。如：家父——自己的父亲，家母——自己的母亲，又如家祖父、家祖母、家兄、家嫂、家姐、家叔、家姑等。世人心目中，“严父慈母”乃是通则，因而也就称自己的父亲为“家严”“严君”“严亲”，称自己的母亲为“家慈”。“家君”是父亲的专用称谓，唐朝诗人王勃的名篇《滕王阁序》中有“家君作宰，路出名区”之句，这里的“家君”即是指他的父亲。

古人为何称妻子为“贱内”

“妻”最早见于《易·系辞》：“人于其官，不见其妻。”但妻在古代不是男子配偶的通称。《礼记·曲礼下》载：“天子之妃曰后，诸侯曰夫人，大夫曰孺人，庶人曰妻。”看来那时的“妻”只是平民百姓的配偶，是没有身份的。后来，“妻”才渐渐成为所有男人配偶的通称。

“妻”的别称很多。古代无论官职大小通称妻为“孺人”。卿大夫的嫡妻称为“内子”，泛指妻妾为“内人”。妻还被称为“内助”，意为帮助丈夫处理家庭内部事务的人。“贤内助”成为对好妻子的美称。旧时对别人谦称自己妻子为“拙内”“贱内”，所以，“贱内”并不是对妻子的蔑视。而在官职较高的阶层中对妻子的称呼却反映出等级制度来。如诸侯之妻称“小君”，汉代以后王公大臣之妻称夫人，唐、宋、明、清各朝还对高官的母亲或妻子加封，称诰命夫人。

“老婆”最初是指妻子吗

现实生活中很多男子习惯把自己的妻子称作“老婆”。那么，你知不知道“老婆”这个称呼又是怎么来的呢?

话说在唐朝有位读书人，他考中功名后，便产生了嫌弃老妻、再娶新欢的想法。但他又不好意思直接对自己的妻子把这件事讲出来。于是他在一天晚上写了一副上联放在床头：“荷败莲残，落叶归根成老藕。”他的妻子在将要上床睡觉时看到了这副上联，从联意中觉察到丈夫有了想抛弃她的念头，觉得很伤心，但是，她还是想挽回一下，便提笔续写了下联：“禾黄稻熟，吹糠见米现新粮。”

第二天，这个读书人读了妻子的下联，心中即刻想起了当年妻子对自己的细心照顾，自己能有今天的成就，多半是妻子的功劳。同时他又被妻子的才思敏捷和拳拳爱心所打动，于是便放弃了弃旧纳新的念头。妻子见丈夫回心转意，不忘旧情，于是挥笔写道：“老公十分公道。”读书人也挥笔续写了下联：“老婆一片婆心。”

这个带有教育意义的故事很快流传开来，世代传为佳话。

李世民为什么又称为“唐太宗”

今天，我们习惯上把唐朝的第二个皇帝李世民称呼为“唐太宗”。那么你知道这个称呼是怎么来的吗?

其实，“唐太宗”是李世民的庙号。在唐朝，除了某些亡国之君以及短命皇帝之外，一般皇帝都有庙号。庙号常用“祖”字或“宗”字。一般把当朝的开国皇帝称为“太祖”或“高祖”，如历史上把刘邦称作汉高祖，把赵匡胤称作宋太祖等。开国皇帝以后的都用“宗”，就像我们把李世民称作是唐太宗。

古代的皇帝除了有庙号外，一般都有谥号。习惯上，唐朝以前对殁世的皇帝一般简称谥号，如汉武帝、隋炀帝，而不称庙号。唐朝以后，由于谥号的文字加长，则改称庙号，如唐太宗、宋太祖等。

媒婆还有哪些别的称呼

“月老”在中国民间是一个家喻户晓的人物，传说他是专门主管人世间男女婚姻的天神，在冥冥之中以红绳系男女之足，以定姻缘。月老这一形象最初出现在唐人李复言的小说集《续玄怪录》的《定婚店》中。月下老人以赤绳相系，确定男女姻缘，反映了唐人认为姻缘前定的观念。

“红娘”这个人物最早是出自南宋话本《莺莺传》和官本杂剧《莺莺六幺》中，而她真正成名却是在元代王实甫的《西厢记》中。自金代董解元所作的《西厢记诸宫调》起，才对这个形象进行了成功的创造，使之成为一个有血有肉的艺术形象。从这个故事的大概中可以看出红娘并不是莺莺和张生初次会面的“介绍人”。所以，我们可以说月老是传说中的掌管男女婚姻的天官，红娘也就是我们现在谈婚论嫁的男女之间的大媒人、介绍人。

什么是“妯娌”

在中国民间，很多地方的人把两兄弟的妻子之间的关系说成是互为“妯娌”。那么“妯娌”这个词是怎么来的呢？

说到“妯娌”这个词，不得不感叹中华文字的博大精深。光看这两个字的字形，我们就不得不佩服我们的老祖先造字的能力。首先，因为这个词说的是两个女人之间的关系，所以两个字都带有女字旁。其次，两个字的右边的组成部分也相似，但彼此又是对着的，一个朝上，一个朝下。朝上的“妯”，身段稳重，神态像是鼻孔冲天，得理不饶人；朝下的“娌”则显得小而娇气，恃宠而骄。

仅仅是两个字，却把我国民间那种兄弟老婆之间的关系展现得淋漓尽致、惟妙惟肖。由此可见中华文字的神秘与博大。

“天子”何时成为皇帝的代称

“天子”一词最早见于儒经《尚书》，书中对天子的含义做了解释：“天

子”乃是天的长子或嗣子，即后世所说的太子、今日君主制国家的王储。因此，原则上说，许多人都是天神之子，都有做天子的资格，只要有德行。古代尧舜禹的禅让故事就是对此很好的证明。

然而，随着生产资料的过剩，人的权力欲望也随之剧增。国家产生后，统治阶级为了巩固自己的王权，就想出了用思想枷锁去束缚那些被统治阶级，天授神权也就因此而产生了。这就是为什么古代君王被称作是“天子”的真正缘故。

因此，后世的君王为了向世人证明自己就是“天子”，可谓是想尽了办法。如汉代开国皇帝刘邦，本出身平民，他的父亲连名字都无从查考，因此更加找不到他以前的世系，所以当时的人们对于他能够做天子非常不理解。为此，汉代儒者可谓是费尽了心机，他们历经了近两百年的努力。最后，儒者贾逵在《左传》中找到，尧的后代中有一个叫刘累的，曾经做过夏代的臣子。刘邦，就是刘累的后代。这样，刘邦就可以通过尧，上溯到黄帝，被认为是具有天神血统的人。刘邦之后，王莽、曹丕做皇帝，也都要把自己的血统上溯到舜，再上溯到黄帝，以证明自己做天子的合理性。

古代女子从何时开始冠夫姓

中国古代姓氏文化中有一个十分有意思的现象，已婚妇女都要“妻从夫姓”。例如，女子本姓王，丈夫姓李，嫁入后就叫“李王氏”等。所以，现在有人就提出这一现象体现出了古代女子的地位低下。其实这种说法是不准确的。

李氏、王氏、阿李、阿王……这就是五代以后已婚妇女留在户口本上的“称谓”。不过，这种“称谓”只有依附丈夫才能被认定，如果丈夫去世，或因其他原因需要她们以当家人或独立人身份出现于公共场合时，由于众多人同用一个姓氏的现象普遍存在，这种称谓显然难以起到识别作用。这个时候如“刘王氏”“赵邢氏”“洪李氏”这样的称谓就出现了，既表明已婚身份，又提示她是某一姓成员及其母家的姓氏，可谓一石三鸟。所谓“妻从夫姓”的称谓习俗，正是在这样的历史条件下为适合一定的需要而产生的。

格格和公主是一回事吗

我们时常在一些以清代宫廷为题材的影视剧中看到，只要是皇帝的女儿都被称作“格格”。而中国历史上其他朝代的皇帝，其女儿一般都被称作“公主”。那么，格格和公主在身份上有哪些区别呢？

“格格”原本是满洲语，翻译成汉语就是“小姐、姐姐”之意。她原本是对清朝贵族之家女儿的称谓。清朝的前身后金初年，国君、贝勒的女儿或一般未嫁之妇女均可称为“格格”，无定制。直到清太宗皇太极继位后，开始仿明制，也规定把皇帝的女儿称为“公主”，并规定皇后所生之女称“固伦公主”，妃子所生之女及皇后的养女称“和硕公主”。

由此一来，清太宗皇太极以后，“格格”就成了王公贵族之女的专称。所以，现在影视剧中把皇帝之女称作“格格”是不准确的。

“万岁”何时成为皇帝的专属称谓

“万岁”这个词本来只是人们由于内心喜悦以示庆贺的欢呼语。秦汉以前，欢呼“万岁”是比较普遍的事。如冯谖替孟尝君在薛地烧掉债券，颇得人心，于是“民称万岁”。

秦汉以后，臣子朝见国君，拜恩庆贺，也常常呼喊“万岁”，并逐渐成为一种礼节。为了表示对皇帝的尊敬，“万岁”便成为帝王的代称了，但这并不是帝王唯一或专有的称呼，当时叫皇帝“天子”也可。“天之骄子”，表明其拥有的权力是上天所赋予的，至高无上。如果对别人呼喊“万岁”，皇帝也不干涉。汉武帝曾想把“万岁”据为己有，不许他人使用。但是人们并不全遵照他的意志，一到高兴的时候还是欢呼“万岁”，禁不了也无可奈何。

到了宋朝，万岁变成了皇帝专用的称呼。如果有大臣被称为“万岁”，就算犯禁，要受到重罚。以忠贞闻名的寇准有一次与温仲舒同行，路上遇到“狂人”，迎马高呼万岁。寇准的政敌得知后，向皇帝告发，以致寇准被罢去同知枢密院的高职，降为青州知州。

可见，自从宋朝开始，“万岁”一词成了皇帝的专用名词，如果谁再随

意欢呼“万岁”，就会有杀身之祸。到明朝以后，规定更加严格，简直到了登峰造极的地步。

皇后应该自称“哀家”吗

在今天的一些以古代宫廷为题材的影视剧中，里面凡是自称为“哀家”的那个人，必定是死了丈夫的皇太后，那么，她们为何要这样称呼自己呢?

其实，“哀家”是古时候的戏曲里死了丈夫的皇后的自称。如果皇帝还活在人世，皇后是绝对不能自称“哀家”的。只有在丈夫去世以后，皇后或太后才可以“哀家”自称。其含义是自称可怜之人，表达无夫之哀，因为古代妇女以夫为纲。另外，如果不是贵为皇后或太后，也是无论如何不能自称“哀家”的。

皇太后自称“哀家”是因为自己只不过是“先帝”留下来的人而已，所以有悲哀“先帝”的意思。而皇后决不会这样自称，对皇帝多自称妾，妾某氏，对臣子则直接称我。

“宰相”这一官名是怎么来的

“宰相”一词最早起源于春秋时期，是中国古代最高行政长官的通称。相，本为相礼之人，字义有辅佐之意。管仲是中国历史上第一位宰相。到了战国时期，宰相的职位在各个诸侯国都设立了。

秦朝时，宰相的正式官名为丞相。汉朝与秦朝相仿，只是如果称为相国的话，地位更高一些，并以御史大夫为副职。汉武帝时，启用了一批儒生当丞相，处理日常行政事务，而政务中心则转到了内廷。宰相的职权逐渐转移到了尚书台长官的手中。

魏晋南北朝时，丞相或相国多为权臣自命，成为了一种篡位夺权的手段。南北朝制度多变，皇帝所与议论政事或委以机密者，即是宰相。

隋朝定三省制，三省长官内史省的内史令、门下省的纳言、尚书省的尚书令都是宰相。唐改内史省为中书省，内史令为中书令，纳言为侍中。唐高宗后，只有加“同中书门下三品”“同中书门下平章事”者才是宰相。

宋朝以同平章事为宰相正式官名，以参知政事为副。从汉至唐，皇帝待宰相之礼，逐渐降级，至宋太祖废“坐论”之礼，使宰相地位大降。

元朝以中书省为政务中枢，主官中书令常由皇太子兼领，下为左右丞相，再下为平章政事，副职为左右丞及参知政事。

明朝初亦设中书省，左右丞相。洪武十三年（1380年），罢中书省，废丞相，由皇帝亲决国政。宰相制度遂废。

皇帝如何称呼自己

我们时常在电视剧里听到古代的皇帝都称自己是“寡人”或“朕”。那么你知道他们为什么要如此称呼自己呢?

“朕”原本是个第一人称代词，没有尊卑贵贱的色彩。先秦时期的每个人都可以自称“朕”。屈原的《离骚》里就有：“朕皇考曰伯庸。”意思是：“我的父亲叫伯庸”。

秦始皇统一六国后，“朕”字变成了皇帝的专用词。据司马迁《史记·秦始皇本纪》记载：秦嬴政统一天下后，规定天子自称为“朕”。从此，一般人不能自称“朕”了。

唐代以后，皇帝多称自己是寡人。“寡人”这个词的用法比“孤”复杂些。古代王侯自谦为寡人，是因为在他们眼里，自己高高在上，是最孤独的人，因此自谦为“寡人”。

第三章 妙趣横生的成语故事

成语故事是我国历史的一部分，成语是历史的积淀，每一个成语的背后都有一个含义深远的故事。经过时间的打磨，千万人的口口相传，每一句成语又是那么深刻隽永、言简意赅。

“才高八斗”最初说的是谁

提起“才高八斗”，这便要说到南朝时期宋国的谢灵运。谢灵运在当时是有名的诗人，他的诗很受大家的喜欢，经常被人抄录、吟诵。当时的宋文帝也很赏识他的文采，还特地让他来京做官，并把他的诗和书法称为“二宝”。

宋文帝经常和谢灵运一起吃饭，还跟他一起作诗。谢灵运得到了这种恩宠，便变得狂妄自大、目中无人。一次，他和其他一些文人一边喝酒一边自负地说道：“魏晋以来，天下才有一石，曹子建（曹植）独占八斗，我得一斗，自古及今共用一斗。”于是才有了“才高八斗”这样的说法。“才高八斗”又作“八斗之才”，斗是古代容量单位，十升为一斗，十斗为一石，用这种方法来形容人的才能很贴切。

谁是第一个“指鹿为马”的人

“指鹿为马”一词出自《史记·秦始皇本纪》。在秦朝秦二世时期有一个叫赵高的人想要谋朝篡位，赵高是当时的丞相，但是心里没底，怕别人不服他，于是他想验证一下以他一人之下万人之上的地位看看有多少人是服从他的。于是他派人拿来一只鹿给秦二世看，并对秦二世说这是马，秦二世说赵高胡说，赵高说：“我怎么能胡说呢？不信，你问问其他人。”秦二世便问其他大臣们，有些大臣怕赵高，于是说是马，但有的忠诚的大臣说是鹿，这下赵高一眼也就能看出哪些人是服他的，哪些人是需要除掉的，后来那些没有顺从赵高的人都被赵高用各种手段害死了。赵高故意这样说，也是在看秦二世是不是怕他。这个故事流传至今，我们常用它来比喻那些不分是非、故意颠倒黑白的人之所为。看来，和小人放在一起的成语都含有贬义。

“九牛一毛”出自什么典故

“九牛一毛”当中的“九”是个虚数，表示数量多。就像“飞流直下三千尺”，难道真是三千尺吗？当然不是。“九牛一毛”的“毛”就是九头牛身上的一根毛，说起这个成语还有个小故事。

汉武帝派李陵讨伐匈奴，但战败了，李陵还投降于大单于，大家都说李陵不忠，司马迁却没有说话。他知道这并不是李陵的错，于是为李陵辩护，汉武帝一怒之下把司马迁打入狱中，让他受尽酷刑，司马迁想自己也只不过是“九牛亡一毛”，这样皇帝还是该杀的杀，于是给好友任少卿写信也提到了“九牛亡一毛”这句话，于是便引申成“九牛一毛”。

“九牛一毛”就是用来比喻某种东西或某种人才只是众多数里面的一小部分，就像九头牛身上的一根毛一样，来借指自己的微小。

笨贼掩耳，果能盗铃乎

把自己的耳朵挡住了，别人就听不到铃声了吗？

这个故事发生在春秋的晋国，有个小偷看到别人家的门上吊着一个精美的钟，小偷想把这个钟偷过来，但是钟太大，搬不动，于是他想了个“好”主意，把钟敲碎再拿走。于是他找了个锤子，然后悄悄地走到钟面前使劲地一敲。令他没想到的是，钟不但没有被敲碎，而且还发出了巨大的响声。这时小偷慌了，他怕钟的主人听到，于是捂住自己的耳朵，认为这样别人就能听不到响声了，但是没有想到他的这点小聪明却引来了很多人的围观。他们都来抓这个小偷，小偷见势不妙，灰溜溜地跑了。

掩耳盗铃怎么能盗到铃呢？这是一种自欺欺人的表现，犯了错误想要掩盖，明明掩盖不了的事情偏要找办法，没想到却骗了自己。在现实生活中也有很多这样的人，本想要弄聪明，把事情做得好一些，结果却做了蠢事，弄得不可收拾。

谁做了“南柯一梦”

我们形容某人或某事空欢喜的时候常用“南柯一梦”这个成语，“南柯”是什么呢？这里面有个小故事。

据说有一个叫淳于棼的人，特别喜欢喝酒。一次过生日，来了许多亲朋好友，他一高兴便喝多了，于是在自己家中的一棵大槐树下睡着了，故事就由此展开。在梦中有两个大臣把淳于棼带到南柯郡，后来在一次考试中他得了第一名，由此得到皇帝的宠幸，还把自己的女儿嫁给了他，就这样淳于棼从平民百姓变成了皇室贵族。皇帝也不能白让他在那住着，也需要他作出点贡献。有一天，别的国家来侵犯了，皇上让淳于棼去打仗，但是淳于棼不会打仗，于是在战场上失利了。皇上对他说：“我要你这样的废物有什么用？你还是回去当你的老百姓吧！”淳于棼一下子惊醒了，发现原来这只是一场梦而已。

这个故事后来常用来比喻世事如梦，富贵易失，而到头来也只不过是空欢喜。

“一丘之貉”的“创始人”为何招来杀身之祸

貉是一种动物的名字，“一丘之貉”这个成语还有一段典故。

据说在汉朝时有个人叫杨恽，他出身名门世家，因平定了霍光谋反得到了皇帝的宠幸而变得骄傲自大。一次，他听说匈奴的领袖大单于被杀了，便说道：“这样一个不好的君王，他的大臣给他提意见，他却不采纳而白白送了命，就像秦朝时的那些君王一样，听信小人的意见，残害忠良，最后亡国了。从古到今的君主们都是这样听信小人的，就像长在同一个山丘里的貉一样，没什么两样。”最后杨恽被免职了。

据说貉长得类似于狐狸，但是比狐狸小，还极为丑陋，都是长在山里，形状也一样。后来人们用“一丘之貉”来比喻同类之间没有差别，都是一样的，含有贬义。杨恽没有用好此成语，没有招来杀身之祸已经是很幸运的了。

“按图索骥”是怎么一回事

“按图索骥”这个成语最早见于一首诗中的一句“隔竹引龟心有想，按图索骥术难灵。”“按图索骥”是用来比喻按照线索去寻找。关于这个成语还有一个典故。

相传在春秋时候，有个叫孙阳的秦国人，他喜欢马，无论什么样的马，他都能分出好坏来。他还常常被人请去识马，大家都称他为伯乐。为了留下相马的经验，孙阳写了一本书，书名叫《相马经》。一天，孙阳的儿子看到这本书，觉得相马很容易，于是拿着这本书去找好马，他按照书上描绘的图形去找，但是什么也没找到，最后发现一只癞蛤蟆很像书中描写的千里马，然后高兴地把它带回家给孙阳看。孙阳一看便哭笑不得，然后说了句：“这是只会跳的马，但不能拉车，这真是按图索骥啊。”

把癞蛤蟆误认为千里马，这是寓言作者的夸张。但是，在学习和工作中，我们千万不能死背教条、生搬硬套、墨守成规，以致闹出笑话。前人传下来的书本知识，我们应该努力学习和继承，但是，前提是一定要注重实践，在实践中切实验证，牢固掌握，并加以发展，这才是正确的态度。

“安步当车”出自哪本著作

从字面上看“当”，我们的第一反应是读一声的，但是“当”在这儿读四声。“安步当车”的意思是形容一个人轻松缓慢地走路，用你从容的步伐来代替乘车，这里的“当”是姑且作为的意思。“安步当车”这个成语出自《战国策·齐策四》中的一个小故事。

战国时，齐国有位高士，名叫颜斶。齐宣王知道他，于是把他召进宫来。颜斶随随便便地走进宫内，来到殿前的阶梯处，见齐宣王正等待他拜见，就停住脚步，不再行进。齐宣王见了很奇怪，就呼唤说：“颜斶，走过来！”不料，颜斶还是一步不动，呼唤齐宣王说：“大王，走过来！”齐宣王听了很不高兴，四周的大臣也在说颜斶。而颜斶却说：“我如果走到大王面前去，说明我羡慕他的权势；如果大王走过来，说明他礼贤下士。与其让我羡慕大王的权势，还不如让大王礼贤下士的好。”其实齐宣王让颜斶进宫是为了给朝廷效力，但是颜斶却想在家归隐，所以才这样。他还对齐宣王说：“我每天晚点吃饭，就像吃到肉一样，我安安稳稳地走路也可以当作乘车，平安地生活，和您的生活也差不了多少。您命我讲话，但尽忠的是我。”

古代用“安步当车”来形容能安贫守贱，而现在多形容不乘车而从容不迫地步行。

“画蛇”为何要“添足”

据说这个故事发生在楚国时期一个贵族的家里。有一次，这个贵族的家里请了一些门客来帮忙，但是主人只拿了一壶酒赏给了门客们，狼多肉少，于是大家想出一个办法，在地上画蛇，规定谁先画好谁就喝这壶酒。有一个人很快就把蛇画完了，看大家还在画，他得意地说：“我再画个脚也比你们快。”于是他就去画蛇的脚，但是这时另一个人已经画完了，拿过酒来说：“蛇本来没有脚啊，你为什么偏要再画上几只脚呢，这不是多此一举吗？”说完，便把酒喝掉了。

这个故事源于《战国策》，它常常被用来形容想要锦上添花却弄巧成拙，这是多此一举的事。同时，也告诉我们做事情都要遵循基本规律，否则到头来会失去一些原本属于自己的东西，反而得不偿失。

杀鸡为什么能吓到猴

杀鸡儆猴就是杀鸡给猴子看。它的出处是《官场现形记》中：“俗话说得好，叫作‘杀鸡骇猴’，拿鸡子宰了，那猴儿自然害怕。”

这个故事讲的是一个耍猴的人买了只猴子，猴子很聪明，也很会跳舞，但就是很不喜欢听主人的话，每次主人让猴子往东它偏往西。后来耍猴的人想了一个办法，一天他抓来一只鸡，对着鸡敲锣打鼓让它演戏。但是鸡没有猴子聪明，也根本不会演戏，于是耍猴人立刻拿出一把刀当着猴子的面一刀把鸡杀了，这时一旁还在笑的猴子一下子惊呆了。从此以后，耍猴的人每次敲锣打鼓让猴子表演时，猴子都服服帖帖的。鸡本来和猴子就是不相干的，但是这样做是为了驯服猴子。

古人常常也用这种方法来对付对自己不忠的人，像姜太公杀狂橘也是为了以儆效尤，韩信斩殷盖也是为了给大家看，再如，春秋时期穰苴和庄贾的故事也都是“杀鸡给猴看”的典例。

“望梅”为什么能“止渴”

想必大家都吃过酸梅，当我们想到它的时候嘴里不自觉地就产生口水，因而人们认为它会止渴。“望梅止渴”这个成语出自于一个有关曹操的小典故。在炎热的天气里行走却没有水喝，当然士兵们没有心情作战打仗，聪明的曹操于是对大家说“前面有片梅林”，士兵们一听立刻嘴里产生了唾液而精神大振。“望梅止渴”之事表现出曹操的聪明才智，他在大军断绝水源、士卒饥渴难忍的危急情况下，提及甘酸的梅子，不仅使士卒引起条件反射、暂解干渴之

苦，而且也鼓舞了士气。

其实这是一种条件反射，也是一种心理暗示，曹操巧妙地运用了心理暗示法才使士兵们有了精神，后来人们常常把“望梅止渴”这个成语比作在愿望无法实现的时候就用空想来安慰自己。

买的什么椟，又还了什么珠

“椟”其实就是个木匣子，怎么买了木匣子却要还珠宝呢？这个故事发生在楚国时候。楚国有一个商人在郑国卖珠宝，他把木匣子做得很精美，用各种各样的东西去装饰这个木匣子，然后把珠宝放在里面。有一天郑国的人看到这精美的匣子就被吸引住了，于是买下了匣子，他看到里面还有个珠宝，他觉得这个珠宝没有木匣子值钱，于是将光彩照人的珠宝又还给了楚人。从这个小故事里我们看到，比起卖珠宝，楚国商人更善于做木匣子，郑国买珠宝的人只注意外表而忘了它的实质，这就是取舍不当的结果。而卖珠的商人不善卖珠，为了显示珍珠更有价值，做了超值的“包装”，结果却喧宾夺主，反而淹没了珍珠的价值。但是从另一个角度来看，用华丽的“包装”掩饰自己的真正“用意”，这是魔术和军事里常用的方法。这个故事告诉我们做什么事情都要分清主次，否则就会像这位“买椟还珠”的郑人那样做出舍本逐末、取舍不当的傻事来。

“涸辙之鲋”是谁提出来的

成语“涸辙之鲋”是《庄子外物》中的故事。

庄周的家里很穷，于是想要到监河侯那借点米，但监河侯却对庄周说：“过几天我就有一笔收入，到那时候我再借给你。”庄周听了很生气，于是就讲了个鲫鱼的故事来作比喻。

庄子说：“我昨天在路上听到呼喊的声音，我寻找着声音，发现在不远的干涸的车辙中有一条鲫鱼。我问它说：‘鲫鱼啊，你是做什么的呢？’鲫鱼回答说：‘我是东海中的小百姓。你能给一升半斗的水救我的命吗？’我说：‘可以，我要去南方游说吴、越的国王，引西江的水来迎接你，可以吗？’鲫鱼愤然作色说：‘我失去了我不能离开的水，困在这里，我只要得到一升半斗的水就可以活。你如果说这些，不如早些到卖鱼干的铺子里找我！’”。

这个成语告诉我们，遇到有困难的人就要诚心地去帮助他，而不是说说大话，开空头支票。对那些需要解燃眉之急的人，就要尽自己的最大努力去帮助他，远水是解不了近渴的。庄周说这话是为了讽刺那些达官贵人对穷人苦难的漠视。

“东施效颦”，效果如何

西施是越国的大美女，她走在街上，回头率可达百分之百，路人见了西施忘了走路，卖货的见了西施忘记卖货。一天，西施病了，但是她的动作还是那么娇媚，连皱眉头也让人心动。当地有个女孩很嫉妒西施，而且这个人非常丑，她给自己起了个洋气的美名叫东施，还经常学着西施的一颦一笑，以为自己是第二个西施。这天，她在街上也学着西施手捂胸口的姿势，本来就丑的她再加上这种装腔作势的怪样子，使得路人见了都避开她，店主见了都关上大门。她的动作让人看了实在很恶心，结果适得其反，她成了大家的笑柄。其实每个人都有自己的形象，也有自己的特点，知道自己的特点然后扬长避短才是真理。如果盲目地去模仿别人，就会适得其反。这种做法实在是很愚蠢。

“杯弓蛇影”为哪般

“杯弓蛇影”这个成语被大家广泛的使用，但是为什么杯子里面能看到蛇的影子呢？其实这是一种物理现象，是光的反射。主人赐给客人一杯酒，他对面的墙壁上挂着一个弓，弓的形状就像蛇一样，正好弓的影子映在透明的酒杯中，在酒杯中看的时候就好像一条蛇。古人对蛇是很厌恶的，客人喝着带“蛇”的酒心里面肯定不是滋味，后来就病了。从这个故事中，可以看出这位

客人疑神疑鬼，缺乏科学知识，如果他知道那个倒影是物理现象的话，酒喝到嘴里时就是另一种滋味了。看来没有文化还真的是很可怕。我们常常用“杯弓蛇影”来比喻那些自己吓自己、神经过敏的人，其实这不过是虚惊一场。

“江郎”缘何“才尽”

“江郎才尽”这个成语是出现在钟荣的《诗品》中的一句，“江郎”指的是南朝时的江淹。江淹年纪轻轻就成为一个大名鼎鼎的文学家，他的诗和文章在当时都获得了极高的评价。但是，随着江淹的年龄增长，他写的诗越来越没有品位了，常常构思了很久却写不出一个字来，写出来的也是平淡无奇。有人说，这是江淹一次在睡觉的时候做了一个梦，在梦中他遇到一个叫郭璞的人前来向他索笔，郭璞说：“文通兄，我的笔放在你那儿已经很久了，现在可以还给我了吧!”江淹一听，二话不说就从怀里取出一支五色笔还给了他。从此以后，江淹再也写不出什么好的文章了。其实，这只是传说罢了，并不是江淹没有了才华，而是自从他当官后很少碰笔，所以时间久了就会生疏，难免会有提笔忘词的时候。还有人说，江淹生怕梁武帝妒忌，故意说自己才尽。

“纸上谈兵”的典故是什么

“纸上谈兵”原是指在纸面上谈论打仗，后来比喻空谈理论，不能解决实际问题。这个成语的典故源于战国时期。

战国时期赵国的名将赵奢有个儿子叫赵据，他从小就喜欢读兵书，常常在人们面前谈论作战用兵的事情，父亲给他出难题也难不倒他。很多人都觉得他非常有才，但是赵奢却认为自己的儿子是夸夸其谈，赵据听了很不高兴。后来，秦国攻打赵国，赵王觉得廉颇老了，于是就用赵据。但是赵据到了前线却死抠书上的理论，而不懂得变通，没有经验，最后赵国四十多万兵马全军覆没，这就是有名的长平之战。

理论光靠空想是不可取的，不能解决实际问题，一些华而不实的东西我们

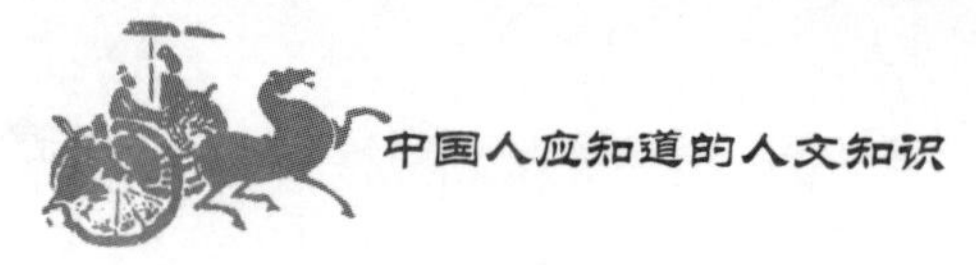

还是不去追求为好。在我们的现实生活中往往也会看到这样的人：表面上很有学问，其实却是腹中空空。

为何“闻人足音跫然”会高兴

“足音跫然”在以前的时候是指某个人一直住在荒凉寂寞、没有多少人烟的地方，突然有一天有人来访，觉得非常高兴，欣喜若狂。后来“足音跫然”就被引申比喻为那些难得前来拜访的来客。“足音跫然”最早出现在庄子的《庄子·徐无鬼》中，说：“夫逃虚空者，藜藋柱乎鼪鼬之径，踉位其空，闻人足音跫然而喜矣。”这是“足音跫然”的出处。“跫”指的是脚步的声音，像我们常说的跫音也是这个意思，并不是音乐，在郑愁予《错误》中有一句说的是“跫音不响，三月的春帷不揭”说的也是这个意思。而现在常常用这个成语来比喻那些难得来拜访的客人。

“走马观花”观的是什么“花”

“走马观花”这个成语来自唐朝中期的著名诗人孟郊写的一首诗《登科后》，其中的“春风得意马蹄疾，一日看尽长安花”就是这个成语的出处，但是“走马观花”为什么看的是花而不是草呢？这还要谈一下它的近义词“马上看花”。

传说一个叫贵良的小伙子，他是个瘸子，每天做梦都想娶一个漂亮的姑娘做他的妻子。在隔壁的村里有一个姑娘叫叶青，她是个鼻子有缺陷的人，也到了婚嫁的年龄，于是做梦都想找一个白马王子。村外有一个常为人说媒的人叫华汉，他知道了两人的心思，就准备把他们促成一对。在相亲的那天，华汉让贵良骑着马，又让叶青拿着花在鼻子边上闻，结果双方觉得都很满意对方，所以就有了“马上看花”。

“走马观花”现在多指大略地观察一下，不仔细探究，是个贬义词。

“子虚”“乌有”竟是人名

我们常常把那些不存在的或者不真实的事情用“子虚乌有”来比喻，那你知道成语“子虚乌有”是怎么来的吗？这其中还有个小故事。

据说在西汉时期，当时有名的文学家司马相如写了一篇《子虚赋》很受汉武帝的喜爱。《子虚赋》主要讲的是楚王派子虚去访问齐王，子虚见到齐王，然后说：“你看我们的地盘多大啊，人多地广。”一旁的乌有听到了很不服气，这时齐王要率全国的游猎能手陪同子虚外出打猎。子虚看齐国有这么多的打猎能手也很不服气，然后子虚竭力向陪同的乌有先生吹嘘楚王的游猎盛况，还故意贬低乌有。两个人争论不休，谁都说服不了谁。

其实，“子虚”和“乌有”都是司马相如虚构的人物。后来，人们谈及那些虚假的、不存在的、不真实的事情时，就说这些是“子虚乌有”。这是出自司马相如的《史记·司马相如列传》中的故事。

“自惭形秽”出自什么典故

“自惭形秽”是指因不如别人而感到惭愧，“秽”其实是说一个人的容貌丑，形象不好。这个成语的由来可以追溯到晋朝。当时有个有名的骠骑将军名叫王济，他长得很英俊，也是个有风度的人。虽然舞刀弄枪，但是他的文采也很好，在城里也颇有名声。有一天，王济的外甥卫玠来了，王济一看卫玠长得也很英俊，又有绅士风度，惊呆了。然后对卫玠的母亲说：“人家都说我长得好看，今天跟外甥一比，我简直就像块石头，实在太难看了。”后来，王济经常带着卫玠出去玩，一走到街上，大家都争着围观，不一会儿就轰动了全城。后来有人问卫玠的学识怎么样，卫玠推辞不了，便讲了起来。听的人没有一个不称赞他讲得精深透彻的。这时有人嬉笑着说：“看来，你们王家三个人也抵不上卫家的一个儿郎啊!”王济说：“是啊，我觉得跟我这外甥一起走，自己身上也添了不少的光啊。”

“终身大事”指什么

“终身大事”就是关系到自己一生、一辈子的事情，现在多用于形容婚姻。有时我们会看到这样的画面：一个老人对自己的女儿说：“孩子啊，你要想好了，这是你的终身大事啊，要慎重。”看来这“终身大事”真的是大事，不能草率对待。这个成语出自于明朝时期凌蒙初的《二刻拍案惊奇》卷二：“一时间凭着两局赌赛，偶尔亏输，便要认起真来，草草送了终身大事，岂不可羞。”决定自己一辈子的事情还真的不能小看了。结婚是关系到自己一生幸福的事，所以是大事。

“蛛丝马迹”的出处是哪里

真的能见到蛛丝和马迹吗？我们看到这样的词难免会望文生义，但其实很多成语并不能那样去理解。“蛛丝”可以取它的本义，但是马迹并不是真正的“马”，这里指的是昆虫中的“灶马”，它和我们生活中常见的蛐蛐差不多，常常出没于灶台与杂物堆的缝隙中，以剩菜、植物及小型昆虫为食，一年四季都能看到。“蛛丝马迹”是出于清人夏敬渠《野叟曝言》七十九回：“蛛丝虫迹，屋漏蝙涎，不即不离，有意无意，其妙如何。”“蛛丝马迹”就是指顺着挂下来的蜘蛛丝可以找到蜘蛛的所在，从灶马爬过留下的痕迹可以查出灶马的去向。后来比喻为与事情根源有联系的线索。

“欲盖弥彰”的崔杼本想掩饰什么

我们知道“欲盖弥彰”指的是想掩盖坏事的真相，但结果反而更明显地暴露出来，就像那个此地无银三百两的主人公一样。而这里的主人公则是崔杼，崔杼是齐国大夫，一天他犯了个错误，把齐庄公杀了，这事情是掩盖不了的，是需要记载到史书上的，于是他叫负责记载历史的太史把齐庄公之死写成是病死的。但是太史们很固执地说不行，崔杼听后气急败坏，一连杀了三个史官，

以为这样就没有人记载了，但是这个事情越闹越大，他的弑君之罪不但隐瞒不了，罪行反而愈加显著了。这就是“欲盖弥彰”。在孔子的《春秋》中记载了郝国大夫黑肱背离郝国而投靠鲁国的事，后来《左转》议论说，有的人想得个美名而无法得到，有的人得了恶名想掩盖也掩盖不了，也就是欲盖弥彰。

“旁征博引”原是为了救人

我们常用“旁征博引”来形容说话、写文章时为了表示论证充足，大量地引用材料作为依据或例证。它是出自于清朝时期王韬《淞隐漫录·红芸别墅》中的一句话：“生数典已穷，而女博引旁征，滔滔不竭，计女多于生凡十四侧。”

“旁征博引”有这样一个小故事。唐太宗下令要处死武卫大将军权善才，因为他不小心砍伐了昭陵的柏树。当时的大臣狄仁杰认为权善才罪不至死，于是就举出张释劝说汉文帝释放偷汉高祖庙里玉环的小偷，还有辛毗拉魏文帝的衣服看迁民布告等例证，告诉唐太宗贤明君主必须依法治国，于是他的证词救了权善才。后来人们把那些证据和例子叫作“旁征博引”。

这个成语还可以说成“博引旁征”或者 “旁求博考”。

“老态龙钟”是啥样

人们常形容那些年老体衰、行动不灵便的人为“老态龙钟”。“龙钟”其实是说行动不灵便的样子，后来人们还把那些潦倒不得志的样子形容为老态龙钟。

唐朝李端的《赠谢戴》中说：“交结渐时辈，龙钟似老翁。”这是老态龙钟的出处。年老的时候那种佝偻着背、缓缓移步，然后弯下腰的形状似钟扣地，所以常用“老态龙钟”形容老了的样子。

“老态龙钟”还和一位名人有关，那就是宋朝时期的陆游。陆游年老时常常病魔缠身，所以不能清闲安静地度过晚年生活。有一天夜晚，下起了大雨，陆游睡不着觉，听着这萧萧的暮雨声，顿时感慨万分，他感慨自己的身世和遭遇，于是诗兴大发，作了一首《听雨》的诗，诗中说：“老态龙钟疾未平，更堪俗事败幽情。纱橱笛簟差堪乐，且听萧萧暮雨声。”所以有时候我们说老态龙钟也常会想起陆游。

“出神入化”源自佛典

“出神入化”出自佛教经典对于境界的描述；“神”指神通，“化”指化境获得了大解脱的圆满境界——十方国土，是佛化境《华严经》。

王实甫的《西厢记》中张君瑞与崔莺莺一见钟情，两个人互相都很爱慕对方，但是有个第三者孙飞虎也看中了崔莺莺，想要抢莺莺为妻。于是崔老夫人说：“谁要能把孙飞虎赶走，我就把莺莺许配给谁。”后来张君瑞请他的好朋友杜确解了普救寺之围。崔夫人备酒致谢，叫红娘请张君瑞。看了这个故事，金圣叹便评论王实甫描写张君瑞的心情是“出神入化”之笔，可见“出神入化”还能形容文学艺术达到极高的成就。

“朝三暮四”原本是什么意思

“朝三暮四”源于庄周的《庄子·齐物论》，原指玩弄手法欺骗人，后用来比喻常常变卦，反复无常。关于“朝三暮四”还有个故事呢。

在战国时代，宋国有一个养猴子的老人，他在家中的院子里养了许多猴子。时间久了，老人便知道猴子们的一举一动是什么意思了，猴子们也懂得老人的意思。老人每天早上给猴子们四个栗子，晚上也给四个。但是过了几年，老人家里不景气了，于是想给猴子们减食物的量，就跟猴子们说：“我每天早上给你们三个栗子，晚上还是照常给你们四个栗子，这样够吗？”猴子一听少了一个，都站起来大叫，老人一听，然后又说：“这样吧，我早上给你们四个栗子，晚上给你们三个栗子，可以了吧？”猴子们一听，由三个栗子变成四个栗子，跟以前一样，于是高兴地跳起来。

后来这个故事引申为成语“朝三暮四”，常把那些反复无常的人说成“朝三暮四”，其实这个故事原本是告诉我们要善于透过现象看清本质。

“鬼鬼祟祟”典出何书

我们看到那些偷偷摸摸不光明正大的人的时候常常用“鬼鬼祟祟”来形容，如看到某人在别人家门前探头探脑的，不知道在干什么，我们也说他“鬼鬼祟祟”。传说人死之后化为鬼，后来鬼常做一些不光明的事，而我们知道“鬼”一般总是在晚上行动，他们总是在不被人发现的地方活动，就像传说中有“阴曹地府”一样，是在地底下活动的，所以说“鬼鬼祟祟”。

“鬼鬼祟祟”是个贬义词，它出自于《红楼梦》中：晴雯得了伤寒，觉得头痛脑热的，宝玉知道了，然后告诉她躺在房内不要声张，叫人偷偷地去请大夫为她诊治。大夫给晴雯拿了药熬上了，宝玉看着晴雯把药服完才走开，去给贾母、王夫人请安，在路上看见两个小丫头在“鬼鬼祟祟”地议论什么，宝玉也没有当回事。“鬼鬼祟祟”就是源自这里。

“偃旗息鼓”和曹操有何关系

“偃旗息鼓”原先是指行军时隐蔽行踪，不让敌人觉察，而现在常用来比喻事情终止或声势减弱。关于这个成语有个典故，讲的是曹操和赵云的故事。据说在一次战斗中，黄忠杀死了夏侯渊，占领了曹操的要地。曹操一听非常恼火，又怕他们抢了粮草，于是把米仓转移了，自己带了20万大军便去进攻。这时黄忠和张著商议要截魏军粮草，走的时候还与赵云他们约定了返回时间，但是刚一走却和曹操的部队相遇了。赵云一看不好，就和曹军打起来，把曹军打得屁滚尿流，曹操是个不服输的人，追赶赵云到了蜀营。这时赵云已经到了营中，部下刚要关闭寨门拒守，赵云却将营门打开，偃旗息鼓，准备放曹军进来；一面又命令弓弩手埋伏在寨内外，然后自己单枪匹马站在门口等候敌人，最后曹操大败。

皇帝也知“开卷有益”

开卷并不是说我们上学时的开卷考试，开卷是说打开书本，指的是读书，“开卷有益”就是说打开书本，总有益处。这个成语来源于《渑水燕谈录》，说的是宋太宗的故事。当时有一本百科全书——《太平总类》，这是一本巨书，宋太宗想要在一年之内全部看完它。有人对宋太宗说：“皇上，您经常为国家而操劳，还要去读这部大书，太辛苦了，读书也不一定是每天都得看，以免过度劳神啊。”可是，宋太宗却回答说：“我很喜欢读书，在书中我能找到乐趣，年轻人多读点书总会有益处，况且我并不觉得累。”而且宋太宗还常对左右的人说：“只要打开书本，总会有好处的。”后来，“开卷有益”便成了成语，常用来勉励人们勤奋学习，告诉人们多读书就会得益。

“一日”如何变“三秋”

“一日三秋”这个成语出自《诗经》，它常常用来比喻分别时间虽短，却觉得很长，也就是用来形容对人的殷切思念。在《诗经》中的一首爱情民歌有这样的描写：一天有个英俊的小伙子看上了一位采野生植物的姑娘，姑娘也很喜欢这个小伙子。但是有一天这位姑娘没有来采植物，小伙子觉得一天不见就好像过了三天一样，一天不见，又好像过了三秋九月，又好像过了三年。这里的“三秋” 指秋季的第三个月份，阴历九月，也指三个季度，也就是九个月。在《采葛》中的“三秋”是指一个月，后来“三秋”泛指三年，常形容漫长岁月。人们常常说“一日不见，如隔三秋”就是这个意思，“三秋”“三岁”都是夸张的手法。“一日三秋”是“一日不见如隔三秋”的缩写版。

“敝帚自珍”出自谁之手

这个成语跟东汉开国皇帝光武帝刘秀有关。刘秀是个有雄才大略的人，他待人诚恳尚信，在军事上有谋略，禁止掳掠以争取民心。“敝帚自珍”这个成

语，出现在他在都城洛阳所下的一道诏书中。在公元25年，刘秀建立了东汉，当时还有许多人在各地称王称霸。一个叫公孙述的人就是其中一个，刘秀派使者劝公孙述归顺东汉，但公孙述不从。于是刘秀派刘禹征讨公孙述，公孙述，后来大败，刘禹杀死了公孙述的妻子家人，割下公孙述的头颅，他还纵兵大掠，四处焚烧。这些事被刘秀知道了，刘秀大怒，马上起了一份诏书："老百姓家里即使有一把破扫帚，也要十分珍惜，但是你却这样不爱护子民的生命财产！这么残暴的事也能做得出来？"随即，刘秀下诏撤了刘禹的职务，这就是关于"敝帚自珍"的故事。

"滔滔不绝"讲些啥

"滔滔不绝"这个成语是因张九龄而来的。张九龄是唐玄宗李隆基时期著名的宰相。他是个善于言谈的人，见到唐玄宗疏于朝政，多次进言劝谏。张九龄还经常选拔一些人才，给那些人才专门设立了一个机构，也就是那些人才经常聚集的地方。张九龄经常与他的宾客们在一起高谈阔论，他说话的时候总是像江水那样毫不间断，没有停歇的时候。后来人们常用"滔滔不绝"来形容那些能说会道的人。

第四章 民间趣闻与文学常识

孙中山《建国方略》三：“凡欲固结吾国之人心，纠合吾国之民力者，不可不熟习此书。而遍传之于国人，使成为一普通之常识。”对于一些普通的常识，虽然我们足够了解，却不知道其来源于何处，在本章，我们就为你讲述一些有趣的常识见闻的渊源。

“此地无银三百两”的下一句是什么

“此地无银三百两”这个俗语的意思是想要刻意地隐瞒反而暴露了，这其中的故事是这样的。

有两个愚蠢的人，一个是藏银子的张三，另一个是偷银子的王二。张三有了点钱不方便放在身上，于是就想怎样才能把钱藏好。放在家里害怕被偷，埋在地里也怕被偷，于是他想出了一个“好办法”，在那块田地上写上“此地无银三百两”几个字，以为就没人知道了。但是张三觉得这样不踏实，于是隔三差五地去看那块地。他的这一举动被隔壁的王二看到了，王二想去弄个究竟，晚上他来到那块地，一看上面写着“此地无银三百两”，一下全明白了，于是王二把银子拿走了。按说，王二假装不知道就行了，但是王二偏不，还自以为聪明地在那块地写上“隔壁王二不曾偷”，这下子全暴露了。看来这两个人真够愚蠢的了。

后来这句话在民间流传开来，人们用这句话来比喻那些自作聪明、想要隐瞒掩饰所干的事情，但结果反而更加暴露了。

“半路出家”指的什么

出家就是说离开家庭到庙宇里去做道士或僧尼。而人们通常都是等年龄大点或成年的时候才去当和尚、尼姑或道士的。“半路出家”比喻中途改行，从事另一工作。像歇后语中“杨五郎削发”“临老当和尚”说的都是“半路出家”的意思。《京本通俗小说·错斩崔宁》中有个典型的半路出家的故事：宋朝时，一次皇帝在昊天寺上香敬佛，不巧遇上了辽兵围困，杨令公知道了，率七个儿子前来救驾，这七个儿子当中的三个儿子不幸战亡，还有一个下落不明。这个下落不明的就是杨五郎，他因为战败不敢回去，便出家当了和尚。在后来的伐辽战争中杨家遭元帅潘仁美陷害，只有杨六郎幸存，还是半路出家的杨五郎救了杨六郎。

“有眼不识金镶玉”里的“金镶玉”从何而来

“金镶玉”有一段由来。

在春秋时期有人送给楚文王一块玉，琢之成璧，后来被称为“和氏璧”。据说和氏璧冬暖夏凉，是稀有的宝贝。这个宝贝在秦朝统一的时候落入了秦始皇之手，秦始皇对它一直爱不释手，此玉上面还刻着李斯写的“受命于天，既寿永昌”八个篆字，所以秦始皇一直视它为神物。后来汉朝灭秦，“和氏璧”又转入到了刘邦手中，刘邦一直将其作为传国玉玺代代相传。但到了西汉末年，王莽篡权，威逼太后交出玉玺，太后一怒之下将玉玺摔在地上，玉玺当场掉了一角。后来又让工匠修补，于是在那角上用黄金镶上，“和氏璧”从此改为“金镶玉玺”，“金镶玉”也就由此而来。

什么人才能坐“八抬大轿”

在我国古代，轿子是一种特殊的交通工具。古代的轿子大致有两种形制或类型，一种是不上帷子的凉轿，也叫亮轿或显轿；一种是上帷子的暖轿，又称暗轿。还有花轿、官轿等。抬轿子的人有多有少，一般二至八人，民间多为二人抬便轿，官员所乘的轿子有四人抬和八人抬之分。在清朝，凡是三品以上的官，在京城用“四人抬”，出京城乘“八人抬”；外省督抚乘“八人抬”，督抚部属乘“四人抬”；三品以上的钦差大臣乘“八人抬”等。而八个人抬的娶亲大花轿，在旧时结婚都是有讲究的，比如，明媒正娶时，男方家要用轿子迎娶，而且还是八个人抬。经过时间的推移，现在“八抬大轿”多用来指邀请的态度诚恳，仪式隆重，或是讽刺摆架子的人。

“七荤八素”是指菜肴吗

乍一看“七荤八素”像是一个成语，可是这个词只有在俗语辞典里看得到。中华传统饮食的规矩是“七素、八荤”，其实这是一种颠覆，这里的“八荤”也就是代表宫廷的荤，在《礼记·内则》中就记载 “八珍”包括肉酱盖浇大米饭、肉酱盖浇黄米饭、烤猪、里脊肉、 酒渍牛肉、烘烤牛肉、牛羊猪肉烙米饭、烤狗肝。至于“七素”，在民间常说为青菜、萝卜、番薯、芋头、南瓜、蘑菇、豆腐。在汉语语境中的“七与八”常常是颠倒着说的，例如“七上八下、七手八脚、七零八落”这些词语，这些词语的意思大都形容混乱的样子，一塌糊涂搞不清楚怎么回事，让人觉得头昏脑涨的感觉，作为俗语的“七荤八素”也是这个意思。

鼻子是如何“气歪”的

当人生气时常会说“把我的鼻子都气歪了”，这是约定俗成的一句俗语。那人的鼻子真的能气歪吗？其实这是夸张的说法。事实上人生气的时候一般没有这么明显的反应，但也有例外的时候。有时候人生气会有咬牙切齿的表情，当一半脸咬牙切齿时，这半脸的肌肉就会全部收缩强于另一侧，强的那一边脸会牵拉到弱的那半边脸，而表现为面部正中线偏向强的那一边脸，这时鼻子可

以歪向一侧。看到某种事物或者某人做的事让人感到非常生气，所以才有了“鼻子气歪了”这一说，其实也不过是平常生活中的一个笑谈。

红豆为什么又叫“相思豆”

自古，人们常常把相思寄托于红豆，所以就有了那首众所周知的相思诗：红豆生南国，春来发几枝？愿君多采撷，此物最相思！

相传，古时有位男子被派到边塞出征，他的妻子每天倚在高山上的大树下观望等待她的丈夫。一天，两天……丈夫还没回来，妻子便在大树下哭了。时间久了，泪水也哭干了，最后流出来的眼泪都是鲜红的血滴。血滴慢慢渗入土里不能化解，便凝结成了红豆，红豆便在此生根发芽，终于有一天长成大树，上面结满了红豆，红豆的纹路都是“心”字形，大心套小心，心心相印，从此人们称之为“相思豆”。

从此以后红豆便作为相思寄托之物了。李清照在思念她的丈夫时也作了首名为《相思豆》的诗来表达她的相思之情。

“世外桃源”为何引无数人折腰

现今社会，人们被复杂的人际关系和快节奏的生活搅扰得烦闷不堪，经常会不自然地冒出这样一句话：“真想从现在的环境脱离，去过一过世外桃源般的生活。”的确，世外桃源已经成为了人们的向往之地，世外桃源般的生活也成了人们梦想的生活方式，那么世外桃源为什么如此令人神往呢？

“世外桃源”一词来自于东晋文学家陶渊明的作品《桃花源记》，其中这样记载：一个渔夫只身舍船进入一山洞，发现一处桃源。这里的居民男耕女织，小孩与老人怡然自乐，没有压迫，没有剥削，没有战乱，人人平等，自给自足。人们的关系十分淳朴亲切，到处是一片安乐祥和的气氛，与外面的世界完全隔绝。

在这样的环境中人们远离闹市的喧嚣，不被尘世之事所烦扰，每个人都开心快乐、怡然自得地生活着。所以此后人们就喜欢用“世外桃源”来比喻理想中环境幽静、不受外界影响、生活安逸的地方。现用来比喻一种虚幻的超脱社会现实的安乐美好的境界。

“诗祖”究竟是何人

想必大家都听过“诗圣”“诗鬼”，但你知道“诗祖”是谁吗？是兮伯吉父尹吉甫。他生活在周朝，是周宣王的大臣，据说《诗经》就是由他来采集的，他也是湖北历史上第一位政治家、哲学家、军事家。周宣王还命大臣为尹吉甫作诗“文武吉甫，天下为宪”。

尹吉甫的“天生烝民，有物有则”的思想还常被儒、道两家同时提到，此思想成为“天人合一”思想的最初渊源和引用例证之一。尹吉甫是位忠臣，生前为周朝立了不少功劳。他智力超群，博学多才，周宣王封他为太师。他辅助过三代帝王，到了周朝末期，周幽王听信谗言，将尹吉甫错杀。后来周幽王知道是小人离间，于是做了一个金头厚葬了尹吉甫，为了防止有人盗墓，还特意做了十二座墓葬于房县东面。

古代第一位女诗人是谁

我国第一位女诗人是公元前690年出生在卫国的许穆夫人，我国第一部诗歌总集《诗经》里就有她的作品，《诗经·载驰》的作者就是许穆夫人。

许穆夫人之所以写诗是因为当时处于春秋时代的乱世，群雄并起，列国纷争，在公元前670年，许穆夫人嫁给了许国的穆公。后来过了十年，狄人攻打卫国，但是许穆公看见卫国有难却不出手相救，而此时的卫国危在旦夕，这激起了许穆夫人心中强烈的爱国情怀。于是，她不顾自己的安危坚定地返回卫国，还写出了《载驰》这首诗，这首诗激起了卫国人民坚决抗战的决心。后来齐国的君王知道了，便雪中送炭，让卫国的局势稳定下来并得以

生存。

这首诗完成的时间是公元前659年的春夏之交，比蔡琰的诗作早了五百年，所以许穆夫人不愧是我国历史上第一位女诗人。

为什么说神话是古代浪漫主义文学的源头

有的人会说我国浪漫主义文学的源头是《离骚》，那答案肯定是错的，其实神话才是浪漫主义文学的源头。

早在远古社会，人们对自然界的事物还处于未知和懵懂的阶段，对于自然界的一些现象没有科学的解释，像地震、洪水、人类的生等。于是一些人就借助想象来解释，而不知不觉这些想象就成了艺术。神话通常把神作为主人公，于是缔造了一些各种各样的神，还有一些神化了的英雄人物。我们经常在影视作品中看到某个神会变化，还有一些法术之类的，其实这些都反映了古代人想了解自然、征服自然的愿望。《诗经》《楚辞》两部诗歌集，其中的很多内容取材于神话，如《诗经》中的《商颂・玄鸟》《大雅・生民》，还有《楚辞》中的《天问》，都是采用了大量的神话素材，所以神话才是我国浪漫主义文学的源头。

李白为何被称为“诗仙”

如果让你背首诗，大家选的诗肯定大多都是李白的。那李白为什么那么有名呢？因为李白的才华是超乎常人的。“诗仙太白”这是大家对李白的评价。

李白游长安的时候结识了当时有名的贺知章，贺知章的诗那时候也很有名了，而且他还是工部侍郎。贺知章非常喜欢李白的《蜀道难》和《乌栖曲》，见了李白很兴奋，便想要喝酒，于是把自己身上带的金龟摘下让人去换酒和李白共饮作诗。贺知章对李白的才华非常赞赏，还对李白说：“你是不是太白金星下凡到了人间?”

李白虽然很有才华，但功名上却不显赫，也是个怀才不遇的人。李白的那些诗也都是反映当时社会的一些现状和表达自己对一些事不满的情感，所以诗是言志的。其实李白不做官也很好，至少被后人传诵为他藐视权贵，还有被后人一直传唱至今的那些诗篇。

“卜辞”都记载了什么

在古代的时候，人们缺乏对自然界的认知能力，往往借一些竹签、铜钱占卜的东西来推算吉凶，也就是占卜，占卜者把所问的事、人和结果等刻在动物的甲壳上，就形成了卜辞，简单说就是占卜用的措辞。

别小看了这些卜辞，卜辞还是中国散文的最早源头，是先秦叙事散文的萌芽。卜辞的记录很广，涉及时、地、人、事，像祭祀、打猎、战争等各个领域，但是在叙述的时候很简洁。现在很多人都喜欢算命，但算命和占卜不一样，算命可以说是占卜的一种。占卜用专业的说法是种预测，“未卜先知”中的“卜”说的也就是占卜。一些考古学家在殷墟中挖掘出大量的甲骨，上面的文字就反映了商代占卜风之盛。王室贵族上自国家大事，下至私人生活，如祭祀、气候、收成、征伐、田猎、病患、生育、出门等，无不求神问卜，以得知吉凶祸福来决定行止。于是，占卜成了国家政治生活中的一件大事，朝廷还设置了专门的机构和卜官。

《虞美人》为何成了李煜的“绝命词”

李煜是五代十国时期南唐的一位国君，俗称李后主。李煜不擅长主持朝政，他生性优柔寡断，自古帝王优柔寡断的性格是成不了大事的。李煜独爱吟诗作画，他通晓音律，擅长诗词，还对书画感兴趣，最有名的词就是《虞美人》和《浪淘沙令》了，但是《虞美人》却成了李煜的绝命词。

李煜被俘后，赵匡胤把他留在开封封为违命侯，但是李煜深爱的小周后经常被赵匡胤留在宫中，每次小周后回去都是又哭又骂，李煜看着很痛心，于是作了《虞美人》。李煜看到小周后被别人欺负，但是自己却无能为力，

这首词在其中表现出了绝望，但也有不满之情。《虞美人》一问世就被宫里的人传唱，这首诗被宋太祖赵匡胤知道后，认为李煜有复国之心，怕留着李煜以后会给他带来麻烦，于是赐给李煜“牵机药”，李煜喝下这杯毒药后就身亡了。虽然这位才子死在了毒酒之下，但是他的这首《虞美人》却一直被大家吟唱至今。

《敕勒歌》是何人所作

“天苍苍，野茫茫，风吹草低见牛羊。”这是《敕勒歌》中描写北方大草原上壮丽风景的句子。《敕勒歌》的作者据说是东魏的斛律金。当时斛律金随东魏开国皇帝高欢在玉壁一战中失败损失了七万多兵马，高欢身负重伤。在返回的路上高欢命令他的部将斛律金作一首能表现敕勒族民族个性的诗歌，于是斛律金便作成了《敕勒歌》。这首歌由斛律金带头吟唱，激起了士兵们心中的壮志情怀，高欢听了也随着一起吟唱，使得军心大振。《敕勒歌》因此在军营中得到了广泛传唱，一直留传到今天。这首诗显示了当时敕勒人民对家乡的深切热爱，也描绘出了我国北方草原壮丽富饶的风光。

《说文解字》一书有何重大意义

《说文解字》是我国第一部按部首编排的字典。它出于东汉时期，是东汉的经学家、文字学家许慎编著的。

其实《说文解字》就是本启蒙识字的书，但是又和过去启蒙识字的书不一样。它不仅字数多而且还将汉初的《仓颉》《爰历》《博学》放在其中，使《说文解字》的内容丰富了许多，可谓是包罗万象。《说文解字》中的部首排列是按照形体相似或者意义相近的原则排列的。它开创了部首检字的先河，至今我们也还在用这个方法来查阅不认识的字。

段玉裁称这部书为“此前古未有之书，许君之所独创”。假使没有这本书，我们连秦汉的篆书、商代的甲骨文还有金文等都不认识，没有《说文解字》的辅助，我们读那些文字就如天书了。可见这本书对我们现在研究文字是多么重要。

《龟虽寿》表现了曹操怎样的情怀

曹操是三国时代的魏王，一生经历战争无数，是有名的军事家，也是著名的诗人。《短歌行》《观沧海》《龟虽寿》《苦寒行》《蒿里行》等都是曹操的作品，而《龟虽寿》则是曹操晚年作的最有名的一首诗。“神龟虽寿，犹有竟时。腾蛇乘雾，终为土灰。”这是《龟虽寿》当中的几句。“老骥伏枥，志在千里。烈士暮年，壮心不已。” 这两句是最富于哲理的，且阐释了曹操对人生的看法。曹操用一匹上了年纪的千里马来比喻自己，老马虽然老了，但是心中还有万丈豪情，有不服老之心。当时的曹操已经五十三岁了，北方已经统一，但是南方的孙权和刘备还没有平定，于是心中波澜起伏，此时豪情又起，便写下了这首抒发豪情的《龟虽寿》。其中“老骥伏枥，志在千里。烈士暮年，壮心不已”就是这里的名句，“老骥伏枥”这个成语也是从这里来的。

骆宾王因何被称为“神童”

骆宾王是初唐时期的诗人，他与当时的王勃、杨炯、卢照邻合称“初唐四杰”。

骆宾王从小就被人称为“神童”，“江南神童”“齐鲁才子”都是大家给骆宾王的美名。看“骆宾王”这三个字也是那么光彩照人，出自《周易·观·六四》中的“观国之光，利用宾于王”，他的家人希望骆宾王将来有所作为才取此名。一天骆宾王的祖父教小骆宾王读书，骆宾王当时刚会咿呀学语，祖父说：“天之欲降大任于斯人也。”说了几遍，小骆宾王就能学上来。他五六岁的时候已经熟记了不少诗文，对儒学的一些观点也认知了许多。后来父亲让小骆宾王作首诗，当时他们在河边游玩，骆宾王看到河里的鹅，便出口

作了首至今传唱的《咏鹅》，当时他只有七岁，所以有了“神童”的美名。长大后的骆宾王成为了“初唐四杰”之一，在四杰中他的诗作最多，尤擅七言歌行，名作《帝京篇》为初唐罕有的长篇，当时以之为绝唱。

干宝为什么会编著《搜神记》

古代，民间常常流传着各种各样神奇怪异的故事，《搜神记》就是记录这些怪事的一本小说集。

《搜神记》是东晋史学家干宝所作，书中一共有大小故事454个。干宝之所以要把这些志怪的事集成一本书，是因为他相信古代人的鬼神说，但想证明鬼神确实存在就要有证据，所以干宝就收集了大量的“证据”，才有了《搜神记》这本书。在我们现代人看来，这些事都是假的，但是它却为后人留下了不少有趣的故事，像“盘瓠神话”“东海孝妇”，到后来以《董永》改编的《天仙配》等。干宝的《搜神记》开创了我国古代神话小说的先河，被我们称为志怪小说，而志怪小说的最高成就当属《搜神记》了。取《搜神记》这个名字是因为干宝说他能感应到生死之间的事，在《晋书·干宝传》中说：“遂撰集古今神祇灵异人物变化，名为《搜神记》。”

《世说新语》都讲了些什么

《世说新语》是由南朝刘宋宗室临川王刘义庆组织的一批文人编写的，主要的编撰者是刘义庆。刘义庆是宋武帝刘裕之弟长沙王刘道怜的儿子，13岁就被封为南郡公。刘义庆从小就喜欢文学，也十分聪明，因而深得宋武帝、宋文帝的信任。他想著一本关于上层社会、名门望族轶事的书，于是就有了《世说新语》。一次，刘义庆在扬州，听说了当地的不少人物故事，还有一些民间传说，像“咄咄怪事”就是出自于这里。《世说新语》刚刚问世的时候，刘义庆因为病情恶化回到京城，不久后就去世了，谥号为“康王”。他留下来的这部巨书是个无价之宝。《世说新语》是一部笔记小说集，这本书不仅记载了自汉魏至东晋士族阶层的言谈、轶事，还反映了当时士大夫们的思想、生活和清谈放诞的风气。刘义庆简练的语言、生动鲜活的文字，使得这本书受到文人的喜爱和重视，后来的戏剧、小说，如关汉卿的杂剧《玉镜台》、罗贯中的《三国演义》等的一些素材也是出自于此。

《资治通鉴》为何能与《史记》齐名

大家都知道《史记》是一部史书，它给后人带来很深的影响，但是你知道在中国的历史上还有一部可以跟《史记》相媲美的书是什么吗？那就是北宋时期司马光的《资治通鉴》。《资治通鉴》是一本按年代编排的史书，它记录了周威烈王到五代的后周世宗显德六年总共16个朝代的历史，内容包括政治、军事、民族关系、经济、文化，还有对历史人物的评价。这本书之所以叫《资治通鉴》，是因为当时宋神宗看了此书后说“鉴于往事,有资于治道”。这本史书问世后，历代君王、文人墨客争相阅读。这本书可以称为是历代君王的教科书，他们可以从中认知和借鉴古代帝王的事迹，以历史的得失为鉴来加强统治。

沈括在哪儿写成的《梦溪笔谈》

在中国历史上，哪本书是科学的坐标呢？能有这样的美名的，毋庸置疑应该是北宋沈括的《梦溪笔谈》，整本书的三分之一都在记述自然科学知识，而且用笔记的形式记录。书中记载了印刷术是怎么发明的，关于建筑、冶炼等方面的知识也有记录，是一部很好的科技史料。沈括本人具有很高的科学素养，所以他记载的科技知识也有很高的价值。沈括是浙江杭州人，本是翰林学士，一次宋军在永乐城与西夏交锋时战败了，他因此受到牵连而被贬。到了晚年，他以平生所见所闻在镇江的梦溪园编写了此书。沈括不仅在天文上、地理上有研究，而且在声乐、光学、生物研究方面也作出了贡献。《梦溪笔谈》在国外也很有影响，早在19世纪，它就因为其对活字印刷术的

记载而闻名于世。

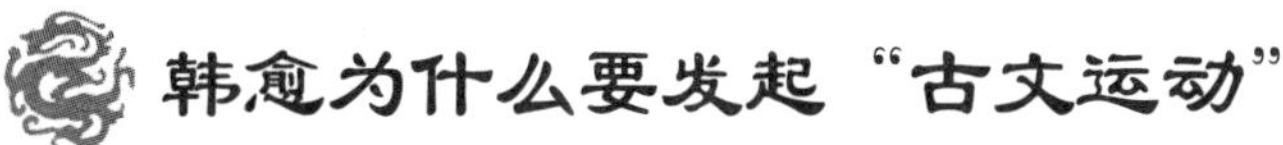

韩愈为什么要发起“古文运动”

韩愈世称韩昌黎，是唐宋八大家之首，还是唐代古文运动的倡导者。韩愈发起这次运动是有原因的，即推行古道，复兴儒学。当时文坛上盛行骈文，骈文虽然有一些优秀的作品，但却华而不实，这成了文学发展的障碍。虽然之前的王勃也曾提过，但是他们的文章还是用骈文，于是韩愈忍无可忍，召集了一些文人一起举起“复古”的旗帜，宣传儒道和自己的政治主张。这个主张得到了社会各界的响应，一些群众也参加进来，当然还是群众的力量大，骈文被压倒了。韩愈的一生是很坎坷的，25岁中进士，29岁登上仕途，却在功名与仕途上屡受挫折，他在56岁的时候，相继调任兵部侍郎、吏部侍郎。为了纪念韩愈，后人相继在阳山、潮州设了韩愈纪念馆。

我国现代第一部白话文小说是什么

古代的文章都是文言文的形式，而第一个用白话文写文章的是鲁迅，他的《狂人日记》就是收录在鲁迅短篇小说集《呐喊》中的一部现代白话文短篇小说。用白话文写文章通俗易懂，比较大众化，它也是中国第一部现代白话文小说。“白话”是在唐宋的时候以借助口语的形式形成的，起初只是用在一些通俗的文学作品上，随即到了“五四”新文化运动以后，白话文才得以在社会上普遍使用。《狂人日记》主要讲的是以一个“狂人”的所见所闻来反映中国文化的腐朽。小说是以日记体的形式来写的，但是主题十分鲜明，就是“意在暴露家族制度和礼教的弊害”，这是鲁迅的第一次呐喊。《狂人日记》中自然而然地融入了鲁迅多年来的愤怒、怨恨、不满、焦虑之情，以及希望、祈求等各种复杂的情绪，体现了他多年来对中国历史的深思和对现实社会的认识，这是一篇彻底反封建的“宣言”，也为鲁迅以后的创作拉开了帷幕。

徐霞客历时多久才完成《徐霞客游记》

徐霞客是江苏省江阴人，名字叫徐弘祖，“霞客”是他的号，他的作品《徐霞客游记》相信大家并不陌生，这是一部地理书。徐霞客是位当之无愧的地理学家，并且还是个旅游家。徐霞客从小就喜欢旅游，在少年的时候便立下了大志：“大丈夫当朝游碧海而暮宿苍梧。”可以说徐霞客的一生都是在旅游中度过的。他第一次旅游是二十八岁时，这一游就是二十年之久。他先从家附近也就是江苏、浙江一带游览，后来又到了北方，踏遍了北方的大山，但是所写的游记只完成了书的十分之一；后来徐霞客在他五十一岁时又游览了家附近的山水以及北方的大小河流，完成了剩下的部分。徐霞客五十四岁回到家中，不久后因病去世，为世人留下了宝贵的遗产《徐霞客游记》。

徐霞客一生游历，按照今天的行政区划，其足迹遍及16个省、市、自治区。他不畏艰险，曾三次遇盗，数次绝粮，仍勇往直前，严谨地记下了观察的结果。直至进入云南丽江，因足疾无法行走时，他仍坚持编写《游记》和《山志》，终于完成了两百四十多万字的《徐霞客游记》。

“竹林”之中有哪“七贤”

古人喜欢作诗，他们是因地作诗的，有的喜欢在花前月下，有的喜欢在山中，而喜欢在竹林中饮酒作诗的人就是魏晋时期被称为“竹林七贤”的那些名士了。他们常常在当时的山阳县竹林之下肆意酣畅，时间久了，大家就称他们为“竹林七贤”。这七贤当中以嵇康为首，因为他的成就是最高的，像今天我国十大古琴曲中的《广陵散》就是嵇康的作品，看来嵇康不仅是个诗人，还是个音乐家。其次就是阮籍、山涛、向秀、刘伶、王戎及阮咸了，这里大家不太陌生的应该是刘伶，爱喝酒的人都知道他，据说刘伶曾经大醉了三百多天，看来他是个十分爱酒的人。刘伶这个人有两个特点，一是嗜酒如命，二是相貌奇丑，他唯一的作品就是《酒德颂》。这七贤共同的爱好就是喝酒，其实他们只不过是用这种方法来排解心中的苦闷罢了。

古代最著名的骈文是哪一篇

骈文就是用四字、六字句，以俪句、偶句为主写出的文章，它对仗工整且带有铿锵的声律。谈起最有名的骈文，那就是王勃的《滕王阁序》了。其中的“落霞与孤鹜齐飞，秋水共长天一色”是名句，表现出华丽的特色。《滕王阁序》处处都表现出作者的匠心独运，让这篇文章不只是文章，更是一幅多姿多彩的画面。王勃一气呵成此文，韩愈读到王勃这篇文章时说“江南多临观之类，而滕王阁独为第一”。

关于王勃写《滕王阁序》，还有一个小故事。传说，王勃到南昌时恰巧赶上都督伯舆的宴会，于是才写了《滕王阁序》，写完后又写了个序诗，但是最后一句空了一个字。一些人就猜那个字是什么，有的说是“水”，有的说是“独”，但都不对，于是让王勃补上。王勃说一字千金，阎伯舆便包了千两银子给王勃，王勃接过银子却假装惊讶地说：“我不是把字写全了吗？是‘空’啊！”众人恍然大悟。

白居易的《琵琶行》有着什么样的创作背景

要说弹琵琶的圣手那是非白居易笔下的琵琶女莫属了，你看：“转轴拨弦三两声，未成曲调先有情……大弦嘈嘈如急雨，小弦切切如私语。嘈嘈切切错杂弹，大珠小珠落玉盘。”琵琶声一会儿像是鸟儿的叫声，一会又像是水流动的声音，又像是冰水凝结声，让路人听着也停了下来，码头上也静悄悄了，能弹出这样动人的曲子的只有琵琶女了。其实，最会谈琵琶的还是白居易，如果他没有写出《琵琶行》这首诗歌的话，我们也不能听到、看到这位琵琶女的琴声了。白居易的《琵琶行》之所以那么有名，并不仅仅是描写了这位琵琶圣手，而是以诉琵琶女的经历来抒发自己的情怀，所以白居易被称为“诗魔”，自号“醉吟先生”。他的《琵琶行》是他贬官到江州的第二年作的，他借琵琶女的高超演技和她的凄凉身世，抒发自己被打击、遭贬斥的抑郁悲凄之情，与《琵琶行》中的琵琶女成了同病相怜的人。他写人也是为了写己，大家同情琵琶女的凄凉身世，而白居易正是用这样一个自喻的方式“弹奏”了一

首《琵琶行》。

蒲松龄为什么那么“爱”写鬼神

以写鬼著称的是蒲松龄，而且这些鬼还都是美女。蒲松龄出生在一个中小地主兼商人逐渐败落的家庭，一生热衷科举。他19岁的时候便在乡里参加童子试考取了第一名，又接着在县、府、道考试中分别考取了第一，当时蒲松龄的名字在全城名震一时。他经常考取功名，但却始终不得志，就这样困窘了多年，后来在他71岁时才破例成为贡生。蒲松龄的生活是很艰苦的，他为了生活，在本县的一个小村里做塾师，还为知县孙蕙做幕宾数年。蒲松龄在做乡村教师的时候就开始写《聊斋志异》了。关于蒲松龄创作《聊斋志异》还有这样的说法：据说他在家乡柳泉旁边摆茶摊，每次见到路人从此过去时，他都要拽着路人给他讲个奇异的故事，讲完了蒲松龄就回去把这些故事写出来，于是就编成了后来的《聊斋志异》。《聊斋志异》成功地塑造了众多艺术典型和一些生动鲜活的人物形象，故事情节曲折离奇，结构布局严谨巧妙，文笔简练却描写细腻，堪称中国古典短篇小说巅峰之作。

中国现代第一位童话作家是谁

记得那个尽力尽责的稻草人吗？它总是在晚上默默地守着天地。记得《古代英雄的石像》吗？这是我国近代著名作家叶圣陶的著作。叶圣陶是20世纪20年代第一位写童话的作者，他的作品《稻草人》是一本童话集，这部儿童读物在问世的时候得到了许多青少年的欢迎。读童话故事也是能发人深省的，虽然叶圣陶的童话故事在形式上较为简单，但内容却很深刻，也启迪了一些人对社会的思考。大多数人知道的应该是那个《古代英雄的石像》，虽然文章说的是一块石头最后被雕刻成了英雄的形象，但是却有着深刻的意义，是对专家的嘲讽，对人们麻木的嘲讽。在叶圣陶的作品中，他记述了许多知识分子，他们中的许多人是被剥削者，他反映了社会底层没有能力反抗的人。叶圣陶在他的作

品中露骨地写出了真相与现实。他在自己的小说如《火灾》《线下》和《稻草人》中表达了自己民主和社会主义的思想。还有广受赞誉的小说《倪焕之》当中就记述了一位知识分子的悲情生活。而今为了纪念这位文学上的巨擘，后人还在苏州吴中区角直镇叶圣陶公园内建造了叶圣陶纪念馆。

“吃一堑，长一智”源出何处

“堑”是防御用的壕沟、护城河，在这里可以说是挫折。人们常说“吃一堑，长一智”，当遇到困难的时候要战胜困难，知道错误了要及时改正。在人生中，吃别人的堑、长自己的智很重要。王阳明不愧为一代哲学宗师，“吃一堑，长一智”，便是由他的“经一蹶者长一智，今日之失，未必不为后日之得”演绎而来的。王阳明在当时官拜兵部尚书，还执掌兵部大印。当时明朝有内患，这严重影响着明朝的发展，而使明朝由鼎盛时期走向衰败。他本人受到了小人的报复，而被贬到外地，但是他还是忠实地履行自己的职责。这句话出自于实践学习心得。古今中外，多少伟人、哲人都总结过失败与成功的关系，有精辟的、高度的概括，像“失败是成功之母”“上当学乖”“不经一事，不长一智”等都是这个道理。

“吃一堑，长一智”，“堑”在这里指的是困难和坎坷，“智”就是智慧、经验的意思，就是说：失败了一次就有了一次经验和教训，这样以后再遇到同样的事情就有了处理相似问题的能力。所以，一个人要想成长，就应该从失败中学习，这样才能进步。

是谁让中国人知道了“进化论”

严复从小出生在医生家庭。他长大后考入了家乡的福州船政学堂，专门学习一些近代自然科学知识，因为他的学习成绩好，就被派到英国留学。在留学的这段日子里，他涉猎了大量资产阶级政治学术理论，他最为看好的就是达尔文的进化论。当时中国没有关于进化论的学说，于是严复把达尔文的进化论翻

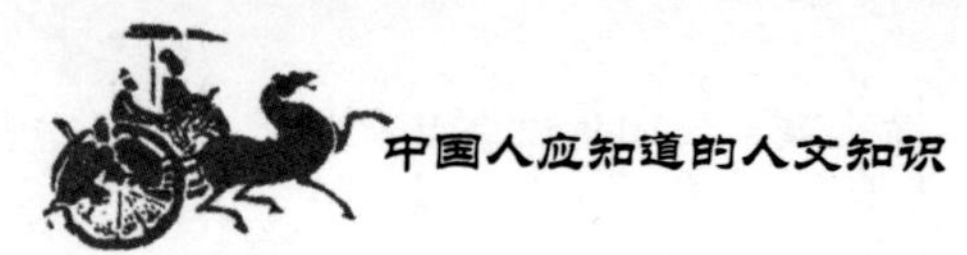

译成汉语给大家看，他还翻译了英国生物学家赫胥黎的《天演论》，讲明“物竞天择”“适者生存”的观点，他翻译的文章很简练。严复还首倡“信、达、雅”的译文标准。当时中国正处于鸦片战争时期，严复翻译的这些文字里还涉及西方的科技文化，这给中国的科技带来了不可低估的作用，《天演论》给后人带来的启示很深，如“适者生存”。

第五章 远古时代的动人传说

神话是人类最早的幻想性口头散文作品，是人类童年时期的产物，文学的先河。神话产生的基础是远古时代生产力水平低下和人们为争取生存、提高生产能力而产生的认识自然、支配自然的积极要求。

“嫦娥”为何要“奔月”

传说中的后羿因一口气射下九个太阳而拯救了天下，并受到了百姓的尊敬和爱戴，连王母娘娘也称赞他的功劳，并给了他一颗仙药。据说，服下此药，能即刻升天成仙。

然而，后羿舍不得撇下妻子嫦娥，只好暂时把不死药交给嫦娥珍藏。几天后，后羿率众徒外出狩猎，心怀鬼胎的蓬蒙假装生病，留了下来。待后羿率众人走后不久，蓬蒙手持宝剑闯入后院，威逼嫦娥交出仙药。嫦娥知道自己不是蓬蒙的对手，危急之时她当机立断，转身打开百宝匣，拿出仙药一口吞了下去。嫦娥吞下药，身子立时飘离地面、飞出窗口，向天上飞去。由于嫦娥牵挂着丈夫，便飞落到离人间最近的月亮上成了仙。

从嫦娥奔月的传说中，大家可以看出我国古人在很早以前就开始对月球有所关注了，只是由于技术上的局限，而未能进一步对月球进行探索研究而已。

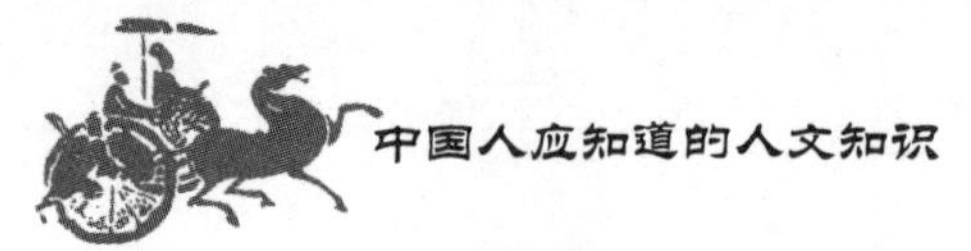

“鲤鱼”跳的“龙门”在哪儿

“鲤鱼跳龙门”是唐朝的一个典故。龙门坐落于现在河南洛阳南郊约十三公里的伊河两岸，此处东西山对峙，伊水中流，远望如天然门阙，古称“伊阙”。传说很久以前龙门还没有凿开，龙门山把伊水阻挡住，并在山的南面形成了一个大湖。居住在黄河的鲤鱼听说龙门山风景秀丽，就想到那里去游玩，鲤鱼们通过洛河游到伊水中，来到龙门山下。但由于龙门山高，没有水路可走，因此鲤鱼们被挡住了去路。鲤鱼们便商议跳过龙门山，可这在大多数鲤鱼看来是不可能的，龙门山那么高，而自己是这么地渺小。但是，其中一条大红鲤鱼自告奋勇，率先起跳。它纵身一跃跳到半空中，夹杂着云雨向前冲，途中还被天火烧了尾巴，但它最终战胜了困难，跃过了龙门山落到山南的大湖里面，并且瞬间变成了一条龙。

后来，人们通常用“鲤鱼跳龙门”比喻进士及第，暗指其绝高的难度和士子前后截然不同的生活境遇。

“后羿射日”有什么背后的隐喻

天和地刚刚形成的时候，天空上有十个太阳。他们像小鸟那样栖息在一棵大树上，每天一换。可是有一天，这十个太阳一起出现在了天空。这下，大地上的人们和万物就遭殃了。于是，后羿爬过了九十九座高山，迈过了九十九条大河，穿过了九十九个峡谷，来到了东海边。后羿拉开了万斤力弓弩，搭上千斤重利箭，瞄准天上的太阳，射掉了九个太阳。剩下的一个太阳，后羿命它每天按时出来，按时下山，为人们服务。

按照《山海经》里的记载，这十个太阳代表着十个部族，但由于天下要一统，因此其他九个部族就会被消灭。人们便根据此记载创造了后羿射日的故事，从而表达着人们对天下“大一统”的美好愿望。

“妖精”都是坏蛋吗

中国神话中的妖精是指修炼后的物类，好比人修道成仙那样。同时，在中国人心目当中，妖精经常等同于妖怪。其实，这种认识是错误的，妖精和妖怪的性质是不同的。“妖怪”这词通常作为超自然或恐怖事物的总称；而“妖精”比较偏向大自然事物化身，是具体的神怪。

古人认为任何动物、植物及工具，都会吸收天地日月的精华，从而变化成人的样子来到人间。在中国人的思想当中，妖精以狐狸精为主，此外还有蛇精、猫精、琵琶精、蜘蛛精、雉鸡精、鱼精、树精及花精等。然而，“妖”则代表偏离正道的事物，因此人类和仙人常常要征服它们，这其中当然就会发生许多暴力冲突了。妖精的身份揭穿后（通常是尾巴露出来，或者被照妖镜照到），难免会有神仙高人捉拿它们，不是被消灭，就是被迫走入仙道。如《抱朴子》《西游记》及《封神演义》等书中所描绘的那样，妖精几乎都扮演歹角，代表着邪道，是与正道的神仙们势不两立的。不过，也有例外，如《白蛇传》和《聊斋志异》书中就描绘了许多有情有义、知恩图报的妖精。

人类的先祖真的是女娲吗

人类是怎么来的？这个问题一直缠绕着古人，由于无法解释，便认为是女娲创造了人类。相传，女娲认为盘古的创造还算不上完整，鸟兽虫鱼的智力远远不能使她满足，因此她决心要创造出比这些生物更高级的生灵来与自己做伴。于是，女娲沿着黄河滑行，用河床里的软泥按照自己的形貌来捏泥人。女娲心灵手巧，不一会儿就捏好了好多的泥人。这些泥人几乎和她一样，只不过女娲给他们做了与两手相配的双腿，来代替尾巴。这些小泥人被女娲放到地上就“活”了起来，变成了一群能直立行走、能言会语、聪明灵巧的小生命，女娲称他们为“人”。

女娲造人的神话，是一个流传十分久远的故事。现代科学技术的发展证明了人类是由古猿进化而来的。但是，女娲造人的神话却反映出早期人类社会的生活状况，那时正值人类社会中的母系社会时期，妇女拥有至高无上的地位，

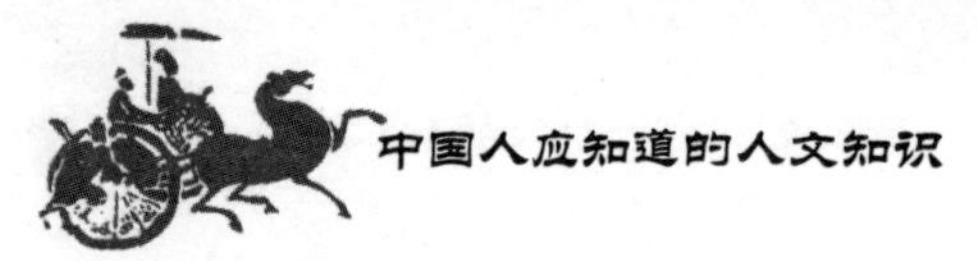

而且子女只认得自己的母亲，不认得自己的父亲。于是，人们就认为自己是被母亲所繁衍下来的，母亲是最伟大的。这也印证了女娲为什么是一个女性形象。

“刘三姐”是哪里人

相传，鱼峰山是壮族歌仙刘三姐曾经生活劳动、传歌成仙的地方。在今天，山上还保存着“三姐岩”“对歌坪”等遗址。

传说在唐代，罗城与宜山交界的天洞之滨，有个美丽的小山村。村中有一位叫刘三姐的壮族姑娘，在很小的时候父母就去世了，和哥哥刘二相依为命。刘三姐不仅长得宛如出水芙蓉一般貌美，还唱了一口好山歌。由于刘三姐常用山歌唱出穷人的心声和不平，因此触怒了当地的土豪劣绅，他们让官府派人去捉拿刘三姐。为免遭毒手，刘三姐与哥哥在众乡亲的帮助下，趁天黑，顺流沿天河直下龙江，后又进入柳江，辗转来到柳州，在小龙潭村边的立鱼峰东麓小岩洞居住。从此，刘三姐的歌声又萦回鱼峰山顶。后来，刘三姐的踪迹被官府知道了，官府派出众多官兵到立鱼峰要捉拿三姐。小龙潭村及附近的乡亲闻讯，纷纷赶来，为救刘三姐而与官兵搏斗。刘三姐不忍心乡亲们受牵连，毅然上山跳入小龙潭。然而，正当刘三姐纵身一跳的时候，顿时狂风大作，天昏地暗。随着一道红光，一条金色的大鲤鱼从小龙潭中冲出，把刘三姐驮住，飞上云霄。刘三姐就这样到天宫成了歌仙。而她的山歌，人们仍世代传唱着。

刘三姐的传说，表达着生活在底层的穷苦百姓对现实的不满，于是，他们借助神话中歌仙刘三姐的口来表达自己对社会的控诉。

十二生肖为什么以老鼠为首

在十二生肖中，为什么小小的老鼠排名第一呢？这里面有一个很有意思的传说。传说，老鼠与牛、马、羊等被选为十二属相后，他们在一起争论到底谁排第一的问题。老鼠说：“我应该排在第一位。”牛、马、羊等异口同声问

道：“你凭什么排第一位呢？”老鼠说：“我大，所以我要排在第一。”牛、马、羊等都禁不住哈哈大笑道：“小不点，你有我们大吗？”老鼠说：“我们几个争了不算数，还是让最有发言权的人来说吧。”牛、马、羊等都同意让人来评议。于是，由牛领头，马、羊、鼠等一个接一个地从大街上走过，看看人是怎么评价的。

在大街上，牛走过去的时候，所有的人都说：“好壮的一头牛啊！”马过来了，人们说：“这匹马真高。”羊走过来的时候，人们则说：“这只羊很肥。”最后，老鼠大摇大摆地挺着肚子走过来，人们看见大街上突然跑出一只大老鼠，都追着它喊：“好大一只老鼠呀，好大的一只老鼠呀！”随后，老鼠笑嘻嘻地看着牛、马、羊等说：“怎么样，还是我大吧？”对此，牛、马、羊等也无话可说了，于是就让老鼠排在了第一位。

藏族人民为什么那么推崇格萨尔王

格萨尔王在藏族人民的心目当中是一个很伟大的英雄，关于他的传说在藏族地区更是多得不胜枚举。据说，在很早以前，岭国出生了一个叫角如的穷孩子，这个孩子在这如同仙境般的环境中长大成人。在岭国英雄云集，赛马争夺王位时，角如的技艺力压群雄，被人们尊称为“格萨尔王”。格萨尔王的一生，充满着智慧与邪恶的较量，为了铲除人间的祸患和不平等现象，他临危受命降临凡界，镇伏了恶魔，驱逐了掳掠百姓的侵略者，消除了人与人之间的不平等现象。在这期间，他还和他的叔父——一个投敌卖国的奸贼展开了殊死的较量，并最终打败了他的叔父，为部落争取了自由和幸福。在藏族人民的心目当中，格萨尔王是一个什么都难不倒的英雄。格萨尔王的传说反映着藏族人民对于天地的敬畏之情和对英雄的怀念之情。

古代四大美女中谁能“沉鱼”

据说，西施是个浣纱的女子，五官端正，相貌过人。她在河边浣纱时，清澈的河水映照她俊俏的身影，使她显得更加美丽，就连水中的鱼儿看见了她的容貌，也被她的容貌所迷住，而忘记了游动，最后沉到了河底。于是，人们便将“沉鱼”指代西施了。

随着时代的变迁，“沉鱼”就不仅仅指西施了，而是通指年轻女子漂亮。

马头琴有怎样动人的传说

马头琴的产生及其发展，很难查阅史料。但是，它却有一个美丽、感人的传说。

据说，年轻的牧人巴特尔家世代为王爷牧马。在一个寒冷的初春，巴特尔跑到百里之外，找回失散的马群后，在一个淖尔边发现了一匹白色小马驹。看着小马驹的样子，巴特尔特别喜欢它，便把它带回了家。在巴特尔的精心照料下，小白马长成了大白马，而且十分通人性，在一次那达慕大会上，巴特尔骑的大白马将王爷精心饲养的所有马匹远远甩在后面。王爷见到这匹马后，满心欢喜，便派人强行抢走了巴特尔的白马，但白马却难以制服。最后，王爷将白马杀死了。

巴特尔守候了白马三天三夜。这天，他将白马的后腿骨和马尾取下，挂在毡房中，然后安葬了白马。面对白马的后腿骨和马尾，巴特尔沉思了99天，白马的形象始终浮现在脑海中。于是，他将白马的后腿骨制成琴身，雕刻出白马的头部放在顶部，用马尾制成琴弦和琴弓。就这样，马头琴诞生了。大概是因为巴特尔思念白马过于深切，或许是因为白马也有灵性，所以马头琴的旋律，表现了蒙古族人民勤劳、勇敢、深沉、粗犷、激昂的性格特征。

“双抛桥”因何而命名

双抛桥在今天福州杨桥路中段。传说古时候这里有条河，河上有座无名的木桥，桥下水深流急。河附近住着邱、何、胡三家。邱家有个儿子靠木工手艺为生，为人老实忠厚。何家亦不甚富裕，但有个女儿长得花容月貌，且生性善

良。邱、何两家素有来往，彼此一对男女青梅竹马、两小无猜，邱、何两家的家长遂为他们定了亲，并择了迎娶的吉期。

不料，一天何小姐到河边漂洗衣裳，被胡家恶少看见。胡家为官，有钱有势。胡恶少见何小姐貌美，查明底细后便遣媒到何家说亲。何家把姑娘已定亲，且日内迎娶的话让媒婆去回了。谁知胡恶少根本不理，暗地召集家丁、打手，策划邱、何两家结婚之日拦路抢亲。邱、何两家毫无防备，何小姐于迎亲路上被抢到胡府。

何小姐是个忠贞烈性姑娘，到了胡府宁死不从，并于夜间趁看守疏忽之机，偷偷逃出胡府，奔回邱家与新婚丈夫相聚。然而，那胡恶少岂肯罢休，他带着众恶奴，各持凶器赶到邱家，将邱、何新婚夫妇捆绑后抓走。新婚夫妇一路反抗，大骂无耻恶少。胡恶少恼羞成怒，喝令众恶奴将新婚夫妇双双抛入河中，并吩咐将两人尸体抛向南北两边，意思是死了也不让他们在一起。后来，河的南北两岸各长出一棵榕树，树枝在空中攀连，成为福州的一道奇观。后人见了赞叹不已，便将跨河的这座桥叫双抛桥了。

古代所指的地狱只有坏人会入吗

十八层地狱（或称十八地狱、十八重地狱、十八泥犁）是地狱名称。据东汉安世高所译的《十八泥犁经》中，将地狱分为十八层，合称为十八层地狱。十八层地狱的“层”不是指空间的上下，而是时间和内容上的不同。中国民间传说阎罗王为地狱的主宰，手底下有十八个判官分管着十八层地狱。其实，十八层地狱，也在某种程度上反映着古人的宗教信仰。古人认为，人死之后，灵魂还是存在的，因此，在佛教传入我国后，地狱也被道教所沿用和解释。

地狱被古人认为是人死亡后灵魂要去的地方，在汉族传统宗教观念中，地狱是阴曹地府的一部分。十八层地狱的宗旨是在教育人们要多做善事，多积德，少作恶，死后也就不会“受苦受难”了。从这个方面来说，还是具有积极的意义的。

“孟姜女哭长城”的故事是如何演化而来的

孟姜女哭长城的传说在民间广为流传。她的丈夫范喜良被征召修筑长城劳累而死，埋于长城之下。孟姜女悲痛之下一路寻夫哭到了卫辉池山段长城，哭塌长城，进而找到了丈夫的尸骨。

有人认为，孟姜女的故事发生在春秋时期。据《左传·襄公二十三年》记载，齐庄公四年(公元前550年)，齐国攻伐卫国、晋国，回师攻莒时齐大夫杞梁战死。杞梁妻迎丧于郊，相传她哭夫十日，城墙为之崩塌。于是，后世越传越离谱，把杞梁妻说成是秦始皇时代的人，并成为了哭长城的主角。

其实，孟姜女哭倒长城的故事，是随着历代时势和风俗不断改变而变化的。战国时，齐国都城盛行哭调，杞梁(后演化为喜良)战死而妻迎柩，便是这个故事的素材。西汉时，盛行阴阳五行、天人感应之说，杞梁妻的悲苦便造成了城崩山裂的感应。至南北朝、隋唐时期，乐府中有送衣之曲，于是又增添了送寒衣的内容。由此可见，孟姜女哭倒长城的故事，是在长期的文化演变中而逐渐丰满起来的。

总而言之，孟姜女哭倒长城的故事，从一个侧面反映出了老百姓对于封建统治者残暴统治的不满。

“羞花”的是四大美人中的谁

“羞花”，说的是杨贵妃的故事。话说唐朝开元年间，唐玄宗深居后宫，不理朝政，还四处搜寻美女。

当时，寿邸县的农民杨元琰，有一个美貌女儿叫杨玉环，被选进宫来。杨玉环进宫后，思念家乡。一天，她到花园赏花散心，看见盛开的牡丹、月季……想自己被关在宫内，虚度青春，不胜叹息，对着盛开的花说：“花呀！花呀！你年年岁岁还有盛开的时候，还有展示自己魅力的时候，可是我什么时候才有展示展示自己的时候呢？”话说得悲悲切切，不由自主地摸眼前的花。然而，她刚一摸花，花瓣便立即收缩，绿叶卷起低下。这一情景，被一宫女看见。宫女到处说，杨玉环和花比美，花儿都含羞低下了头。后来，这件事传到

唐玄宗的耳朵里，他也觉得很惊奇，便命杨玉环来见驾。

按常理说，花儿应该是最美丽的，但这个故事却被赋予了更多的遐想，让人们不由自主地想象杨贵妃的美丽动人。

“王母娘娘”起初是什么人

《山海经》中，王母娘娘于中国古代文化中第一次亮相之后，有关她的记载便渐渐多了起来。王母娘娘在我国的古代神话故事中，亦被称为金母、瑶池金母、瑶池圣母、西王母。王母娘娘不但与黄帝、尧、舜、大禹等远古时代的帝王见过面，还在此后与汉武帝见过面，其间至少经历了两千多年的时间跨越。难道王母娘娘真的如传说中的那样长生不老吗？这显然是个误会。

造成这个误会的原因，完全是当代人对历史的误读。古今中外，历史和神话杂糅的现象经常发生，人类在历史演变的过程中，常将历史上的某项功绩附会给某个人，以将他神化。上古时期，人们崇尚巫术，而掌握巫术的人，往往就是氏族最高的统治者。近年来，有专家宣称王母娘娘确有其人，并是一位叫作“西王母国”的氏族部落或部落联盟的女首领。到后来，历代的西王母人选是在不断更替，但西王母国的存在和西王母的封号却没有变，从而形成了一个西王母长生不老的传说。

八卦是谁发明的

八卦源于中国古代对宇宙形成的基本概念、日月与地球的关系以及农业生产与人生哲学互相结合的观念。那么，八卦究竟是谁发明的呢？这也有一个传说故事。

传说伏羲的母亲华胥氏在一次出门时，看见沼泽边有一个巨大的脚印，觉得很好奇，就用自己的脚踩下去试，谁知刚一踩下去，身子就有一种异样的感觉，后来就怀孕生下伏羲。伏羲长有人的头，蛇的身子，从小就很有神力，能沿着通天的大树自由上下，长大后便成为了东方的天帝。

伏羲是一位圣明的天帝，也是一位了不起的文化始祖。他上知天文、下懂地理，并且熟悉人间万物的自然法则。他提出了一个基本的标准，那就是“男为阳，女为阴”的道理。他就根据这个身体部位，初定为阴阳八卦图形，并且教百姓用这几种符号记载万事万物。原始的八卦指的是人体的八个部位，即耳朵、鼻子、眼睛、嘴巴、手、脚、生殖器官及头。发展到后来，人们便以“乾”代表天，“坤”代表地，“坎”代表水，“离”代表火，“艮”代表山，“震”代表雷，“巽”代表风，“兑”代表泽。

过海的“八仙”都是谁

“八仙过海，各显神通”原指八位神仙在渡东海时，各用各的方法渡了过去。现在引申为人们做事各有各的办法，并且也有各自拿出自己的本领比赛的意思。

相传，一次，八位神仙在蓬莱阁上聚会饮酒，酒喝到高兴的时候，铁拐李提议到海上一游，而其他神仙都觉得这是一个不错的主意。于是，他们商定各自凭借自己的法力过海，而不能乘船。首先，汉钟离把大芭蕉扇往海里一扔，袒胸露腹仰躺在扇子上，向海上漂去；何仙姑将荷花往水中一抛，顿时红光万道，她站立在荷花之上，随波漂游。随后，吕洞宾、张果老、曹国舅、铁拐李、韩湘子、蓝采和也纷纷将各自宝物抛入水中，借助宝物各显神通，游向东海。

彭祖真的寿高八百吗

彭祖，名翦，又称为篯铿，颛顼的玄孙，其父亲是吴回的长子陆终，母亲是鬼方首领之妹女嬇。因为他做的野鸡汤十分美味，所以受到帝尧的喜欢而被封在大彭，也就是大彭氏国（今江苏徐州），又叫作彭铿，传说中说是彭姓的祖先。

自尧帝起，彭祖经历夏、商两朝。商代时，成为守藏史，官拜贤大夫；周代时，担任柱下史。据说，彭祖娶了四十九个老婆，生下了五十四个子女，最终

活了八百八十岁。其实，真实的情况并不是这样的，这个年龄是根据六十天为一个甲子算的，实际上按照现在三百六十五天为一年的话，彭祖的实际寿命只有一百四十多岁。晋代葛洪形容他，“殷末已七百六十七岁，而不衰老。少好恬静，不恤世务，不营名誉，不饰车服，唯以养生活身为事。”由此可见，彭祖只是养生的方法得当，比别人活得长一些而已，并不像神话传说中说的那样活了八百八十岁。

梁祝化成了什么蝶

“梁祝”故事在不同的地方有着不同的版本，但是这些都并不会影响人们对梁山伯与祝英台的赞美。那么，梁山伯与祝英台殉情后，化成了什么蝶而双双飞舞呢?

关于此问题的争论，在不同的地区也有着不同的版本。比如，在河南就有美凤蝶版；在云南就有玉带凤蝶版等。但是，不管是哪个地区的哪个版本，“梁祝蝶”都应该具备以下三个基本的属性，否则，就会失去文化上的意义。

（1）梁祝化蝶应该是变为雌雄不同的蝴蝶。因为梁山伯和祝英台是一男一女，所以化成的蝶也应该是一雄一雌。

（2）色彩鲜艳，易于辨别。这也预示着，爱情就该这样，就应该是正大光明的，也应该是勇敢的，而不是偷偷摸摸的。

（3）梁山伯与祝英台的故事起因在南方的杭州，死后化蝶地方在绍兴，故该蝶应广泛分布在江南地区。

历史上真的有鲁班这个人吗

历史上，鲁班是确有其人的。他是春秋末期鲁国的一个工匠，名叫公输般。春秋战国时期是我国从奴隶制度向封建制度过渡的社会大变动时代。手工工匠获得一定程度的自由，新的生产工具的出现为整个社会的生产力提高创造了有利条件。公输般在这个时期对工艺技术的提高作出了杰出的贡献。由于他技艺超群，又是鲁国人，所以后人就称他为“鲁班(般)”。

史书上对于鲁班的记载很少，关于他的经历，人们很难找到很多可靠的材料。不过，关于他的传说却很多，有的写在古书上，有的流传在民间。传说鲁班曾经用木头制作了一辆车，并且安装了机关，只要开动机关，车子就会跑。

鲁班的这些传说之所以能够越传越神，其原因在于我国是一个传统的农业国。对于农业生产方面的技术，百姓们历来孜孜追求，表达着自己希望获得丰收，将自己从繁重的体力劳动中解放出来的愿望。但是，由于生产技术的限制，因此只好寄希望于神话传说了。

“伯奇劳乎”是什么意思

伯劳是一种鸟，在鄂西北房县的春夏两季较为常见。伯劳以捕食昆虫、小鼠、蜥蜴等为食，因此被称为雀型目中的猛禽。但是，在我国的古代神话传说中，它是一种神鸟。

关于伯劳有两个典故，最有名且现在比较流行的一个典故出自南朝梁武帝的《玉台新咏》中的《东飞伯劳歌》。“东飞伯劳西飞燕，黄姑（牵牛）织女时相见。谁家女儿对门居，开颜发艳照里间。南窗北牖挂明光，罗帷绮帐脂粉香。女儿年几十五六，窈窕无双颜如玉。三春已暮花从风，空留可怜谁与同。”今天人们所熟知的成语“劳燕分飞”便典出于此。

另一个典故，就是关于“伯劳”这一名称来历的典故。传说周宣王时期，贤臣尹吉甫因听信了爱子伯奇后妈的谗言而误杀了伯奇，整日后悔不已。一天，尹吉甫在郊外看到一种从来没有见过的鸟，因思子心切，便以为这只鸟就是爱子的灵魂，于是说道：“伯奇劳乎，如果你是我的儿子就飞到我的身边来”。结果，这只鸟便真的飞到了他的身边。如此一来，伯劳鸟就因为“伯奇劳乎”而得名了。

筷子真的是妲己发明的吗

妲己与筷子的传说，流传于江苏一带。传说商纣王喜怒无常，吃饭时总是

刁难厨师，嫌饭菜不合口。结果，很多厨师成了他的刀下之鬼。宠妃妲己也知道他难以侍奉，因此每次摆酒设宴，她都要事先尝一尝，免得纣王咸淡不可口又要发怒。有一次，妲己尝到有几碗佳肴太烫，可是调换已来不及了，因为纣王已来到餐桌前。妲己急中生智，忙取下头上的玉簪将菜夹起来，吹了又吹，等菜凉了一些再送入纣王口中。纣王认为由妲己夹菜喂饭是件很新奇的事情，于是要妲己天天如此。于是，妲己便让工匠照着玉簪的形状做了两根长玉簪，以便自己夹菜，而这就是玉筷的雏形。后来，这种夹菜的方式传到了民间，便产生了筷子。

这则传说，比较贴近生活，有某些现实意义，但仍然富于传奇性。

为什么“高山流水”被用来形容友情

高山流水的故事对于国人来说并不陌生。相传，伯牙擅长弹琴，钟子期善于倾听。伯牙弹琴时，心里想着高山，钟子期就会说：“好高峻的山啊！”伯牙弹琴时，心里想着流水，钟子期就会说：“水势浩荡的样子像江河啊！”伯牙弹琴时心里想什么，钟子期都能一一听出来。

一天，伯牙在泰山的北面游览，突遇暴雨。在岩石下躲雨时，心里不自地产生了一丝伤感，便取出琴弹了起来。起先是连绵大雨的曲子，再奏出山崩的声音。然而，钟子期依然能够听出伯牙的心中所想。最后，伯牙弹奏完毕，放下琴感叹地说：“您所听出的正是我心里所想的啊！我的琴声逃不过您的耳朵，您真是我的知音啊！”

随着社会的发展，现在的“高山流水”成为被善意夸大了的友谊的一种表现，但是这个词却反映出了人们渴望得到真正友谊的一种愿望。

哪吒到底属于哪一“派”

哪吒从小便桀骜不驯。7岁时，天旱地裂，东海龙王却连一滴雨也不肯施舍，还命夜叉去海边强抢童男童女。哪吒见义勇为，用乾坤圈打死夜叉，又杀了前来增援的龙王之子敖丙。东海龙王恼羞成怒去天宫告状，途中又被哪吒打得半死。于是，东海龙王请来三位兄弟，共商报复之计。第二天，四海龙王带领水兵水将兴风作浪，水淹陈塘关，哪吒为了不使全城百姓遭殃，挺身而出，悲愤自杀。事后，太乙真人借莲花与鲜藕为身躯，使哪吒还魂再世。复生后的哪吒手持火尖枪、脚踏风火轮，大闹龙宫，战败东海龙王，为民除害。

“哪吒闹海”的故事从一个侧面反映出了古人对于海龙王的敢怒而不敢言。他们将这种怨恨寄托在哪吒身上，并借哪吒的行动来反映自己对老天的不满。

在《西游记》中，大家可以清晰地看到，哪吒是站在灵霄宝殿上的。那么，是不是据此就可以说哪吒是属于道教一派呢？根据学者们考证，哪吒最早写作那咤，这一名称出现在唐代及此后与毗沙门有关的佛经中。“哪吒”是一个音译的名字，也就是说他并不是中国本土的。他本是佛教中的一个神，在唐以前，我国还没有关于“哪吒”的任何记载。如此说来，“哪吒”引进到我国的时代应当在唐朝，后来经过历朝历代的传颂，才有了今天大家所熟悉的哪吒形象。

哪吒，在佛经中是梵文（Nalakuvara）的音译，相传是四大天王中之北方多闻天王毗沙门的三太子，是佛教护法神之一。

《白蛇传》中隐含着怎样的深意

《白蛇传》的传说源远流长，是我国古代四大民间传说之一。

相传，在宋朝时的镇江，白素贞是千年修炼的蛇妖，为了报答书生许仙前世的救命之恩，变化为一个年轻漂亮的女子来报恩。后遇到青蛇精小青，两人结伴。白素贞施展法力，并嫁给许仙。婚后，金山寺和尚法海对白素贞百般阻挠，使得白素贞后来不得不显出原形，却将许仙吓死。白素贞上天庭盗取仙草灵芝将许仙救活。然而，法海却将许仙骗至金山寺内软禁，为的是将白素贞镇压。白素贞同小青一起水漫金山寺，却因此伤害了其他生灵，从而触犯了天条。白素贞在生下孩子后，被法海镇压于雷峰塔下。后来，白素贞的儿子长大得中状元，到塔前祭母，并将母亲救出，从而使全家团聚。

有人说白蛇、小青属于道教中“万物皆可成灵”的形象代表，法海代表了自认为是正宗的佛教，而许仙则代表着在佛道两派之间摇摆不定的人。法海要镇压白蛇，也就是外来佛教文化企图打压本土道教文化，但最终的结果是白素贞赢得了人们的同情，这说明佛教虽然有一定的传播优势，但中国人对道教文化仍然有一定的感情。

第六章 中国古代的官家文化

中国拥有最长时间的封建社会历史，因此，中国封建王朝的宫廷文化也是丰富多彩的。在本章，我们为你展示宫廷文化的灵魂和核心——皇权观念、宫廷生活方式等，为你一一揭开神秘宫廷的序幕。

秦始皇为什么要“焚书坑儒”

秦始皇统一六国后，为了统一原六国民众的思想，巩固自己的皇权，于公元前213年下令开始销毁除秦记以外的所有六国史书和私藏于民间的《诗》《书》，一直到公元前206年秦朝灭亡，史称“焚书”。在焚书开始的第二年，即公元前212年，秦始皇在咸阳将四百六十余名术士坑杀，即为所谓的“坑儒”。由此可见，焚书和坑儒不是在同一时间发生的。那么秦始皇为什么要“坑儒”呢?

原来，秦始皇一生都想找到真正的仙人，因此这就使得一些术士、侯生、卢生有机可乘，他们在秦始皇面前极力诳称自己与神相通，可得奇药妙方。但时间一长，他们的骗局便不攻自破。而秦法规定：“不得兼方，不验，辄死。”因此这些骗人的侯生、卢生就想密谋逃亡。秦始皇知道后大怒，遂下令拷问咸阳四百多名书生，欲寻侯生、卢生。事后，秦始皇下令将相关四百六十余名书生全部坑杀。

此一事件，后世往往将其和焚书并列，合称为焚书坑儒。

皇帝结婚和百姓有何不同

在封建社会，皇帝的婚礼可以说就是国家的盛典。因此，历朝历代，皇帝的婚礼都被列为“五礼”之首。而且为了与老百姓的婚姻有所区别，也为了显示皇家的威严，习惯把皇帝的婚礼称为“大婚”。

按《仪礼·士婚礼》记载，自周代以来的民间婚礼主要经过纳采、问名、纳吉、纳征、请期、亲迎六个程序，简称为婚姻“六礼”。但是，皇帝的婚礼却要比这“六礼”复杂得多。历代的皇帝在大婚时都要先举行“册立礼”，以此确立皇后这一特殊的身份。这也是皇帝大婚独有的一项礼仪，其他任何人都不可以仿照或举行。

其次，民间男子结婚都必须亲自去迎亲，但皇帝贵为天子，因此大婚不亲迎，只是派使节奉迎，即奉命迎娶。“六礼”中的“请期”，意思是由女方主动告知男方婚期，但皇帝结婚却是变被动为主动，把“请期”变为了“告期”。女方也因此由受“请”变为被告知。此外皇帝大婚作为国家庆典必要颁诏等等，这些都是皇帝婚礼与士庶婚礼截然不同之处。

为什么“九五之尊”只能称皇帝

研究过故宫建筑风格的人应该知道，故宫作为封建王朝的宫廷建筑的代表，其建筑理念与“九”和“五”这两个数字有着相当密切的关系。首先，它共有房间九千九百九十九间半。明代奉天殿，也就是清代的太和殿，采用的是宫殿建筑的最高等级形制，面阔九间，进深五间。午门城楼、保和殿等正面也都是九开间的殿宇。显然，这些建筑都与数字“九”和“五”有关。其次，古代的皇帝喜欢被称作是“九五之尊”。这就让我们产生一个疑问：皇帝何以如此崇尚“九”呢？

清代语文学家汪中对此作出了解释：“一奇二偶，一二可为数。二加一则为三，故三者，数之成也。积而对十，则复归为一，十不可为数，故九者，数之终也。”古人十分崇尚阴阳理论，认为奇数为阳，偶数为阴；天为阳，地为阴。自然，“九”就成了阳数中的极数，再大的数其尾数也大不过“九”。如此一来，帝王们就用“九”这个阳数中的极数来象征自己，寓意自己的江山可以永久。

官服从什么时候开始按官员品级区分的

官服分颜色是从唐朝开始：三品以上着紫袍，佩金鱼袋；五品以上着绯袍，佩银鱼袋；六品以下着绿袍，无鱼袋。官吏有职务高而品级低的，仍按照原品服色。如任宰相而不到三品的，其官衔中必带“赐紫金鱼袋”的字样。州的长官刺史，亦不拘品级，都穿绯袍。

宋代崇尚文治，冠服制度渐趋繁缛，也曾经多次修改。元代是蒙古族入关统治中原的时代。其服饰既袭汉制（如皇帝及高官的服饰仿照先秦时代的古制而成），又推行其本族制度（如一般百姓服饰仍是披发椎髻，夏戴笠，冬服帽）。元朝初建，也曾令在京士庶须剃发为蒙古族装束。蒙古族的衣冠以头戴帽笠为主，男子多戴耳环。然至元大德年间以后，蒙、汉间的士人之服也就各认其便了。

明朝的皇帝冠服、文武百官服饰、内臣服饰，有祭服、朝服、公服、常服等名目，其样制、等级、穿着礼仪真可谓繁缛。一般男子服饰以袍衫为主，形制多样，儒生文士则以襕衫、直裰为常衣。妇女服饰主要有袍衫、袄、霞帔、褙子、比甲、裙子等。

清代官服以顶戴花翎显示其不同的身份和地位。官服中的礼冠名目繁多，有朝冠、吉服冠、常服冠、行冠、雨冠等。

“打油诗”是谁发明的

打油诗相传为唐代郡人张打油所创，是旧体诗的一种，即俳谐体诗，内容和词句通俗诙谐、不拘于平仄韵律。打油诗最早起源于唐代民间。

明杨慎《升庵外集》记载，唐代张打油所写的《雪诗》中有“江上一笼统，井上黑窟窿。黄狗身上白，白狗身上肿”之句。所用都是俚语，且颇为诙

谐。后人将这类诗歌称为“打油诗”。

打油诗一般通俗易懂、诙谐幽默，有时暗含讥讽，风趣逗人。诗的内涵一般体现的是作者对现实社会、现实生活假丑恶的感应，当然也有对真善美的感应，诗中更多表现的是前者。任何社会、任何时代，只要有可笑可恨之事，就会有幽默风趣、冷嘲热讽的打油诗便应运而生。

板子只能打屁股吗

我们时常在电视上看到古代的官老爷只要说“给某某几十大板……”，下面公差们的板子就朝着犯人的屁股上落下。他们只打屁股，一般不打别的地方，你知道这是为什么吗?

原来，最初的公堂罚打犯人并没有明确规定要打什么部位，以致很多犯人都被活活打死。唐朝李世民称帝后，有一次他看到一幅“明堂针灸图”，发现人的屁股上几乎没有穴位，这就让他联想到了公堂打人不小心打出人命的事情。他认为打人致死者，一定是打在了犯人的重要穴位上。所以他立马下了一道圣旨：要求全国的公堂以后打人只打屁股。从此在公堂上打人只打屁股的习惯就传了下来。

古代行刑为何要挑在“午时三刻”

我们在影视剧中经常看到古人行刑总是选在“午时三刻”，那么，古人为什么行刑要在午时三刻呢？古代的“午时”大概就是现在的中午十一点至十三点之间，午时三刻是将近正午十二点，太阳挂在天空中央，是地面上阴影最短的时候。这在当时的人看来是一天当中“阳气”最盛的时候。中国古代一直认为杀人是“阴事”，无论被杀的人是否罪有应得，为避免他的鬼魂纠缠作出判决的法官、监斩的官员、行刑的刽子手等和他被处死有关联的人员，所以要选在阳气最盛的时候行刑，这样可以压抑鬼魂不敢出现。这应该是古代习惯在“午时三刻”行刑的最主要原因。

中国古代最高学府在哪儿

中国古代教育体系中的最高学府是设于隋代的“国子监”，它也是中国历史上最有影响力的官办大学。上古的大学，称为成均、上庠。汉代把大学叫太学，隋代开始改名为国子监。

隋文帝时，改寺为学。不久，废国子学，唯立太学一所，省祭酒、博士，置太学博士、总知学事。隋炀帝即位后改为国子监，复置祭酒。唐沿此制，国子监下设国子、太学、四门、律算、书等六学，各学皆立博士，设祭酒一员，掌监学之政，并为皇太子讲经。

唐高宗时期，曾一度把国子监改名为“司成馆”或“成均监”。宋初继承五代后周的制度，设立国子监，招收七品以上官员子弟为学生。

国子监是中国古代隋朝以后的中央官学。明朝由于首都北迁，在北京、南京分别都设有国子监。于是设在南京的国子监被称为“南监”或“南雍”，而设在北京的国子监则被称为“北监”或“北雍”。北京国子监始建于元朝大德十年（1306年），是我国元、明、清三代国家管理教育的最高行政机关和国家设立的最高学府。

“五服”中包含哪些亲属关系

古人常常用“五服”来表示亲属关系的亲疏。其实“五服”指的是五种丧服。在中国古代社会，以丧服来表示亲属之间血缘关系的远近以及尊卑关系。“五服”具体指的是：“斩衰、齐衰、大功、小功、缌麻”。

斩衰是用很粗的生麻布做成，穿这种丧服服丧三年，用于臣、子、妻、妾为君、父、夫服丧；齐衰则是缝边的生麻布做成；大功和小功则是用熟麻布做成，只是做工不同；缌麻是用细的熟麻布做成。五服服丧时间依次减少，分三年、一年、九个月、五个月、三个月。古人以这五服表示亲属的远近亲疏。从自己开始，上到父亲、祖父、曾祖父、高祖父，下到子、孙、曾孙、玄孙，同时还有上述亲属的旁亲，都是有服亲，叫内亲。母亲一系叫外亲，服制只有一世，仅包括外祖父母、舅父、姨母、舅表和姨表兄弟，其他人则是无服亲。同

时，期亲指父系亲属，大功亲指祖父系亲属，小功亲指曾祖父系亲属，缌麻亲指高祖父系亲属，母系亲属均列入缌麻亲中。

大功服、小功服、缌麻服这样分来，丧服不仅仅是在出殡时所着的服装，它也显示出不同辈分与直、旁系亲属关系，因此大家就把“五服”作为表示亲戚关系的一种标准了。

古代为何总是“秋后问斩”

古代处决死囚时一般都是“秋后问斩”，这有什么特殊的原因吗？为什么不在其他的季节执行死刑呢？

古代执行死刑一般是在秋冬季节，这与古人的自然神权观念有关，即顺应天意。在古人眼里，春夏是万物生长的季节，而秋冬是树木凋零的季节，象征肃杀。人的行为包括政治活动都要顺应天时，否则要受到天神的惩罚。因此执行死刑也是选在肃杀的季节里，因为万物都在这个季节面临死亡，所以处死犯人也是顺应了天意。

到汉朝时，将死刑的执行以及重要的诉讼活动限制在秋季和冬季举行。这不仅仅是一种观念，它已经被人们普遍接受了。所以在古装影视剧或者小说中我们经常可以看到，对死刑犯人宣判时，都会加上一句：“秋后问斩。”

“司马”一姓从何起源

据《通志·氏族略》上的记载追源溯流可知，司马氏之姓的始祖，便是周宣王时官拜司马（是管辖军政和征战的官职）的程伯休父。他因战功而被赐姓为司马，其后世子孙即“以官为氏”而姓了司马。再说程伯休父，他是殷、周朝时期的一个诸侯，是上古颛顼帝之后祝融氏重黎的子孙所传。程伯休父的子孙，一部分“以官为氏”而姓了司马，一部分依照惯例“以国为氏”而姓了程。因此，后世的司马氏系出程氏，和程氏是一家人。司马氏的得姓大约在两千七百年以前。司马氏后人奉程伯休父为司马姓的得姓始祖。

“社稷”为何能指代帝王的统治

“社”指土地，“稷”指谷类。社稷祭祀是中国古代帝王的重要祭祀。元代的社稷岁祭是从至元七年（1270年）十二月开始的。至元三十年（1293年）正月，听御史中丞崔彧之言，于和义门内少南，始建社稷坛，总面积四十亩。社坛在东，稷坛在西，相去约五丈。社坛用土青赤白黑四色，正方形，中间实以常土，上面以黄土覆之。依方面从五色泥刷饰。四面，各设一阶梯。稷坛一如社坛之制，唯土不用五色，纯用一色黄土。

元廷于至元十年（1273年）为地方社稷坛制作了规定。规定称：“社稷五土，五谷之神，虽是以时致祭坛壝制度未行，于礼有阙。乞遍喻府州依法修理。”府州社稷坛，筑城西南，方二丈五尺，高三尺四，出阶四等，筑围墙，四面开门，于内社在东，稷在西。

为什么是“东山”再起而不是“西山”再起

在生活中，当有人在生意场上或是其他方面受到挫败时，总喜欢用“东山再起”来激励自己从困境中走出来，可为什么偏偏要说成是东山再起呢？为什么就不能是其他山呢？其实，“东山再起”这个词来源于中国历史上的一次著名的以少胜多的战役——淝水之战。当年前秦皇帝苻坚已经统一了中国北方，企图进一步消灭东晋王朝。于是动员了全国的兵力，共计78万大军，分水陆两路，向江南发动了进攻。

大敌当前，晋孝武帝和满朝文武官员人心惶惶，而才华横溢的谢安，这时却隐居在会稽“东山”。直至他的好友、侍中王坦之去“东山”面请，痛陈社稷危艰，急需良将谋臣匡扶，谢安才悚忧而起，应召出山。

受命于危难之际的谢安，宵衣旰食，调兵遣将，不敢懈怠，最终成功地指挥了淝水一战赢得完全胜利，奠定了他千古名相的不世功业，成为历史上著名的政治家、军事家。“东山再起”这一妇孺皆知的成语即由此而来。

假如当年谢安复职为相前隐居的不是那个清幽宁谧的“东山”，那后来流传的成语或许就真的是什么“西山”“南山”“北山”之类“再起”了。

为什么皇帝的坟墓叫作“陵”

在古代社会，只要是帝王的坟墓都被称作是“陵”。为什么要这样称呼呢？它起源于哪个朝代呢？

据历史记载：在周朝以前，君王的坟墓和其他人一样都称“墓”而不称为“陵”。在《周礼·春官·墓大夫》中就有记载：“掌凡邦墓之地域。”墓大夫是专管全国墓地的官员。由此可见，周代君王的墓也称“墓”而不称“陵”。把帝王的坟墓称之为“陵”，大约始于战国中期以后，首先出现于赵、楚、秦等大国。这在《史记》中有着详细的记载，君王墓称“陵”是当时王权不断增强的结果，这是为了表现最高统治者至高无上的地位。因为帝王的坟墓不仅占地广阔，而且封土之高如同山陵，因此帝王的坟墓就称为“陵”。

古代的“士大夫”包含哪些人

从发展时代看，士大夫这一概念在战国中叶以后才流行开来。从内涵上考察，士大夫主要包含如下两方面内容。

其一，指居官与有职位的人。《周礼·考工记》云：“坐而论道谓之王公。作而行之谓之士大夫。”用现代话说，士大夫是职能官。《墨子·三辩》批评“士大夫倦于听治”。这里泛指一切官吏。《战国策·秦策二》载：“诸士大夫皆贺。”这里的士大夫指楚朝廷之臣与王之左右。《荀子·王霸》云：“农分田而耕，贾分货而贩，百工分事而劝，士大夫分职而听。”这里的士大夫指一切居官在职之人。其二，《君道》又讲：“论德而定次，量能而授官，皆使人载其事而各行其所宜。上贤使之为三公，次贤使之为诸侯，下贤使之为士大夫，是所以显设之也。”士大夫指诸侯以下的官吏。文官称士大夫，武官也称士大夫。《荀子·议兵》载：“将死鼓，御死辔，百吏死职，士大夫死行列。”

“秘书”最初指什么

“秘书”在现代社会中是指那些为高级人员服务的私人“佣人”。然而秘书这个职务在中国古代社会就有，但是一开始这个词并不是现代社会中的意思，而是另有所指。

“秘书”在古代是指皇家秘密的藏书。东汉恒帝时开始设秘书监这个官职，其实是相当于国家图书馆馆长，年俸六百石。管理“秘书”的长官就是汉初所设置的“长史”，以及后来的“中书侍郎”“翰林学士”等官员。幕僚中的“记宝”、地方官府的“主簿”，其实就是当代社会中秘书的前身，只是名字不同罢了。

中国古代有很多出色的秘书（幕府）工作者。如击鼓骂曹的祢衡，就是江夏太守黄祖的秘书，他能写出黄祖“所故言而未能言”的内容。至于脍炙人口的名篇《讨武曌檄》的作者骆宾王，则是徐敬业的秘书。

“道台”是个什么官儿

道台是老百姓对道员的尊称。明初布政、按察两司以辖境广大，由布政使的佐官左右参政、参议分掌各道钱谷，称为分守道；按察使的佐官副使、佥事分理各道刑名，称为分巡道。清乾隆时始专设分守、分巡道，多兼兵备衔，辖府、州，成为省和府、州之间的高级行政长官。在名义上，道应是省的派出行政机构。其分守、分巡之职亦逐渐不分。清代又设督粮、盐法等道。清末又在各省设置巡警、劝业两道。清代道员为正四品。北洋军阀时曾分一省为数设，设置道尹。

“洗马”是负责给马洗澡的吗

“洗马”是古代官名。“洗”并非读 xǐ，而是通“先”，亦称“先

马”。洗马并非洗刷马匹之意，也不是指马夫，而是在马前驰驱之意。《宋书》卷四十《百官下》：“洗马，八人。职如谒者、秘书郎也。二汉员十六人。太子出，则当直者前驱导威仪。秩比六百石。”从宋代的这一史料可以看出，洗马这一官职是东宫太子的导师，属规谏太子的官职。但是这一官职并非限制他只能出入于东宫。历史上很多太子身边的“洗马”都是朝中重臣，如晋的李密、江统，唐朝的魏征等。

秦汉时期，洗马为太子的侍从官，太子出则作为前导。晋代时其职责改为掌管图籍。南朝时洗马隶属于典经局。隋唐时则设司经局洗马一职，沿袭至清代。清代司经局所设之洗马用满汉各一人，从五品。在历史上许多名人都做过洗马之职，如魏征曾做过太子李建成的洗马。清末重臣张之洞43岁时，还只是一个洗马。

“内阁”都干些什么

明初在撤销中书省，废除丞相制度，改用四辅官而又证明不副职任之后，乃改用内阁制度以作为皇帝的辅政部门。

内阁本来并不是一个机关部门的名称。最早，朱元璋使用翰林院的学士、编修、检讨、修撰、侍读等所谓文学侍从官员来协助做一些文墨工作。具体职责是帮助皇帝阅看各机关送来的章奏和执行封驳的工作，根据皇帝的意图草拟处理意见等。这些人并不能参与重大政务的研究，更不能独自处理什么问题，仅是由于他们经常在宫廷殿阁之内工作，随时听候皇帝的传呼差使，逐渐才被称为内阁学士或大学士。被调入内阁的人有的便被称为“入阁”。

“总督”和“巡抚”谁大谁小

清朝的地方行政制度实行的是督抚制。当时全国划分为23个省，每个省设一名巡抚，为主管一省民政的最高长官。总督权力比巡抚大得多，但与巡抚之间没有直接的隶属关系。总督和巡抚都是对上直接听命于皇帝。不同的是总督

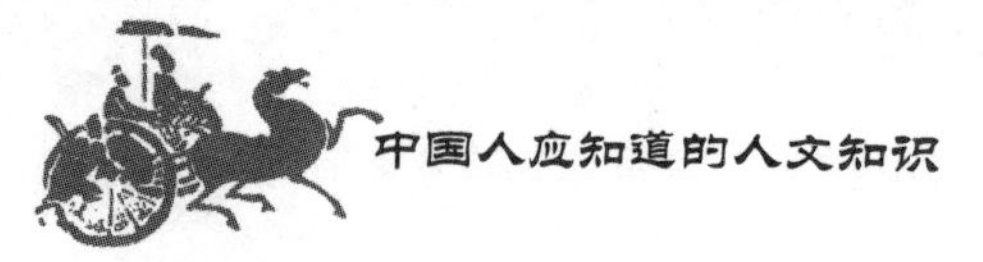

可以管数省，侧重军事；巡抚只管一省，侧重民政。当时全国设八大总督，分别为直隶、两江、闽浙、两湖、陕甘、四川、两广、云贵总督。这就不难看出浙江事实上是归闽浙总督管的。

总督和巡抚合称“督抚”，这都是从明朝开始设置的。那时，政府派大臣处置地方军政事务，有两种头衔，全称分别是“总督某地等处地方提督军务粮饷兼巡抚事”和“巡抚某地等处地方提督军务兼理粮饷”，前者就是总督，后者就是巡抚，都属于临时性质，事罢还朝。

“执子之手，与子偕老”是哪首诗中的名句

“执子之手，与子偕老”是《诗经·国风·击鼓》里的一句话，说的是一位出征在外的男子对自己心上人的日夜思念。他想起他们花前月下“执子之手，与子偕老”的誓言，想起如今生离死别、天涯孤苦，岂能不泪眼蒙眬、肝肠寸断。

《诗经》中那优美的文辞、淳厚的情感，滋润、涵养着我们华夏民族的文化艺术与人文精神。许多脍炙人口的爱情诗篇为后人所传颂，如《关雎》篇，“关关雎鸠，在河之洲。窈窕淑女，君子好逑。参差荇菜，左右流之。窈窕淑女，寤寐求之。”这首诗表达了作者对一位窈窕美丽、贤淑敦厚的采荇女子的热恋和追求，以及对与她相伴相随的仰慕与渴望，感情单纯而真挚，悠悠的欣喜，淡淡的哀伤，展现了男女之情的率真与灵动。

《尚书》里都有哪些内容

我国最早的一部历史文献总集是《尚书》，相传曾经由孔子编选，属于记言古史。最早时它被称为《书》，到了汉代被叫作《尚书》，意思是“上古之书”。汉代以后，《尚书》成为儒家的重要经典之一，并把它改名为《书经》。对于这本书的确切作者是谁，是什么年代编辑的，现在已无从考证。唯一可以确定的是这本书在汉代以前就已经有了定本。

就文体而言，《尚书》通篇文章是以散文的形式按朝代编排，分成《虞书》《夏书》《商书》和《周书》。它大致有四种体式：一是“典”，即古代的典章制度；二是“训诰”，包括君臣之间、大臣之间的谈话和祭神的祷告辞；三是“誓”，记录了君王和诸侯的誓众辞；四是“命”，记载了帝王任命官员、赏赐诸侯的册命。它使用的语言、词汇比较古老，因而较难读懂。其内容包括《今文尚书》和《古文尚书》两部分。

历代皇帝都穿黄色的龙袍吗

我们时常在一些古装影视剧中看到这样的现象：古代的皇帝除上朝穿龙袍以外，其他时候都穿黄色的衣服。平常的官员要是能得到一件皇帝御赐的黄马褂，就觉得荣耀之至，甚至有的官员把黄马褂当作神灵一样供奉。也许有人会问：“是不是历朝历代的帝王都穿黄色的袍子？”

其实从周朝至明朝，帝王的正式着装都是黑色的冕服。秦始皇统一六国后，规定皇帝要穿火德之服，但是火德的赤并非现在流行的中国红，而是发黑的暗红，所以一般情况下把它视为黑色。

唐代的皇帝依旧是以黑底十二纹章的冕服为上朝和祭祀的正式服装。宋朝和明朝的皇帝也都穿火德之服，尤其是明朝的皇帝姓朱，所以都以红色为贵，皇帝的常服也多为红色。

现存的明代皇帝画像中有些身着明黄色常服，是因为那些画像多是死后遗像。而那种纯金打造的黄澄澄的金冠，更是只有在皇帝的墓穴里才能找到的陪葬用品。以明黄色为贵，穿着明黄色衣冠到处跑的，只有清朝的皇帝。由此可知，皇帝穿黄袍是在清代才形成的。

皇帝后宫究竟佳丽几许

说到古代皇帝的妃子人数，显然“七十二”是远远不够的。自古就有后宫佳丽三千之说，而且有人认为“三千”都是个保守的数字。因此所谓的

“七十二妃”只不过是个泛指的数字。

《管子·小匡》就有：“九妃六嫔，陈妾数千”之说。《礼·昏仪》对周代的后妃制则说得更为详细。其中有这样一句：“古者天子后立六宫，三夫人，九嫔，二十七世妇，八十一御妻。”可见早在秦始皇统一六国之前，各诸侯国的国君就已经是妻妾成群了。到了秦始皇，那就更甚之。他灭了六国之后，首先就是把六国后宫的妃子据为已有，其人数就可想而知了。但是，最先建立起完备的后妃体制的朝代是汉朝。汉代把后妃爵列分为八品：即皇后、夫人、美人、良人、八子、七子、长使、少使。汉武帝时更是把其扩至十四个等级，即昭仪、婕妤、娥、容华、美人、八子、充依、七子、良人、长使、少使、五官、顺常、无涓。东汉时又化繁为简，六宫仅有皇后、贵人之称，其下只设美人、宫人、采女三等。

“八股文”是谁发明的

提起古代科举考试的“八股文”，人们一般认为它就是明太祖所创。其实这是一个不全面的说法。因为，早在明朝以前的唐朝就有了八股文的形式。为什么这样说呢?

考证历史发现，八股文的形式，最早可溯源于唐朝的“帖括”。所谓“帖括”，就是八股文概括地默写某一种经书的注解。唐代虽以诗、赋取士，但并未完全废除读“经”。宋代自王安石秉政，以“经义”试士，学子任治一经，考试时发挥“经义”为文字，这不同于唐代专重记忆注疏原文，考试概括来书写答案的“帖经”，而是发挥对经文意义的理解来写文，因而名为“经义”。

科举考试的八股文的雏形却是形成于元代。元代科举考试，用“经义”“经疑”为题述文，出题范围限制在《大学》《中庸》《论语》《孟子》四种书中。这就是最早的八股文雏形了。

明代朱元璋洪武三年诏定科举法，应试文仿宋“经义”，其后此种文字讲求格律，八股文的格律形式就形成了。

“连中三元”的高才中的是哪“三元”

我们时常可以在古装影视剧或是文史资料里看到“连中三元”的说法，那么它们到底指的是哪三元呢？

“三元”是我国科举制度的产物，是解元、会元、状元的统称，最早产生于科举制度完善起来的中晚唐时期。

不过，在唐朝尚无“三元”之说，只是有了与此类似的“三头”的讲究。读书人首先参加由地方府州举行的选送资格考试，考试合格者称乡贡进士，第一名称为“解头”或“解首”。然后参加中央举行的全国考试，考中者一律称为进士出身，其中的第一名称“状头”。唐代又把各种“制科”考试的第一名称为“敕头”。如唐宪宗元和九年的“状头”张又新，之前是京兆府“解头”，到了元和十二年，又应博学宏词科得第一名，一时被人们称为“张三头”。在唐代，科举取士中三级考试制度已经基本完善，以后宋、元、明、清都是沿袭这一套制度来执行的。

从这个意义上说，这“三头”之说尽管文字上与“三元”略有差异，但实质上大体一致。“连中三头”可以算作是“连中三元”的早期雏形。

第七章 中国古代的名家轶闻

在本章，我们精心筛选了古代多位著名人物鲜为人知的轶事和传说，让你在轻松的阅读之余，还能够体会到其名人光环之外的朴实与平凡，并能更深地体会到其作为名人所具备的精神与情怀，从而在不知不觉间拉近你与他们的距离。

 “座右铭”是谁的发明

据古书记载，春秋五霸之首的齐桓公死了之后，怀念其功绩的齐国人为了纪念他，就给他造了一个庙堂。这个庙堂虽然不是很华丽，但是里面却摆设了好多祭器。其中，有一种装酒的器皿，名叫欹器。这种酒具的特别之处在于当这个器皿是空着的时候，它呈倾斜状；但是如果有液体倒进去，它就会直立起来；如果再装至满，便会倒覆。

有一天，孔子带着学生到庙里来朝拜，看到了这个欹器，很是好奇。于是他便向庙里管香火的人打听有关这件器皿的知识。管香火的人告诉他名字之后，孔子便想起了有关齐桓公的故事。他指着欹器对学生们说：“欹器空着的时候就倾斜。把酒或水倒进去一半，它就直立起来。装满了就又会倾斜。所以齐桓公还活着的时候，总是把欹器放在他座位的右侧，用来警戒自己绝不可以骄傲自满。自满就会像欹器里装满了水，必然要倾斜倒覆。”他又接着对学生

们说："其实，读书也是一样，谦受益，满招损。你们一定要牢牢记住啊！"

回到家里，孔子也请人做了个欹器放在座位的右侧，用来警戒自己活到老，学到老，永不满足。以后，欹器被刻在金属上的文字所代替，文字的内容包括许多格言、警句。而"座右铭"这个词则一直沿用到今天。

"七步诗"是怎么来的

在中国历史上有一个有名的家庭，父亲曹操不仅是军事家和诗人，他的两个儿子曹丕和曹植在文学上也很有造诣。父子三人并称"三曹"，其中以曹植的文学成就为最高。

曹丕是一位文学批评家，他的《典论·论文》是中国文学批评史上划时代的著作。曹植则是曹丕的弟弟，才华很出众，特别在文学方面，是那个时代最杰出的诗人。

哥哥曹丕继位以后，非常嫉妒弟弟曹植的才能。有一次，因为一件小事，曹丕打算借机惩罚曹植，因而规定除非曹植在七步之内作出一首完整而且合乎韵律的诗，不然就要罚他。曹植明知道哥哥是故意为难自己，但曹丕现在是皇帝，他只能听命。想到迫害自己的人是自己的亲兄长，曹植感到异常悲愤。一时，他吟下四句诗："煮豆燃豆萁，豆在釜中泣。本是同根生，相煎何太急。"皇帝曹丕听了这首诗，感到很惭愧，也就不再加害自己的弟弟了。

屈原因何被流放

大家知道，屈原之所以投江自尽，是因为自己的报国主张不被国王所接纳，最终导致灭国，伤心至极。但是在这个过程中，张仪对屈原的死负有怎样的责任呢？

屈原立志报国为民，劝怀王任用贤能、爱护百姓，很得怀王的信任。

那时西方的秦国最强大，时常攻击六国。因此，屈原亲自到各国去联络，要用联合的力量对付秦国。联盟的力量，制止了强秦的扩张。屈原更加得到了怀王的重用，很多内政、外交大事，都凭屈原做主。

因而，楚国以公子子兰为首的一班贵族对屈原非常嫉妒和仇恨，常在怀王面前说屈原的坏话，说他独断专权，根本不把怀王放在眼里。挑拨的人多了，怀王渐渐对屈原不满起来。 秦国探知这个消息后，忙把相国张仪召进宫来商量。张仪认为六国中间，齐楚两国最有力量，只要离间这两国，联盟也就散了。他愿意趁楚国内部不和的机会，亲自去拆散六国联盟。

张仪找到了子兰，他布置停当，就托子兰引见怀王。他劝怀王绝齐联秦，列举了很多好处。怀王是个贪心的人，听说不费一兵一卒，白得六百里土地，非常的高兴。

第二天，怀王摆下酒席，招待张仪。席间讨论起秦楚友好，屈原果然猛烈反对，与子兰、靳尚进行了激烈争论。他痛斥张仪、子兰，并走到怀王面前大声说："大王，不能相信呀！张仪是秦国派来拆散联盟、孤立楚国的，万万相信不得……"怀王怒道："难道楚国的六百里土地抵不上你一双白璧！"接着就叫武士把屈原拉出宫门。

屈原痛心至极，站在宫门外面不忍离开。当他看见张仪、子兰等人欢欢喜喜、高高兴兴走出宫门时，无比绝望。

柳永因何被称为"白衣卿相"

白衣卿相中的白衣是指平民的服装，也指平民；卿相是指高官，古时指进士。唐代人极看重进士，宰相多由进士出身，故推崇进士为白衣卿相，是说虽是白衣之士，但享有卿相的资望。宋代词人柳永自称"奉旨填词柳三变"，以毕生精力作词，并以"白衣卿相"自许。"白衣卿相"一词即出自其诗作《鹤冲天》。

柳永的一生很倒霉。他第一次赴京赶考，落榜了。第二次又落榜。按说，补习补习，完全可以东山再起。可不服输的柳永就是沉不住气，由着性子写了首牢骚极盛而不知天高地厚的《鹤冲天》。发牢骚的柳永只图一时痛快，压根没有想到就是那首《鹤冲天》铸就了他一生的辛酸。没有几天，柳永的《鹤冲天》就到了宋仁宗手中。仁宗反复看着、吟着，越读越不是滋味，越读越恼

火，特别是那句“忍把浮名，换了浅斟低唱”真是刺到了宋仁宗的痛点上。三年后，柳永又一次参加考试，好不容易过了几关，只等皇帝朱笔圈点放榜。谁知，当仁宗皇帝在名册簿上看到“柳永”二字时，龙颜大怒，恶狠狠抹去了柳永的名字，在旁批道：“且去浅斟低唱，何要浮名？”

柳永一生都在烟花柳巷里亲热唱和，大部分的词诞生在笙歌艳舞、锦榻绣被之中。柳永晚年穷愁潦倒，死时一贫如洗，是他的歌妓姐妹们集资将他营葬。柳永死后亦无亲族祭奠，每年清明节，歌妓都相约赴其坟地祭扫，并相沿成习，称之“吊柳七”或“吊柳会”。

中国的隐逸诗人以谁为源头

陶渊明是东晋时期的一位非常重要的诗人。他被尊称为隐逸诗人之宗，而且开创了田园文学这一文学潮流。他的诗文充满了田园气息。他的名士风范和对俭朴生活的热爱，影响了一代又一代的中国文人，乃至整个中国文化都深受其影响。 陶渊明在中国几乎是个家喻户晓的名字。上过中学的人都学过他的《桃花源记》，还有很脍炙人口的诗句，如“采菊东篱下，悠然见南山。”老师们还会给学生讲他“不为五斗米折腰”的故事。

陶渊明不断出仕，又旋即辞官，这一事实就足以证明他对现实的不满和不适应。萧统所写的《陶渊明传》记载：“会郡遣都邮至县，吏请曰：‘应束带见之。’渊明叹曰：‘我岂能为五斗米折腰向乡里小儿！’即日解绶去职，赋《归去来》。”我们可以从中看到陶渊明屡次去职的根本原因，而他的《归去来兮辞》更从生活情调的深处说出了这一点。

“心为形役”是他最大的精神痛苦，他决心要摆脱自身躯体及物质的役使，获得心灵上的自由。他在历经了官场的龌龊和束缚之后，终于迷途知返，把“良辰孤往”“植杖耘耔”“东皋舒啸”“清流赋诗”看成自己的“天命”，因而从心灵的深处释放了政治上的失落感，“乘化归尽”，找到了生命的归宿。

骆宾王怎么会“教”宋之问作诗

“初唐四杰”中的诗人骆宾王曾参与起兵反对武则天，但终归失败，他只得隐姓埋名，出家当和尚。在他出家后，与宋之问之间还发生了一个故事。

有一天，杭州灵隐寺来了一个年轻的游客，此人正是宋之问。晚间，宋之问于寺间长廊漫步，见皓月当空，野山魆魆，便诗兴大发，吟出“鹫岭郁昭哓，龙宫隐寂寥”两句诗来，自觉有些意味，可是下面两句却一时接不上来。长廊尽头，宋之问忽见一老僧打坐，他便上前招呼。老僧抬眼寒暄几句，道：“老衲倒有两句……”于是，他缓缓吟来：“楼观沧海日，门听浙江潮。”宋之问听了，深感佩服。

宋之问回房细细品味，觉得老和尚的两句妙不可言，第二天一早就兴冲冲地跑去拜见老和尚，可已不见人影。正在徘徊怅然之际，一个小和尚经过，宋之问赶忙上去询问，和尚道：“噢，他就是骆宾王啊。”

“苏小妹”确有其人吗

在苏轼家族的家谱中并没有记载苏轼有个妹妹叫苏小妹，也没有民间传说的关于苏小妹智斗苏轼等“佛印”故事。书上说苏小妹嫁给了秦观，可是秦观的夫人不是苏小妹而是徐文美。而且，苏轼在词中和信中没有一次提到过苏小妹。苏轼的资料里面也说他父亲生有三男三女,但只有两个存活，就是苏轼和苏辙，没有苏小妹。而关于苏小妹的故事、诗联在民间津津乐道了千百年。当人们倾倒于苏小妹的机智时，她那份清雅伶俐，已然栩栩如生地幻化于眼前。民间已赋予了她生命，而她的传说，也将永久地被传颂下去。

传说中的苏小妹在新婚之夜是如何刁难秦观的?

传说苏轼的妹妹苏小妹，从小习读诗文，精通经理，是个有才识的女辈。在小妹16岁时，上门说亲的人很多。但小妹认为自己年纪还轻，不准备过早结婚，而应力争在年轻的时候多学点东西，因此她对前来说亲的人非常讨厌，但又不能贸然失礼。于是她想了一个办法，要求所有求婚者答三道题，答对了，就嫁给他。

秦观听说苏东坡的妹妹苏小妹不但相貌端秀而且工诗善词，早就有爱慕之心了，便去苏家求婚。苏洵让每个求婚者写一篇文章，交女儿批阅。小妹在少游的文章上批道：“不与三苏同时，当是横行一世。”苏洵便将苏小妹许给了秦少游。成婚那天，小妹有意相难。开始两题都没有难倒秦少游，小妹便出了第三个题目，一个上联：“闭门推出窗前月”。少游怕对得平淡不能显示自己的高才，便坐在池塘边苦苦思索。直到三更，苏东坡出来打探妹夫消息，见少游在池塘边不住喃喃念着：“闭门推出窗前月”，知道是小妹故意刁难，便悄悄拾起石子朝水池中投去。秦少游忽听“砰”的一声，见池中月影散乱，遂受启发，连忙对出下联：投石冲开水底天。这时，洞房门也“呀”的一声开了。

曹操为什么被叫作“乱世枭雄”

有一个人，他为现世许多人所景仰，也为许多人所不齿，他就是那既被称为治世能臣又被称为乱世枭雄的人——曹操。但是曹操为什么会被称为乱世枭雄呢？

一个原因是曹操为人奸诈。第二个原因是他篡汉谋权，挟天子以令诸侯。最为民间所不满的是曹操说了这样一句话：宁肯我负天下人，不可天下人负我。如果一个人宁肯自己对不起普天下的人，也不能让天下的人对不起自己，这个人就太坏了，所以老百姓讨厌曹操。有这样一个传说：曹操因为董卓要迫害他，就从京城里逃出来，路过了他一个老朋友家，这个老朋友名叫吕伯奢。曹操到吕伯奢家里的时候对其一家产生诸多误会，于是就发生了曹操杀吕伯奢一家的惨案。

李贺为何被称为“诗鬼”

我们知道，唐朝著名的诗人中，李贺被称为“诗鬼”，那么才华横溢的他怎么跟鬼这个字眼扯上关系呢？

李贺（790—816），字长吉，晚唐诗人，福昌（今河南宜阳）人，祖籍陇西，自称“陇西长吉”。家居福昌昌谷，后世因而称他为李昌谷。李贺为唐宗室郑王李亮的后裔，但其家道已没落。他“细瘦通眉，长指爪”，童年即能词章，十五六岁时，已以工乐府诗与先辈李益齐名。李贺一生体弱多病，27岁就逝世。今存诗242首。

他的诗作有讽刺黑暗政治和不良社会现象的，如《秦王饮酒》《猛虎行》《金铜仙人辞汉歌》；有发愤抒情的，如《开愁歌》《致酒行》《浩歌》等；有写神仙鬼魅的，如《梦天》《天上谣》《古悠悠行》等；有咏物等其他题材的，如《李凭箜篌引》《马诗二十三首》等。

李贺诗的艺术特色是想象力非常丰富奇特，句锻字炼，色彩瑰丽。如“羲和敲日玻璃声”“酒酣喝月使倒行”“银浦流云学水声”等匪夷所思的奇语，比比皆是。据统计，他的作品中出现过“死”字二十多个，“老”字五十多个。尤其是写神仙鬼魅的作品，常常让人感到幽灵出没，阴森可怖。因此，后人称李贺为“诗鬼”。

“花间词”的鼻祖是谁

谁都以为花间鼻祖应该是个女儿身，其实不然，它指的是唐代著名诗人温庭筠。那么温庭筠为何被称为“花间鼻祖”呢?

温庭筠（约812—870），唐代诗人、词人。本名岐，字飞卿，汉族，太原祁(今山西祁县)人，是花间词派的重要作家之一。由于他喜欢讥刺权贵，多触忌讳，又不受羁束，纵酒放浪，因此一生坎坷，终身潦倒。据说他叉手一吟便成一韵，八叉八韵即告完稿，时人亦称为“温八叉”“温八吟”。他诗词兼工，诗与李商隐齐名，并称“温李”；词与韦庄齐名，并称“温韦”。温庭筠的词多写花间月下、闺情绮怨，形成了以绮艳香软为特征的花间词风，被称为“花间派”鼻祖。他的创作题材偏窄，被人讥为“男子而作闺音”。

为什么说李白之死与永王叛乱有关

乾元二年(公元759年)，李白行至巫山，朝廷因关中遭遇大旱，宣布大

赦，规定死者从流，流以下完全赦免。这样，李白经过长期的辗转流离，终于获得了自由。他随即顺着长江疾驶而下，而那首著名的《早发白帝城》最能反映他当时的心情。到了江夏，由于老友良宰正在当地做太守，李白便逗留了一阵。

乾元二年，李白应友人之邀，再次与被谪贬的贾至泛舟赏月于洞庭之上，发思古之幽情，赋诗抒怀。不久，他又回到宣城、金陵旧游之地。差不多有两年的时间，他往来于两地之间，仍然依人为生。上元二年，已六十出头的李白因病返回金陵。在金陵，他的生活相当窘迫，不得已只好投奔了在当涂做县令的族叔李阳冰。

传说当李光弼东镇临淮时，李白不顾61岁的高龄，闻讯前往请缨杀敌，希望在垂暮之年为挽救国家危亡尽力，但因病中途返回，次年病死于当涂县令、唐代最有名的篆书家李阳冰处。而另一种关于李白死亡的说法则多见诸民间传说，极富浪漫色彩，说李白在当涂的江上饮酒，因醉跳入水中捉月而溺死。这与诗人的性格非常吻合。

但是不管哪一种死法，都因参与永王李璘谋反作乱有着直接的关系。因为李白流放夜郎，遇赦得还后不久，就结束了他传奇而坎坷的一生，这是一个不争的事实。

“李白”这个名字是怎么来的

李白的名字没人不知道，但你知道他为什么取名叫“李白”吗?

其实，李白的名字得来十分地有趣，他名字的诞生过程就充满了诗情画意。那是在李白7岁时，父亲要给李白起个正式的名字。无论是眼下读书、将来任职，有个好名字都是必要的。李白的父母亲想要培养儿子做个高雅脱俗的人，做一个对人民和社会有益的人。

一天，李白的父亲看着春日院落中的葱翠树木、似锦繁花，开口吟诗道：“春国送暖百花开，迎春绽金它先来。”李白的母亲接着道：“火烧叶林红霞落。”李白知道父母故意只吟了诗句的前三句，留下最后一句，希望自己接续下去。他看到正在盛开的李树花前，灵机一动说：“李花怒放一树白。”

7岁稚童的精彩诗句一出口，父母惊呆了。他们决定把妙句的头尾“李”“白”二字作为孩子的名字。

曹操为什么要杀华佗

正当华佗在民间热心奉献自己的精湛医术时，崛起于中原动乱中的曹操，闻而相召。原来曹操早年得了一种头风病，中年以后，日益严重。每次发作之后，心乱目眩，头痛难忍。诸医施治，疗效甚微。华佗应召前来诊视后，在曹操胸椎部的鬲俞穴进针，片刻便脑清目明，疼痛立止。曹操十分高兴。但华佗却如实相告：“您的病，乃脑部痼疾，近期难于根除，须长期攻治，逐步缓解，以求延长寿命。”

曹操听后，以为华佗故弄玄虚，因而心中不悦，只是未形于色。他不仅留华佗于府中，还允许他为百姓治病。公元208年，曹操操纵朝政，自任丞相，总揽军政大权，遂要华佗尽弃旁骛，长留府中，专做他的侍医。这对以医济世作为终身抱负的华佗来说，要他隔绝百胜，专门侍奉一个权贵，自然是不愿意的。何况，曹操早年为报父仇，讨伐徐州的陶谦，坑杀徐州百姓数万人。

徐州是华佗后期行医和居住之地，他与百姓休戚与共，内心岂不愤慨？因而华佗决心离开曹操，便托故暂回家乡，一去不归。曹操几次发信相召，华佗均以妻病为由而不从。曹操恼羞成怒，遂以验看为名，派出专使，将华佗押解至许昌，严刑拷问。面对曹操的淫威，华佗坚贞不屈，矢志不移。曹操益怒，欲杀华佗。虽有谋士一再进谏，说明华佗医术高超，世间少有，天下人命所系重，望能予以宽容，但曹操一意孤行，竟下令在狱中处决。

华佗临死时仍不忘济世救民，他将已写好的《青囊经》取出，交狱吏说：“此书传世，可活苍生。”狱吏畏罪，不敢受书。华佗悲愤之余，只得将医书投入火中，一焚了之。后来，曹操的头风病几次发作，诸医束手，他仍无一丝悔意，还说：“佗能愈吾疾，然不为吾根治，想以此要挟，吾不杀他，病亦难愈。”直到这年冬天，曹操的爱子曹冲患病，诸医无术救治而死，曹操这才悔恨地说：“吾悔杀华佗，才使此儿活活病死。”

《长恨歌》为何能流传千古

这是一首具有浪漫的传奇色彩和浓郁的抒情气氛的长篇叙事诗，是白居易感伤诗的代表作，向来与《琵琶行》双璧争辉。全篇的中心是歌“长恨”，但作者却从“重色”说起，并极力铺写和渲染。在马嵬兵变、贵妃殒命之后，作者着力描写了唐玄宗对杨贵妃的刻骨思念，还匠心独运地构思了一个道士招魂、杨妃托物寄词的情节，表达了天上人间坚如金钿的忠贞爱情，点明了“长恨”的主题。抒情成分很浓，叙事、写景、抒情很巧妙地结合在一起，描述了一个动人的爱情故事及它的悲剧结局。诗人将爱情故事写得缠绵悱恻、婉转动人，具有极大的感染力。全诗荡气回肠、情节曲折，散发着浪漫主义的光彩，不愧为千古绝唱。

曹操为什么不敢自立为帝

要说曹操从来就没想过要代汉自立，恐怕不是事实。说曹操没有这个资格和条件，就更不是事实。但他终其一生却没有这样做，原因何在呢？

有史书记载，曹操虽有此念，但他审时度势，最终还是决定知难而退，适可而止，把代汉自立的任务留给了他的儿了。这在《三国志·武帝纪》裴松之注引的《魏略》和《魏氏春秋》中可以看出。据记载，曹操成为没有皇帝名号的皇帝后，代汉自立的呼声就开始高涨起来。建安二十四年（公元219年），以陈群、桓阶、夏侯惇为代表的一些人坚决劝进。陈群、桓阶认为，汉朝早已名存实亡，天底下一尺土地、一个子民都不属于汉（尺土一民，皆非汉有），只剩下一个虚名（唯有名号），取而代之有什么不可以？夏侯惇则说，什么是万民之主？万民之主就是能够为民除害、众望所归的人，从古至今，都是这样。殿下就是这样的人，应该尽快“应天顺民”，有什么犹豫的？曹操的回答是：孔子说过，施行的是政事，就是从政（施于有政，是亦为政）。如果天命确实眷顾我，我就做周文王好了（若天命在吾，吾为周文王矣）。众所周知，周文王是三分天下有其二，却仍然服事殷商的。取代殷商的是他的儿子周武王。所以学术界一般都认为，曹操这话的意思是要曹丕去做他想做的事。果然，曹操去世才几个月，曹丕就逼汉帝禅位了。

为什么说东方朔只是一个优伶

在《史记》里，东方朔被放入《滑稽列传》。《汉书》对他的评价也不高，认为他只是有些小聪明，博闻强记，能猜谜语，并不是做官的材料。他曾任常侍郎、太中大夫等职，提出过农战强国之计。但是他拔剑割肉、向皇帝勒索钱财的做法却活脱是个弄臣，并非老成持重之辈。再加上他在朝中与其余大臣关系不融洽，没有靠山，平时言语多滑稽，汉武帝始终只是把他当作个优伶（即一个说笑话的艺人），故终其一生得不到重用。以至于死前对皇帝进一番忠言，竟被看作是“人之将死，其言也善”。

魏征为什么能成为千古第一谏臣

魏征以性格刚直、才识超卓、敢于犯颜直谏著称。作为太宗的重要辅佐，他曾恳切要求太宗使他充当对治理国家有用的“良臣”，而不要使他成为对皇帝一人尽职的“忠臣”。每次进谏，虽极端激怒太宗，但他神色自若，不稍动摇，使太宗也为之折服。为了维护和巩固李唐王朝的封建统治，魏征曾先后陈谏二百多事，劝诫太宗以历史的教训为鉴，励精图治，任贤纳谏，本着“仁义”行事，他的进谏无不受到采纳。贞观十三年（639年）魏征所上的《十渐不克终疏》，对当时和后世都有重要影响。

他把治理国家之需要有刑罚，比作驾车的人之需要有马鞭，马匹尽力奔跑时，马鞭便没有用处；如果人们的行为都合乎仁义，那么刑罚也就没有用了。但法律或刑罚毕竟是不可少的。他认为法律是国家的权衡、时代的准绳，一定要使它起到“定轻重”“正曲直”的作用。要做到这一点，关键在于执法时“志存公道，人有所犯，一一于法”，而决不可“申屈在乎好恶，轻重由乎喜怒”，否则便不可能求得“人和讼息”，这一点对君主来说尤其重要。所以在进谏时，他总是特别要求太宗率先严格遵守法制以督责臣下。在听讼理狱方

面，他特别强调“必本所犯之事以为主”,做到“求实”，而不“饰实”，严防狱吏舞文弄法，离开事实去严讯旁求，造成冤滥。他自己每奉诏参与尚书省评理疑难案件，都按照这些思想,着眼于大体，公平执法，依情理处断，做到“人人悦服”。

司马相如有着怎样的文学地位

汉代最重要的文学体裁是赋，而司马相如是公认的汉赋代表作家和赋论大师，也是一位文学大师和美学大家。

司马相如是汉赋的奠基人，扬雄欣赏他的赋作，赞叹说：“长卿赋不似从人间来，其神化所至邪！”鲁迅在《汉文学史纲要》中将司马相如和司马迁放在一起作专节介绍，并指出：“武帝时文人，赋莫若司马相如，文莫若司马迁。”

司马相如还是汉代很有成就的散文名家，其散文流传至今的有《谕巴蜀檄》《难蜀父老》《谏猎疏》《封禅文》等。虽然他的部分著作在历史上起了一些消极作用，但从整体上看，在语言的运用和形式的发展等方面，司马相如对汉代散文作出了重要的贡献。

两千多年来，司马相如在文学史上一直享有崇高的声望，产生了深远的影响。两汉作家绝大多数对他十分佩服，其中最有代表性的是伟大的历史学家司马迁。在整个《史记》中，专为文学家立的传只有两篇：一篇是《屈原贾生列传》，另一篇就是《司马相如列传》，仅此即可看出相如在太史公心目中的重要地位。并且在《司马相如列传》中，司马迁全文收录了他的三篇赋、四篇散文，以至《司马相如列传》的篇幅大约相当于《贾生列传》的六倍。这就表明，司马迁认为司马相如的文学成就是超过贾谊的。

“诗圣”杜甫的思想核心是什么

虽然杜甫在当朝不为世人所知，但在后世，他的作品最终对中国文学和日本文学都产生了深远的影响。他有约一千五百首诗歌被保留了下来，作品集为

《杜工部集》。他在中国古典诗歌中的影响非常深远，被后人称为“诗圣”，他的诗也被称为“诗史”。

杜甫的思想核心是儒家思想。他有“致君尧舜上，再使风俗淳”的宏伟抱负。他热爱生活，热爱人民，热爱祖国的大好河山。他疾恶如仇，他在作品中对朝廷的腐败、社会生活中的黑暗现象都给予了深刻的批评和揭露。他同情人民，甚至情愿为解救人民的苦难作出牺牲。所以他的诗歌创作始终贯穿着忧国忧民这条主线，以最普通的老百姓为主角，由此可见杜甫的伟大。他的诗具有丰富的社会内容、强烈的时代色彩和鲜明的政治倾向，真实深刻地反映了安史之乱前后一个历史时代的政治时事和广阔的社会生活画面，因而被称为“诗史”。

《醉翁亭记》表达了欧阳修怎样的心境

《醉翁亭记》作于宋仁宗庆历六年（1046年），当时欧阳修正任滁州太守。欧阳修是从庆历五年被贬官到滁州来的，被贬前曾任太常丞知谏院、右正言知制诰、河北都转运按察使等职。被贬官的原因是由于他一向支持韩琦、范仲淹、富弼等人参与推行的北宋革新运动，反对保守的吕夷简、夏竦之流。韩、范诸人早在庆历五年一月之前就已经被先后贬官，到这年的八月，欧阳修又遭牵连落职，贬放滁州。

欧阳修在滁州实行宽简政治，发展生产，使当地人过上了一种和平安定的生活。滁州年丰物阜，而且又有一片令人陶醉的山水，这令欧阳修感到无比快慰。但是当时整个北宋王朝却是政治昏暗，奸邪当道。一些有志改革图强的人纷纷受到打击，欧阳修只能眼睁睁地看着国家的积弊不能消除，景象日益衰亡，这使他倍感忧虑和痛苦。这正是他写作《醉翁亭记》时的心情。这两方面是糅合在一起、表现在他的作品里的。

王安石的诗有什么特色

从诗体说来，王安石的古体诗虽然多用典故，好发议论，但像《明妃曲》

《桃源行》等篇，立意新颖，充满着情感和丰富的想象。律诗则用字工稳，对偶贴切，但有时不免失于过多的雕刻。他的五绝和七绝尤负盛誉，“王半山备众体，精绝句”（《寒厅诗话》），“荆公绝句妙天下”（《艇斋诗话》）。他的诗对当代和后世都有影响，被称为“王荆公体”（严羽《沧浪诗话》）。

“王荆公体”的特点是：重炼意，又重修辞。在用事、造语、炼字等方面煞费苦心，既新奇工巧又含蓄深婉，主要载体是其晚期雅丽精绝的绝句。其长处是下字工，用事切，对偶精。其短处在于作诗主意求工，主意之过流为议论，好求工而伤于巧。故“王荆公体”有深婉不迫处，也有生硬奇崛处。这既体现了宋诗风貌的部分特征，又有向唐诗复归的倾向，可谓既有唐音，又有宋调，对宋诗的发展影响较大。

李清照只会填词吗

李清照，宋代女词人，号易安居士，济南（今山东济南）人。

李清照擅长书、画，通晓金石，而尤精诗词。她的词作独步一时，流传千古，被誉为“词家一大宗”。她的词分前期和后期。前期多写其悠闲的生活及爱情生活、自然景物，韵调优美，如《一剪梅》等。后期多慨叹身世，怀乡忆旧，情调悲伤，如《声声慢》。李清照的人格像她的作品一样令人崇敬。她既有巾帼之淑贤，更兼须眉之刚毅；既有常人愤世之感慨，又具崇高的爱国情怀。她不仅有卓越的才华、渊博的学识，而且有高远的理想、豪迈的抱负。因而，在文学领域里李清照取得了多方面的成就。

在同代人中，她的诗歌、散文和词学理论都能高标一帜、卓尔不凡。而她毕生用力最勤、成就最高、影响最大的则是词的创作。她的词作在艺术上达到了炉火纯青的境界，形成了自己独特的艺术风格——“易安体”。她不追求砌丽的藻饰，而是提炼富有表现力的“寻常语度八音律”，用白描的手法来表现对周围事物的敏锐感触，刻画细腻、微妙的心理活动，表达丰富多样的感情体验，塑造鲜明、生动的艺术形象。

在她的词作中，真挚的感情和完美的形式水乳交融，浑然一体。她将“语尽而意不尽，意尽而情不尽”的婉约风格发展到了顶峰，以至赢得了婉约派词人“宗主”的地位。同时，她词作中的笔力横放、铺叙浑成的豪放风格，又使她在宋代词坛上独树一帜，从而对辛弃疾、陆游以及后世词人有较大影响。她杰出的艺术成就赢得了后世文人的高度赞扬。后人认为她的词“不徒俯视巾帼，直欲压倒须眉”，她被称为“宋代最伟大的一位女词人，也是中国文学史上最伟大的一位女词人”。

陆游一生为什么作了那么多首诗

陆游一生力主北伐，虽然屡受主和派排挤打击，但是他的爱国之情至死不渝。同时，他也与尤袤、杨万里、范成大并称“南宋四大诗人”。死前曾作《示儿》一绝：“死去元知万事空，但悲不见九州同。王师北定中原日，家祭无忘告乃翁。”这首诗是最能表现陆游创作精神的代表作。

陆游的诗产量极多，至老仍然创作不懈。他一生中实际上创作了一万三千多首诗作，经他自己删汰之后仍存有九千三百多首。

陆游的诗作之所以存世较多，是由于他晚年未暇淘汰。陆游晚年与农民接触较多，再加上宦海沉浮饱经忧患，并且其年事已高，因此风格转为清旷淡远的田园风格，并以苍凉的人生感慨为基调。不过即使其诗风前后转变了三次，但是他诗中还是充满强烈的爱国情感，这也是他最大的特色与传颂千古的原因。其他也有较为平淡、清丽、甚至是奇谲的作品（诗集中有数百首记梦的诗），不过数量相对较少。

辛弃疾和陆游有何异同

辛弃疾（1140—1207），南宋爱国词人。原字坦夫，改字幼安，中年名所居曰稼轩，因此自号“稼轩居士”。汉族，历城（今山东省济南市）人。辛弃疾存词六百多首。强烈的爱国主义思想和战斗精神是辛词的基本思想内容。他是我国历史上伟大的豪放派词人、爱国者、军事家和政治家。

辛弃疾有许多与陆游相似之处：他始终把洗雪国耻、收复失地作为自己的毕生事业，并在自己的文学创作中写出了对时代的期望和失望、对民族的热情与愤慨。在文学创作方面，他不像陆游喜欢写作诗歌、尤其是格式严整的七律，而是把全部精力投入词这一更宜于表达激荡多变的情绪的文学体裁中。辛词是以境界阔大、感情豪爽开朗著称的。辛弃疾总是以炽热的感情与崇高的理想来拥抱人生，更多地表现出英雄的豪情与英雄的悲愤。因此，主观情感的浓烈、主观理念的执着，构成了辛词的一大特色。

马致远为何能被称作“曲状元”

马致远（约1251—1321或1324），字哈波，号东篱，元代戏曲作家，河北省沧州市东光县人，因《天净沙·秋思》而被称为秋思之祖。所作杂剧今知有15种，《汉宫秋》是其代表作。散曲120多首，有辑本《东篱乐府》。马致远青年时期仕途坎坷，中年中进士，曾任江浙行省官吏，后在大都（今北京）任工部主事。马致远晚年不满时政，隐居田园，以衔杯击缶自娱，死后葬于祖茔。

马致远早年即参加了杂剧创作，是“贞元书会”的主要成员，与文士王伯成、李时中，艺人花李郎、红字李二都有交往，也是当时最著名的“四大家”之一。马致远从事杂剧创作的时间很长，名气也很大，有“曲状元”之誉。他的作品见于着录的有16种，今存《汉宫秋》《荐福碑》《岳阳楼》《青衫泪》《陈抟高卧》《任风子》6种。另有《黄粱梦》，是他和几位艺人合作的。其中以《汉宫秋》最著名。散曲有《东篱乐府》。小令《天净沙·秋思》脍炙人口，匠心独运，自然天成，丝毫不见雕琢痕迹。

他的作品具有豪放中显飘逸、沉郁中见通脱之风格。马致远杂剧的语言清丽，善于把比较朴实自然的语句锤炼得精致而富有表现力。曲文充满强烈的抒情性和主观性。马致远的散曲扩大了题材领域，提高了艺术意境，声调和谐优美，语言疏宕豪爽，雅俗兼备。

第八章 丰富多彩的民俗文化

中国有五十六个民族，各民族交错杂居，长期地经济交流、文化交往，风俗相染、语言相习，共同进步，共同发展，从而创造了这里独特的文明史。而在古代，各民族各地区的风俗文化也是相当有趣的。

“抓周儿”的习俗从什么时候开始的

我国民间小孩满周岁时要举行的“抓周儿”礼风俗，始于宋代，并一直流传至近代。虽然，清末民初时的“抓周礼”没有了古代那种复杂的礼仪，但亲朋好友还是要循例往贺，聚会一番。

古人的“抓周儿”仪式一般都在中午吃“长寿面”之前进行。讲究一些的富户都要在床前陈设大案，上摆印章、儒释道三教的经书以及笔、墨、纸、砚、算盘、玩具等。如是女孩“抓周儿”还要加摆铲子、勺子（炊具）、剪子、尺子（缝纫用具）、绣线、花样子（刺绣用具）等。但是，在一般人家，这样的排场是讲究不起的，仅用一铜茶盘，放上《三字经》或《千字文》一本、毛笔一枝、算盘一个、烧饼油果一套。如果是女孩就再放上铲子、剪子、尺子各一把。由大人将小孩抱来，令其端坐，不予任何诱导，任其挑选，视其先抓何物，后抓何物，以此来测卜其志趣、前途以及将要从事的职业。

那么，古人为什么要“抓周儿”呢？古人认为通过小孩“抓周儿”，在

客观上反映了母亲对小孩的启蒙教育是怎么样的。因此，有些家长虽然并不迷信，但是仍然主张让小孩“抓周儿”。而这也是此风俗得以在民间持久流传的原因之一。

婚礼时为什么要用红盖头盖住新娘的头

新娘头上的红盖头，也来源于一个神话传说。据唐朝李冗的《独异志》记载，传说在宇宙初开的时候，天下只有女娲与其兄长二人。为了繁衍人类，兄妹俩商议，要配为夫妻。但是，他们俩又觉得害羞，便一起向上天祈祷说：“天若同意我兄妹二人为夫妻，就让空中的几个云团聚合起来；若不让，就叫它们散开吧。”话一落音，那几个云团冉冉近移，终于聚合为一。于是，女娲就与兄成婚。但即使这样，女娲还是觉得很难为情。为了遮盖羞颜，便结草为扇用来遮盖，而这也许就是盖头最早的雏形了。然而，以扇子遮脸，终不如丝织物轻柔、简便、美观，因此后来就被柔软的丝织物所代替了。

哪个数字最受客家人欢迎

散居各地的客家人，对于数字“九”特别钟爱。在客家话中，“九”与“久”同音，故客家人把“九”视为“吉祥”的象征，有“崇九”风俗。

客家人建新房子，通常要挑选与“九”相关的日子，如初九、十八等。而且，建楼房的层数和房间数也要是“九”的倍数，认为这样可以长久同居共处。“九”在客家人的婚姻嫁娶中显得尤为重要：男女双方相亲、换帖，一般都选与“九”有关的日子；聘金尾数要带“九”，如1999元；迎亲的队伍也要凑足九人；凡礼品都要九方为吉利。客家人做寿，寿粄要做81或360个，所用菜都暗切成三块、六块或九块，如三鲜汤、炖狗肉(狗偕九)、韭菜豆腐、重阳(九九)寿糕等。

又由于“九”与“韭”谐音，因此小孩破学启蒙都要吃韭菜。客家歌谣也用“韭”谕“九”，如“燕子含泥过九江，妹子送郎出外乡，九月九日种韭菜，两人交情久久长。”客家人对九的重视，还表现在把初九的日子视为良辰

吉日。春节后，出门做工、经商的人一般要到初九这天才离家启程，期望在新的一年里吉祥如意、兴旺发达。

用“入洞房”指代结婚是从什么时候开始的

中华民族文明史发展到今天，人们仍然把结婚称为“入洞房”，而且就是到现在也没有人把“入洞房”改为“入楼房”。其实，这一习俗是来源于古代原始社会的风俗。

据说，这是轩辕黄帝规定下来的。黄帝战败蚩尤，建立起部落联盟，制止了群婚，结束了野蛮时代。但是，由群婚制度遗留下的抢婚之风仍时有发生，不光男抢女，还有女抢男。时间一长，部族矛盾激化，部落之间面临重新分裂的可能。黄帝为这件事经常愁眉不展。

有一天，黄帝随同一群大臣巡察人民居住的洞穴。突然发现一家人住在三个洞穴，为了防止野兽侵害，周围用石头垒起高高的围墙，只留下一个人能出进的门口。这个现象一下子打开了黄帝的思路。于是，黄帝对群臣说：“今天咱们看了民众们所居住的洞穴，让我想到了制止群婚的一个办法，那就是今后凡配成一男一女夫妻，结婚时，先聚集部落的群民前来祝贺，举行仪式。然后，再将夫妻二人送进事前准备好的洞穴(房)里，周围垒起高墙，出入只留一个门。今后，凡是部落中结婚入了洞房的男女，这就叫正式婚配，再不允许乱抢他人男女。为了区别已婚与未婚，凡结了婚的女人，必须把蓬乱头发挽个结。这样，人们一看就知道这女人已结婚，其他男子再不能另有打算，否则就犯了部落法规。”

黄帝讲完这个主张，立刻就得到众大臣的支持。于是，黄帝叫仓颉写个法规，公布于众，而这个法规同样也得到了各个部落人民的支持和拥护。人们都争着为自己儿女挖洞穴(房)、垒高墙，而群婚这一恶习就这样逐渐消失了。

苗族的婚礼有哪些自己的特色

旧时苗族婚俗，青年男女通常在恋爱、婚姻上比较自由，但是一般在族内

异姓间通婚。中华人民共和国成立后，则发展为男女双方自由恋爱成婚为主。婚姻一般有恋爱、提亲、订婚以及举行婚礼等仪式。

苗族青年男女通过自己参加采花山、跳月等节日活动，在歌舞中寻找自己的心上人。当双方关系确定，真诚相爱后，请媒人向双方父母求亲，并协商定男方向女方送的聘礼数目，并带酒肉给女方姑舅亲友吃，而后才可算作订婚。

在苗族家庭中，一般是男性长者为家长，弟兄长大结婚后可分家，父母年老由幼子供养。婚姻有父母包办和自由恋爱两种形式。在苗族的包办婚姻中，通常为女大男小。并且，此婚姻形式通常在亲戚之间确定，即一般在姑娘几岁时，由男方父母送与幼女衣裙等礼物来议定终身。

发展到现在的自由婚姻，各地苗族所采用的形式不一。但是，基本上都具有青年男女自由恋爱的方式。

无论何种形式，青年男女一般都要通过对唱山歌来选择配偶。求爱山歌多半是随编随唱，而歌词则视对方追求的深度而不断变化。

为什么云南“鸡蛋用草拴着卖”

在云南的元阳、绿春、金平等山区，“鸡蛋用草拴着卖”的现象随处可见。

“鸡蛋用草拴着卖”与当地的地理环境有关。云南多山，坡陡谷深，山路崎岖，外出行路不是爬高下低，就是跨沟过坎。因此，山区的运输主要是靠背箩、背筐、背架、背袋及背绳等背具。人们走在崎岖不平的山路上，就像踩梅花桩一样，一不小心，脚就会卡在石缝里，甚至扭了脚。这个时候，别说新鲜鸡蛋，就是煮熟的鸡蛋也会被折腾碎。然而，用草拴的鸡蛋则无一破损，完好如初。

“鸡蛋用草拴着卖”这种买卖方式，计算容易，不以个算，也不计斤两，而是以串论价，十分简便。

古人都供奉谁为财神爷

每逢新年，家家户户都会悬挂财神像，希望得到财神保佑，以求大吉大利。

财神也因时因地而有所不同。财神，一般认为有所谓“正财神”赵公明，“文财神”比干、范蠡，“武财神”关羽等。其中，最为人们熟知的财神，则是“正财神”赵公明。

（1）赵公明——专司人间财富之神。在民间奉祀的财神中，影响最大的当推赵公明。旧时年画中，赵公明的形象多为头戴铁冠，手持宝鞭，黑面浓须，身跨黑虎，面目狰狞。因此，人们又称其为“正财神”。

（2）比干——公正无心的纣王叔。在民间年画中，比干的神像为文官打扮，头戴宰相纱帽，五绺长须，手捧如意，身着蟒袍，足登元宝。

（3）范蠡——生财有道的陶朱公。范蠡是春秋战国之际杰出的政治家、思想家及谋略家，同时，还是一位生财有道的大商家。范蠡父子在齐国海边耕种土地，勤奋治产不久，就积累家产数十万金，这是天下人所共知的。因范蠡一生艰苦创业，积金数万，善于经营，善于理财，又能广散钱财，故称其为文财神。

（4）关羽——忠诚信义为本的关公。关羽在中国是一个家喻户晓、妇孺皆知的人物。近代以来，越来越多的人把关公作为全能保护神、行业神及财神。

除了以上介绍的这些财神之外，还有偏财神，这是就财神所在的神像位置而言的，多是指被称为“五路神”的财神。

“抹黑”“抹红”在山西代表什么

在山西省的运城市、永济县、芮城县等地，流行着一种奇特的风俗，那就是在喜庆的日子里，要给长辈“抹红”或“抹黑”。比如，儿子结婚时，要给父母“抹红”或“抹黑”。在儿子生下小孩以后，也要给小孩的爷爷、奶奶“抹红”或“抹黑”。这种“抹红”或“抹黑”，并不是平常意义上的抹黑，而是带有一种喜庆色彩的庆祝方式。

一般“抹红”或“抹黑”时，都由同辈人去完成，而不是由下辈、晚辈去给抹。同辈人抹时，男的给男同辈抹，女的给女同辈抹。

这种抹，常常是趁其不备时进行的。比如，张大爷的儿子结婚，李大叔前来贺喜，李大叔对张大爷说："大哥，你们家又添新丁了，恭喜恭喜！"就在说话中间，李大叔已经伸出带着黑色油污的手，趁张大爷不防备，给他抹上去。

无论是"抹红"还是"抹黑"，都有着开玩笑、添彩以及增加喜庆的意味。同时，这种民情风俗，也具有明显的地方特色。

"走马灯"是一种什么灯

正月十五元宵节，民间要挂花灯，而"走马灯"则是其中最重要的一种。走马灯又叫跑马灯、串马灯，用毛竹编织成马头、马尾，再在其身上糊上颜色鲜艳的纸或丝绸，最后将绘好的图案粘贴其上就成了。燃灯以后，热气上升，纸轮旋转，灯屏上即出现物换景移的影像。

早在宋朝的时候，就已经有了走马灯，当时称"马骑灯"，此名字是一个很形象的比喻。元代谢宗可咏走马灯诗云："飙轮拥骑驾炎精，飞绕人间不夜城；风鬣追星来有影，霜蹄逐电去无声。秦军夜溃咸阳火，吴炬霄驰赤壁兵；更忆雕鞍年少日，章台踏碎月华明。"更是将"走马灯"描绘得活灵活现。

在过去，走马灯一般在春节等喜庆的日子里才表演，多由二十来个十一到十四岁的少年组成，边跳边唱，并根据节奏的快慢形成不同的队形，有喜庆、丁财两旺、五谷丰登的寓意。

古人结婚都有哪些步骤

现在的青年男女，感情发展到一定的程度，想要成家，只要符合年龄和相关法律规定，就可以拿到结婚证书。但是，在古代，婚姻远没有这样简便，而是形成了一整套繁琐的"六礼"。

一要"纳采"。一个小伙子一旦看中某姑娘，家里也喜欢，那就开始行动了。先由小伙子家请媒人向姑娘家里提亲，并且要用一只大雁向姑娘家正式求婚。这是因为，大雁的配偶是终身专一的，象征着忠贞、和谐。

二要“问名”。现代社交礼仪中是不兴问女士年龄的，而“问名”却是古代婚姻中必不可少的第二道程序。这一程序，是小伙子家让媒人去问清楚姑娘的姓名和生辰八字。

三要“纳吉”。上面的“问名”可不是白问的，小伙子家里要到宗庙里占卜一番看看两个人生辰八字是否合拍，两个人结合是吉兆还是凶兆。

四要“纳征”，又叫“纳币”。这就相当于现在的送彩礼。小伙子家里向媒人和姑娘家送三样礼物——深红和浅红两种颜色组成的衣物，五匹长帛，一对鹿皮。

五要“请期”。这便是要选择一个黄道吉日来举行婚礼。并且，在选好之后，还要由媒人带一只大雁去通知姑娘家。

六要“迎亲”。经过这么多的程序，饱受苦等的小伙子终于可以带上队伍去姑娘家里迎娶自己的心上人了。

虽然，“六礼”非常严谨，并且步骤明确，但要男方家耗费巨大的财力和精力，这对贫苦人家来说是非常不易的。在今天的婚姻中，“六礼”的遗风还是存在着的，只是表现的形式与古代有所不同罢了。

什么叫“走百病”

“走百病”是明、清以来流行于北方的民俗活动，多半是在正月十五或十六这两天里举行。这天，妇女们要穿着节日盛装，成群结队走出家门，走桥渡河，登城摸钉求子，并且直到夜半才能回家。这是一种美好的祈福活动。

山东龙口市的妇女在“走百病”的活动中，必须过西关的月牙桥。山东莒县农村男女老少这两天都要到野外走一走，谓之“走老貌”，意思就是说每年走一走，就会让自己青春永驻。山东鄄城的人们一大早就到村外散步，甚至骑上牛、马、驴、骡在大路上奔跑，谓之“跑百令”，意思等同于“走老貌”。

这些说法，虽然只是人们的美好愿望，但是在开春之季，到户外运动一下，总是有益的。

为什么说“天庭饱满”是有福之相

寿星，又称南极仙翁，是由一颗星辰转化而来的。这颗星在天文学里的名字是船底座α星，位于南半天球南纬50度左右，在中国北方地区其实很难看到。司马迁《史记·天官书》中记载，秦朝统一天下时就开始在首都咸阳建造寿星祠，供奉寿星。

历史上也流传着“寿星”一词来源于老子的说法。老子姓李名聃，字伯阳，楚国苦县曲仁里人，是我国古代的哲学家，后被神化为道教始祖。《神仙传》中说他在周朝已三百多岁，生来满头白发，头顶隆突，广额大耳，长眉宽鼻，方口厚唇，额刻三五纹理，耳有三个漏门，性情恬淡无欲，主张无为而治。后人们以他的长寿为偶像，顶礼膜拜。祝人长寿，常用“寿星”相称。因而后人便按照这种说法描绘出了寿星的“大脑门”。

当然寿星的大脑门儿，也与古代养生术所营造的长寿意象紧密相关。如丹顶鹤的头部就高高隆起，再如寿桃是王母娘娘蟠桃会上特供的长寿仙果，传说是3000年一开花，3000年一结果，食用后立刻成仙长生不老。或许就是因为这种种长寿意象融合叠加，最终造就了寿星的大脑门儿。

其实不光如此，古代均视“天庭饱满”为福相，而老寿星又无疑是长寿多福的代表人物，因此把额头做得足够丰满也体现了人们对寿星的重视，以及对长寿多福的无限渴望之情。

结婚时喝“交杯酒”的习俗源自何时

喝“交杯酒”，是我国婚礼程序中的一个重要程序，在古代又称为“合卺”(“卺”的意思本来是一个瓠分成两个瓢)，古语有“合卺而酳”。孔颖达解释道：“以一瓠分为二瓢谓之卺，婿之与妇各执一片以酳(即以酒漱口)。”由此可知，“合卺”就是古人在婚礼上用酒来漱口的意思。再到后来，“合卺”则被引申为结婚的意思。

据说，这一习俗源于先秦时期，唐代时除了沿用瓢作酒器外，也可以用杯子代替。到了宋代，新婚夫妇喝交杯酒时用的是两个酒杯，先饮一半后再换杯

共饮，饮完后则将酒杯一正一反掷于床下，以示婚后百年好合。

清末，交杯酒仪式已发展成为“合卺”“交杯”“攥金钱”三个部分。如今的婚仪中，“按杯于床下”之礼已被革除，“攥金钱”已被“掷纸花”所代替，但是喝“交杯酒”的礼仪仍然实行。

城隍庙里的城隍爷都“管”些什么

古时候的人把“城隍”看作是当地的神，掌管一方事务。城隍是迷信中的一城之主，他的职权范围相当于人世间的县官。道教把城隍当作“剪恶除凶，护国保邦”之神，说他保佑着一方百姓，可以按照地方百姓的请求，旱时降雨，涝时放晴，保证五谷丰登。

其实，在早期的资料记载中，“城隍”不是神，而是指城郊外面的护城河。“城隍”最早的含义是由“水庸”衍化而来的。《礼记·郊特牲》有载，“天子大蜡八，祭坊与水庸。”古人最早信奉的护城沟渠神是“水庸神”，所以在周朝，每当收获之后，或者到了除夕，人们都要祭祀水庸神，也就是城隍神。

自三国时代开始，民间就建有城隍祠。到隋朝时，已有了用动物祭祀城隍的风俗。但当时的城隍神只是一个抽象的神，并没有具体的姓名。

唐朝以后，城隍庙开始发展起来，尤其是到了明朝朱元璋做皇帝时，他对城隍特别感兴趣，并对土地神的上司城隍神便格外敬重，便下诏加封天下城隍。至此，城隍才有了现在的“土地神”之意。

保安族的婚礼有什么不一样

保安族的婚礼一般在主麻日（即星期五）举行。婚礼当日由男方率亲朋数十人的迎亲队去迎娶新娘，其中要有两位年轻貌美的妇女参加。在女方家进行祝福仪式时，阿訇要从窗口向院里撒出一盘红枣和核桃，而院子里的年轻人就要开始争抢，表示吉祥如意、早生贵子、夫妻和睦的意思。然后，由新娘村里的年轻人向新郎讨要“奴工木哈”，即羊羔肉。这样做的意思就是向新郎说

明，他不能白娶走村里的姑娘，是要付出一定代价的。

当女方家的送亲队送新娘离家时，让新娘从自己的房门到大门外倒退走出，退一步，撒一把用油麦、豆、玉米、茯茶等混合而成的五色粮，以示将幸福留给父母。在新婚之夜，全村人会聚集在院内唱“宴席曲”，有问有答，十分热闹。婚礼接近尾声时，人们会跳起舞来，并且边跳边向大门退去。新娘嫁入男方家后三天内，不能吃婆家的饭，而要由娘家送来吃食，以示不忘父母的养育之恩。

女子婚后“回门”是一种什么样的习俗

旧时汉族婚俗中，有一种叫作“回门”的婚俗，即成婚后三天、六天、七天、九天、十天或满月，女婿要带着礼品跟着妻子返回娘家，来拜见妻子的父母和亲戚。在这之后，婚俗仪式才能真正意义上的结束。

其实，这种习俗起于上古，称为“归宁”，其真正的意思是为婚后回家探视父母。后来，在演变的过程中，不同的时期又有不同的叫法。宋代，称为“拜门”；清代，北方称“双回门”，南方称“会亲”，河北某些地区称“唤姑爷”，杭州称“回郎”；近代，在婚后第三天，又称“三朝回门”。此习俗表示女儿不忘父母的养育之恩赐，女婿感谢岳父母将掌上明珠嫁予自己，以及新婚夫妇恩爱和美等意义。一般来说，回门的这天新娘家要准备丰盛的宴席，而且新女婿要坐在上位，由新娘家的长辈陪着。新婚夫妇通常要在当天回来，或者留住数日。如果需要留住的话，新婚夫妇也不一定要同居一室。

“虚岁”到底该怎么算

在通常状况下，中国人有两个年龄——“虚岁”和“周岁”。对于“周岁”是怎么回事，一般人还能说得清楚。而虚岁如何“虚”，却容易让人感到迷惑。

很多人认为，周岁加一岁得出的结果就是虚岁，这是一个并不准确的说法。其实，很多时候，所谓的“虚岁”一般只用于男人，即“男进女满”，意思是男人按虚岁计算年龄，女人则按实岁计算年龄。照此方法，虚岁也就不只是周岁加一岁那么简单了。

虚岁的具体计算方法是这样的：一个人一出生就算一岁，如果恰好这人出生在农历年年末，那么不但一出生就算一岁，而且一到大年初一又要加一岁。如此算来，这孩子到满实岁一岁时，虚岁却已经三岁了。

计算虚岁时，春节是一个特别重要的分水岭，每过一个春节，虚岁就得加上一岁。如果一个人的生日是阴历的腊月中下旬，那这个人还没有满月他的虚岁就到两岁了。所以，认为虚岁就是周岁加一岁的这种说法显然是不正确的。

知道了这个道理，大家就会理解，为什么很多老人往往会提前两年过自己的七十大寿、八十大寿。

“打牙祭”最初是什么意思

“打牙祭”用现在的话来说就是吃好吃的，而古时候则专指吃肉，并且还是四川人的一种祭祀习俗。此词在四川等地区使用十分广泛，究其来源，主要有三种说法。

一说，旧时厨师供的祖师爷是易牙，每逢初一、十五，要用肉向易牙祈祷，称为“祷牙祭”，后来慢慢就误传为了“打牙祭”。

二说，旧时祭神、祭祖的第二天，衙门供职人员可以分吃祭肉，故称祭肉为“牙(衙)祭肉”。

三说，“牙祭”本是古代军营中的一种制度。古时主将、主帅所居住的营帐前进，往往竖有以象牙作为装饰的大旗，称为“牙旗”。每逢农历的初二、十六，便要杀牲畜来祭牙旗，称为“牙祭”。而这些牲畜的肉(又称为“牙祭肉”)，则是被将士们拿来吃掉了，称为“吃牙祭肉”。

“喜蛋”有着怎样的传说

在江南地区，结婚要分“红喜蛋”，而且不论亲朋好友，甚至陌生人也可

以向新娘子“讨红喜蛋”。而作为新婚家的人，则是笑脸相迎，来者不拒。这一风俗习惯，已有非常悠久的历史了。

结婚分“红喜蛋”来源于一个有趣的传说。“刘备招亲”是东吴都督周瑜用的计谋。周瑜想用假招亲、真扣留的计策，拿刘备当人质交换荆州。不料这一计策早就被刘备的军师诸葛亮识破。诸葛亮设下了“锦囊妙计”，其中有一条就是“红喜蛋计”，即刘备去东吴时，带上大量染成红色的鸡蛋。并且，到了东吴后，逢人便分，一无遗漏。同时，还说这是皇室礼仪，十分隆重。而没分到“红喜蛋”的人，还纷纷到刘备住的驿馆去讨。刘备更是来者不拒，一般来客让手下人分，若是头面人物则亲自动手分，大造了招亲舆论。东吴本来没有这种风俗习惯，都觉得新鲜，便一传十，十传百，弄得家家户户都知道东吴公主孙尚香与皇叔刘备即将成亲了。结果，假戏真做，刘备得个好夫人，而周瑜则落了个“赔了夫人又折兵”的下场。

从此，江南添了个婚俗习惯，每逢结婚便分“红喜蛋”。其实，不管怎么说，“红喜蛋”象征着新婚人家“龙凤呈祥”，是一种美好的祝愿。

为什么有人认为本命年时灾难多

本命年就是十二年一遇的农历属相所在的年份，俗称属相年。在传统习俗中，本命年常常被认为是一个不吉利的年份，而在本命年里的人万事都要小心注意。

“本命年”有着悠久的历史传统，而这种传统起源于中国的十二生肖和“崇红”心理。在中国古代，人们是用天干地支的组合来记住自己所出生的年份。为了便于记忆和推算，人们就采用鼠、牛等十二种动物来与十二地支相对应的方法，每年用其中的一种动物来作为这一年的属相。而汉族人的本命年就是按照十二生肖循环往复来推算的。一个人出生的那年是农历什么年，那么以后每到这一属相年便是此人的本命年。又由于十二生肖的循环往复，每过十二年，人们就要遇到自己的本命年。

古人的医疗水平不发达，平均寿命比较短，因此人们每度过十二年，就会认为是一个轮回了。又由于我国古人对红色的崇拜心理，因而，形成了非常重

视本命年的习俗。

为什么会有本命年穿红色的习俗

本命年的说法在民间非常流行。在南北民俗中，都有通过在本命年挂红来辟邪躲灾的传统。因此，在民间，人们每逢本命年对红色就特别钟爱。

红色是火的颜色，可以用来辟邪，象征着吉祥，这种观念早在原始社会就已经存在。并且，随着时代的变迁，中国人对红色的喜爱程度上升到了近乎崇拜的高度，如新年贴红对联，汉族人结婚用的红嫁衣、红盖头、红蜡烛，以及古时新科的红榜等。因此，不少人在自己本命年来临的年三十，便早早地穿上红色内衣或系上红色腰带，甚至将随身佩戴的饰物也用红丝绳系挂。而这些为本命年辟邪的红色物品，通常被人们称为“本命红”。

土家族人会如何招待自己的贵宾

土家族人热情好客，通常一家人家里来贵客，全寨的人都会前来迎接。昔日，凡有贵客到来，都会放铁炮相迎。铁炮如大鞭炮一般大小，竖立于铁匣上，放起来震天动地。如果一时没有铁炮，则会鸣放猎枪表示欢迎。听见炮声，寨里的人如同听见号令一样，一齐出来，迎接贵宾。而主人则立即煨茶、装烟，做油茶汤。席上，要喝大碗酒，吃大块肉。同时，还要请寨上有威望的老人来陪客。

土家族人的火塘，四季不熄。冬天围塘取暖，平时就火用鼎罐做饭。土家族人耿直豪爽，守信如一，有良好的道德风尚。亲朋邻里之间，遇到婚丧嫁娶，或是建房之类的事情，以及天灾人祸，都会互相关照。遇上结婚，全寨人甚至可以三天不开伙，一齐去贺喜，帮着迎亲、过礼、布置新房、做饭安席以及照料客人。从这些风俗习惯中，大家可以看到土家族人基本保留了古代民族部落的遗风。

“义结金兰”时有哪些规矩

“义结金兰”一词来自于《易·系辞上》中记载的“二人同心，其利断金；同心之言，其臭如兰”。句中，用斩断金属的锐利和宛如兰花的香味来形容朋友之间的深厚友情。这样看来，“义结金兰”一词还真是和兰花有关。

有了这些典故，后世就将朋友间情投意合，进而结为异姓兄弟或姐妹的行为，称为“结金兰”（契若金兰）。按照规矩，义结金兰时，还要交换谱帖，称为“金兰谱”或“兰谱”。因此，在民间，结金兰、拜把子又称为“换帖”。在结拜的时候，每人用一张红纸写上自己的姓名、生辰八字、籍贯，以及父母、祖父、曾祖三代的姓名，相互交换。最后，摆上天地牌位，根据年龄的大小，依次焚香叩拜，一起读誓词。

第九章 中华民族的节日文化

节日文化是一种历史文化，是一个国家或一个民族在漫长的历史过程中形成和发展的民族文化，也是一种民族风俗和民族习惯。节日有着深刻的寓意，或是为了纪念某一位重要历史人物，或纪念某一重要历史事件，或是庆祝某一时节的到来等。

傣族人的泼水节有什么特殊意义

泼水节是傣族人一年当中最重要的节日，相当于汉族人的农历新年。泼水节在每年农历四月（傣历五月）举行，一般持续三至四天。

第一天为“麦日”，类似于除夕，傣语叫“宛多尚罕”，意思是除旧。这个时候，人们通常要打扫卫生，收拾房屋，做“年夜饭”，同时，还要为节日期间的各种活动作准备。

第二天称为“恼日”，“恼”意为“空”，按习惯这一日既不属前一年，亦不属后一年，故为“空日”。

第三天叫“麦帕雅晚玛”，据称此乃帕雅晚的英灵带着新历返回人间之日，人们习惯将这一天视为傣历新的一年的开始。

泼水节源于印度，是古婆罗门教的一种仪式，后为佛教所吸收，在公元12世纪末至13世纪初经缅甸随佛教传入中国云南傣族地区。此后，随着当地佛教

的发展，傣族人民逐渐将泼水节与佛教的神话传说结合起来，赋予泼水节更为神奇的意蕴和民族色彩。并且，随着佛教在傣族地区影响的日益加深，泼水节成为傣族的习俗流传下来，至今已有数百年的历史。

傣族青年在泼水节时做些什么

泼水节也是傣族青年男女的情人节，更是未婚青年男女们寻觅爱情、栽培幸福的美好时节。

泼水节期间，傣族未婚青年男女喜欢做“丢包”游戏。这种包是傣族姑娘们用花布精心制作的花包，是一种象征爱情的信物。丢包那天，姑娘们极尽打扮之能事，然后打着花伞，提着小花包来到“包场”，与小伙子们分列两边，相距三四十步，开始向对方丢花包。小伙子若是接不住姑娘丢来的花包，就得把事先准备好的鲜花插在姑娘的发髻上，姑娘若是接不着小伙子丢来的包，就得把鲜花插到小伙子的胸前……就这样渐渐地选中对方，而一段段浪漫的爱情故事也就从此开始了。

彩灯有着怎样动人的传说

时至今日，每逢元宵节，人们都要张灯结彩、燃放烟花爆竹。由于科技的进步，元宵节的彩灯也变得更加绚丽多姿，并处处体现出高科技的魅力。然而，为什么人们要在元宵节张灯结彩？此习俗是怎么来的呢？对此，也有一个美丽的传说。

在很久以前的大地上，有很多四处伤人的凶禽猛兽。人们为了生存就团结在一起去打它们。然而，人们在驱打猛兽时不小心误杀了一只因为迷路而降落人间的神鸟。玉帝知道后十分震怒，立即下令让天兵于正月十五日到人间放火，要让人间的生灵一个不留地通通被烧死。

玉帝有个心地善良的女儿，她不忍心看百姓无辜受难，就偷偷下凡把这个消息告诉了人们。众人一听，吓得不知如何是好。就在这时，有一位老人想出了一个办法，他说：“我们可以在正月十四、十五、十六日这三天，家家户户都张灯结彩、燃放烟火爆竹。这样一来，玉帝就会以为人们都被烧死了。”

大家听了都点头称是，便分头准备去了。到了正月十四这天晚上，玉帝往下一看，看到人间一片红光，响声震天，连续三个夜晚都是如此，便以为是大火燃烧的火焰，心中大悦。人们就这样保住了自己的生命及财产。后来，每到正月十五，家家户户都悬挂灯笼，放烟火。久而久之，张灯结彩就成了元宵节必不可少的习俗。

古人为什么要在春节时贴门神

一到春节，家家户户都要贴门神，以保平安。但是，对于门神的来历却不是每一个人都知道的。

传说泾河老龙王化作人的模样与一个算卦先生打赌，犯下天条。玉皇大帝派魏征在正午三刻监斩老龙。老龙于前一天托梦唐太宗李世民，恳求唐太宗为他说情。唐太宗应允。第二天，唐太宗宣魏征入朝，并把魏征留下来，同自己下棋。但是，在午时三刻，魏征打起瞌睡，在梦中斩了老龙。泾河老龙王的冤魂责怪唐太宗不讲信用，常来索命。为此，唐太宗一病不起，游到阴间，被十阎王谅解，重返阳间。

死里逃生的唐太宗怕泾河老龙王再来索魂，就让秦琼和尉迟恭守门。果然，老龙不敢来闹，平安无事。唐太宗又觉得过意不去，就把二位将军的画像贴在门上，结果照样平安无事。于是，此举亦在民间流传，而秦琼与尉迟恭便成了门神。

爆竹最开始是用来做什么的

现在，一般人都认为放爆竹可以制造一种喜庆气氛，并可以给人们带来欢愉和吉利。那么，中国人是从什么时候开始放爆竹的呢？据一些资料显示，古

人燃放爆竹是为了驱赶年兽。

据《荆楚岁时记》记载，爆竹在古代是一种驱瘟逐邪的工具，这使得爆竹从产生以来就被披上了迷信的外衣。其实，这完全是由古人的误解所致。据《神异经》说，古时候，人们途经深山露宿，晚上要点篝火，为了煮食取暖，以及防止野兽侵袭。但是，山中却有一种既不怕人也不怕火的动物。人们为了对付这种动物，就想起在火中烧竹子，用竹子的爆裂声来驱赶这种动物的方法。

到了唐初，瘟疫四起，有个叫李田的人，把硝石装在竹筒里，点燃后产生的浓烈的烟雾驱散了山间的瘴气，制止了疫病流行，这恐怕是爆竹最早的雏形了吧。到了宋代，民间开始普遍用纸筒和麻茎裹火药编成串做成“编炮”（即鞭炮）。到了明清，鞭炮才真正被运用在了喜庆的场合。

古人拜年都有哪些规矩

拜年是中国民间的传统习俗，直至今日仍然是人们辞旧迎新、相互表达美好祝愿的一种方式。那么，你知道古人是怎样拜年的吗？

古时，“拜年”一词的含义是为长者拜贺新年，包括向长者叩头施礼、祝贺新年如意、问候生活安好等内容。遇有同辈亲友，也要施礼道贺。拜年一般从家里开始。初一早晨，晚辈起床后，要先向长辈拜年，祝福长辈健康长寿、万事如意。

长辈受拜以后，要将事先准备好的“压岁钱”分给晚辈。给家中长辈拜完年以后，人们外出相遇时也要笑容满面地恭贺新年，互道“恭喜发财”“四季如意”“新年快乐”等吉祥的话语，左右邻居或亲朋好友亦相互登门拜年或相邀饮酒娱乐。

“寒食节”源自何时

“寒食节”又被称为“禁烟节”“冷节”“百五节”，在夏历冬至后一百零五日、清明节前一二日。这一天人们要禁烟火，不许生火做饭，只能吃冷食。为什么要这样做呢？这种习俗源自何时何地？

“寒食节”的由来据说是为纪念春秋时晋国的介子推。介子推当年不畏艰险地跟随侍奉公子重耳。在公子重耳被迫逃亡之时，介子推还把自己的大腿肉割下来熬汤给重耳充饥。

后来，重耳回到晋国做了国君，即后来的晋文公，却没有给介子推任何的赏赐。然而，介子推却毫无怨言，并且带着自己的母亲隐居于深山之中。等到重耳后来想起这个“割股奉君”的贤臣时，感到心中很是有愧，便亲自来到深山中去寻找介子推。无奈，山中树木茂密，根本就找不介子推。这时，有人给他出主意说：“介之推是个孝子，如果放火烧山，他一定会背着母亲出来。”

结果大火连续烧了三天三夜也没见介子推出来。火熄之后，大家进山察看，发现介子推和他的老母相抱在一起，被烧死在一棵大树下。

后来，晋文公重耳为了尊敬和怀念介子推，命令在介子推被烧死的这天全国禁火，吃冷食。这个习俗逐渐流传开来，人们把这天定为“寒食节”，不生火做饭，只吃冷食，以表示对介子推的怀念。

古人为什么选择在清明节扫墓

现在，清明节成了人们祭扫墓地、祭奠死去的先人的重要节日。那么，你知道清明节扫墓的习俗始于何时吗？

民俗学家们对此作了解释：清明节作为二十四节气之一，最早与墓祭无关。因为在我国古代，只有贵族才有墓，老百姓并没有墓，所以说最初的清明节并不是扫墓的日子。

后来，封建等级不再那么严密，老百姓葬后开始有墓地，但不能称作是“墓”，因为只有贵族才可以称“墓”。老百姓的墓地只能叫“坟”。清明墓祭是贵族活动，百姓不能举行墓祭，只能举行家祭。墓祭分春、秋两祭，有春祈秋报之义。到汉代以后，墓祭在民间逐渐形成风俗，并且流传至今。

端午节还有哪些别名

端午节是中国传统节日之一，你知道端午节自古有多少种叫法吗？据统计，端午节的名称在我国所有传统节日中最多，达二十多个。

（1）端阳节。据《荆楚岁时记》载，因仲夏登高，顺阳在上，五月正是仲夏，它的第一个午日正是登高顺阳天气好的日子。所以，人们将五月初五定为“端阳节”。

（2）重午节。午，属十二支，农历五月为午月，五、午同音，五、五相重，故端午节又名“重午节”或“重五节”，也有些地方叫“五月节”。

（3）天中节。古人认为，五月五日时，太阳重人中天，故称这一天为“天中节”。

（4）浴兰节。端午时值仲夏，是皮肤病多发季节，古人以兰草汤沐浴去污为俗。汉代《大戴礼》记载，“午日以兰汤沐浴。”

（5）解粽节。古人端午吃粽时，有比较各人解下粽叶的长度、长者为胜的游戏，故又有“解粽节”之称。

（6）女儿节。据明沈榜《宛署杂记》记载，五月女儿节，系端午索、戴艾叶的习俗。

（7）菖蒲节。古人认为“重午”是犯禁忌的日子，此时五毒尽出，因此端午风俗多为驱邪避毒，如在门上悬挂菖蒲、艾叶等，故端午节又称“菖蒲节”。

清明插柳的习俗是怎么来的

每逢清明，我国民间有插柳习俗。那么，这种习俗从何而来呢？

中国人以清明、七月半及十月朔为三大鬼节，是百鬼出没讨索之时。人们为防止鬼的侵扰迫害，而插戴柳枝。受佛教的影响，人们认为柳可以驱鬼，而称之为“鬼怖木”，如观世音就以柳枝沾水济度众生。北魏贾思勰《齐民要术》中记载，“取杨柳枝著户上，百鬼不入家。”清明既然是鬼节，因此人们纷纷插柳戴柳以辟邪了。

端午节吃粽子是为了纪念屈原吗

端午节吃粽子，现在人们都认为这是为了纪念伟大诗人屈原，而且大多数人都认为粽子就是屈原死后才产生的。

然而，据专家考证，最初吃粽子并非是为了纪念屈原，也没有固定在端午节这天。粽子很早就是民间的普通食品，而说端午节吃粽子是祭屈原，是后人附会形成的，反映的只是民众的心愿而已。

端午节吃粽子，作为全国性风俗最早始见于西晋周处撰的《风土记》，“仲夏端午，烹鹜角黍。”到了唐宋时期，粽子已经成为端午节的必备食品。

直至现在，每年五月初，中国百姓家家都要浸糯米、洗粽叶、包粽子，其花色品种更为繁多。吃粽子的风俗，不但在中国盛行不衰，而且流传到朝鲜、日本及东南亚各国。

中国各地如何过端午

中国地大物博，南北方地域的不同形成了不同的风俗，仅古时端午节的过法，南北方、东西部都是不一样的。

浙江桐卢县乡塾的学童，在这一天要给师长行礼，称之“衣丝”。广东从化县端午节正午，人们以烧符水洗手眼后，泼洒于道，称为“送灾难”。南京人过端午节时，各家皆以清水一盒，加入少许雄黄及鹅眼钱两枚，合家大小均用此水洗眼，称为“破火眼”。

在河北地区，端午节这天，人们忌到井里打水，而是在端午节之前要打好水，据说是为了避井毒。在山东邹平县，端午节这天，每个人早起都要喝一杯酒，据说可以避邪。山西解州地区，端午节这天，男女戴艾叶，称为“去疾”，幼童则系百索于脖子上。

在西部地区的陕西兴安州，端午节这天，地方官常常会亲自率领僚属参加竞渡，称为“踏石”。甘肃静宁州，端午节这天摘玫瑰以蜜腌渍为饴；镇原县，则赠新婚夫妇香扇、罗绮、巾帕、艾虎等。

四川有石柱“出端午佬”的习俗。由四人以两根竹竿抬起一张铺有红毯的

大方桌，然后毯上用竹篾编一个骑虎的道士，敲锣打鼓，上街游行。然而，正是这些千奇百怪的端午风俗共同构成了中华民族所特有的端午文化。

什么是“社火”

“社火”通常是春节期间各地民间的一种自演自娱活动。它来源于古人对于土地与火的崇拜。

古人认为“社”，就是土地神；“火”，即火祖，是传说中的火神。在以农业文化著称的中国，土地是人们赖以生存的根本，它是人类生存和繁衍生息的基础；火是人们熟食和取暖之源，是人类生存和发展必不可少的条件。

远古时代的人们认为，火是人世间的一种神物，也是具有灵性的东西，所以产生了对火的崇拜，形成了尚火观念。对古老的土地与火的崇拜，使社会上产生了祭祀社火的风俗。随着社会的发展，人们认识能力的提高，使祭祀社火的仪式逐渐增加了娱乐的成分，成为规模盛大、内容丰富的民间娱乐活动。

古人如何欢度春节

春节是我国一个古老的节日，也是全年最重要的一个节日。人们如何庆贺这个节日，在千百年的历史发展中，形成了一些较为固定的风俗习惯，很多都流传至今。但现在，随着人们生活条件的改善，物质水平的提高，很多古老的春节习俗便慢慢消失了。

（1）祭灶：糖封灶君嘴。腊月二十三，“小年”这天，传说灶君要上天向玉皇大帝汇报所在的这一家一年来的所作所为，民间都要举行祭灶和送灶的仪式，祈求灶君在玉帝面前多多美言。

（2）扫尘：除旧迎新年。送走灶君后，人们就要开始为春节到来作最后的准备，其中一项就是对家里做彻底大扫除。按民间的说法，因“尘”与“陈”谐音，新春扫尘有“除陈布新”的涵义，其用意是要把一切疫病、晦运统统扫出门。

（3）聚财：初一不动扫帚。民间传说正月初一为扫帚生日，这一天不能动用扫帚，否则会扫走运气、破财，还会把“扫帚星”引来，招致霉运。如果非要扫地不可，则必须从外内里扫。并且，在这一天，也不能往外泼水或倒垃圾，怕因此而破财。

（4）婚嫁：百无禁忌赶乱婚。过了腊月二十三，民间认为诸神上了天，百无禁忌。娶媳妇、嫁女儿也就不用选择日子，称为“赶乱婚”。因此，每逢快到年底那几天，举行结婚的人特别多。

“六月六”晒物的习俗是怎么来的

传说，当年唐僧历经千难方险从西天取回的佛经，在回国的途中不幸坠入大海。上苍被他们师徒的诚心所感动，就特意赐给他们一个大晴天，让他们把经卷晒干，这一天正是农历六月初六。又因为这好天气是上天所赐，所以民间又叫“天贶（kuàng）节”。

后来，人们就围绕着“天晴日朗”这个中心做文章，许多民俗便由此产生了。有晒书晒被的，说是能去除晦气；有晒面做酱的，说是能品高味美；有油刷门窗梁柱的，说是能防水拒蚀等。

这些民俗听起来像是无稽之谈，但细究一下，还是有些科学道理的。因为，农历六月初六正处于小暑过后、立秋之前，此时天气炎热，人们利用阳光中的紫外线集中进行一次灭菌、杀虫的卫生活动，从医学卫生的角度来看是十分合理的。

就晒书、晒衣而论，完全有必要。每年夏季把藏书搬出来晒晒太阳、通通风，散去潮气，杀死蛀虫和细菌，这对书是一种保护。冬季御寒的棉衣、棉被，在夏天晒过之后，除了能消除细菌和潮湿的危害外，还能达到松软棉絮、保温的目的，冬天使用时更暖和。

“七夕”起源于哪个朝代

七夕节是每年农历的七月初七，而七夕坐看牵牛织女星，则是民间的习

俗。七夕节的时候，民间的女子来到花前月下，抬头仰望星空，希望能看到牛郎织女一年一度的相会，乞求上天让自己也像织女那样心灵手巧，祈祷自己能有如意称心的美满婚姻。

七夕也被称为乞巧节，即是古代女子乞求自己有一双巧手的意思。这个节日起源于汉代，据东晋葛洪的《西京杂记》记载，“汉彩女常以七月七日穿七孔针于开襟楼，人俱习之。”这也许是大家所能见到的关于乞巧节最早的记载。后来的唐宋诗词中，乞巧节也被屡屡提及，这一习俗也在民间经久不衰，代代延续。现在，各个地区的乞巧方式不尽相同，各有趣味。总的来说，都是为了表达姑娘们的一种美好愿望。

中秋节有哪些别称

中秋节是中华民族的传统节日之一。中国历史上的“中秋”一词，最早出现在《周礼》当中。

据史料记载，古代帝王祭月的日子为农历八月十五，这个时节正值秋季过半，因此叫作“中秋节”；由于这个节日在农历八月，故又称为“秋节”“八月节”“八月会”；由于人们通常在这一天要举行一些祈求团圆的活动，故亦称为“团圆节”“女儿节”。由于中秋节的主要活动都是围绕“月”进行的，因此又俗称为“月节”“月夕”“追月节”“玩月节”“拜月节”；在唐朝，中秋节还被称为“端正月”。

刚开始，中秋节并不被人们重视。人们真正开始过中秋节，始于宋朝。至明清时，中秋节才成为我国的主要节日之一。

古人为什么要“中秋祭月”

今天，尤其是在农村地区，“中秋祭月”的习俗仍旧被延续着。但是，为什么要在中秋节祭月？这种习俗是怎么来的？估计很少有人能够知晓了。

“祭月”在我国是一种十分古老的习俗。据史书记载，早在周朝，天子就有春分祭日、夏至祭地、秋分祭月、冬至祭天的习俗。其祭祀的场所称为日坛、地坛，月坛、天坛，分设在东南西北四个方向。北京的月坛就是明清皇帝祭月的地方。

据《礼记》记载，“天子春朝日，秋夕月。朝日之朝，夕月之夕。”这里的“夕月之夕”，指的正是夜晚祭祀月亮。这种风俗不仅为宫廷及上层贵族所奉行，随着社会的发展，也逐渐影响到民间。后来，随着朝代的更替，久而久之，祭月被赏月所替代，严肃的祭祀活动就这样变成了轻松的娱乐活动。

重阳节最早起源于何时

重阳节的源头，可追溯到秦汉之前。据《吕氏春秋》记载，战国当时已有在九月农作物丰收之时，祭飨天帝、祭祖，即用这样的活动来感谢上天、感谢祖宗恩德的活动。又据《西京杂记》中记载，西汉时的宫人贾佩兰称：“九月九日，佩茱萸，食蓬饵，饮菊花酒，云令人长寿。”由此可见，从那时开始人们就有在重阳节求寿之俗。

三国时，魏文帝曹丕在《九日与钟繇书》中说“九”为阳数，可以与日月并齐，便将重阳节定为了一个正式的节日。而重阳节的活动，则主要是求长寿、戴茱萸、酿菊酒、赏菊、酿酒及祭扫酒业神等。后来，又添加了敬老等内涵。再后来，由于登高、野宴等活动的加入，使重阳节的节日活动更加丰富多彩。

古人如何看待重阳节

重阳节之所以有名，是因为这个节日与历史上许多有名的文学家有关。而在这些文学家的故事里，包含着重阳节的各种风俗，如登高、赏菊、饮菊花酒、佩茱萸等。这些故事都成了有名的典故，因此这些风俗也为人们所熟知。至于与重阳节有关的文人故事，恐怕要算“孟嘉落帽”的故事最有名，也最为人津津乐道的了。

孟嘉是东晋时的著名文人，他在当时最有权势的大将军桓温的帐下当参军。农历九月初九，大将军桓温邀集宾客幕僚作登高盛会，在山顶大摆筵席，饮酒赋诗。出席节宴的人都衣冠楚楚，穿戴整齐，杯盏相酬，兴致很高。突然间，一阵风刮过，把孟嘉头上的帽子吹落在地。这时的孟嘉已有几分酒意，竟然没有察觉。但主人桓温已经看见了，便叫在座的孙盛作文章嘲笑他。孙盛在席间写了一篇文章责难孟嘉。没料到孟嘉虽已酒醉，但神志不乱，依然文思敏捷。孙盛的文章刚做好，他草草一看，立刻提起笔来，作了一篇文章酬答。满座的人读了他的文章，都惊叹称好，一时传为美谈。

其后，更有陶渊明重阳赏菊的典故成为美谈。由于这些与重阳节有关的典故广泛流传，因此南北朝以后的文人都很重视重阳节，而以重阳节为题材的诗文更是节令诗当中最多的。

重阳节时为什么要插茱萸

重阳节插茱萸的习俗起源很早。茱萸，又名越椒、艾子，是一种药用植物。古人认为这种植物有益于内脏，因此特别钟情于这种植物。晋朝的时候，人们开始大量种植茱萸。重阳节时，人们折下茱萸插在头上，据说这样可以抵御寒冷，躲避灾难。宋朝的时候，人们还给茱萸和菊花起了两个雅称，称茱萸为“避邪翁”，而菊花则为“延寿客”。

古代的教师节是哪一天

我国现行的教师节起源于20世纪80年代，其实我国在古代早就有传统意义上的教师节了。我国一向有尊师传统，冬至祭孔和拜师就是一种集中表现。据《新河县志》记载，这一天拜圣寿，外乡塾弟子各拜业师，被称作“拜冬余”“拜圣寿”。其中，“圣”就是指圣人孔子。这是由于“冬至”曾是“年”，过了冬至日就长一岁，称之为“增寿”，因此需要拜贺，举行祭孔典礼。

据《清河县志》记载，在冬至祭孔时还要“拜烧字纸”，即人们要爱惜字纸，不许乱用有字的纸擦东西，并且要把带字的废纸收集起来，在祭孔时一齐烧掉。而烧字纸时，师生也要一齐跪拜。

古时冬至的这些风俗，无不体现着我国古代劳动人民尊师重教的思想。

农历十二月为什么又叫“腊月”

据《祀记》记载，“蜡者，索也，岁十二月，合聚万物而索飨之也。”“腊”与“蜡”相似，而在古代“腊”和“蜡”都是一种祭祀活动，即祭祀祖先称为“腊”，祭祀百神称为“蜡”。又由于此活动多在农历十二月进行，因此人们便把十二月称为腊月了。

腊月是年岁之终，古代农闲的人们无事可干，便出去打猎。一来，弥补口粮的不足；二来，用打来的野兽祭拜祖先，祈求全家幸福。农历十二月初八，用杂粮做成“腊八粥”，有的地方的人们还要将做好的“腊八粥”洒在门、篱笆、柴垛等上面，用这样的方法来祭奠五谷之神。农历十二月二十三日，俗称“小年”，有些地方的人们陈设香腊刀头和糖点果品敬供“灶神”等。其实，这些做法只是在沿袭古代的习俗罢了。

一年中哪个节气是最冷一天

二十四节气是古人根据天气的变化来划分的，所以每个节气都代表了不同的天气，“小寒”也不例外。而且，“小寒”一到，就意味着一年中最寒冷的日子就要开始了。那么，对于这样的说法，有什么科学根据吗?

据《月令七十二候集解》记载，“十二月节，月初寒尚小，故云。月半则大矣。”小寒的意思是天气已经很冷，我国大部分地区小寒和大寒期间一般都是最冷的时期，“小寒”一过，就进入“出门冰上走”的三九天了。而且，根据中国的气象资料可知，小寒是一年中气温最低的节气，只有少数年份的大寒气温低于小寒。

中元节是个什么样的节日

中元节是中国本土文化的产物。在20世纪中期以前，中元节甚至要比“七夕节”“清明节”等节日热闹。中华人民共和国成立以后，由于中元节被认为是宣扬封建迷信的节日，因此被逐渐边缘化。

道家把农历七月十五日称为“中元”，用以赦免亡魂的罪；在这天，民间家家祭祀祖先。同时，还要举行盛大的放河灯活动。河灯，一般是以纸糊成荷花形，并在底座上放灯盏或蜡烛，于中元夜放在江河湖海之中，任其漂泛。除此之外，还有拜忏、放焰口等活动。中元节这天，人们事先在街口村前搭起法师座和施孤台，仪式在庄严肃穆的庙堂音乐中开始，法师敲响引钟，带领座下众僧诵念各种经文。然后，施食，即将一盘盘面桃子和大米撒向四方，反复三次，这种仪式叫“放焰口”。到了晚上，家家户户还要在自己家门口焚香，把香插在地上，并且越多越好，象征着五谷丰登，这叫作“布田”。

从这些古老的习俗上来看，中元节带有一定的迷信色彩，但是总体上来说，却表达着人们盼望五谷丰登、生活美好的愿望，因此不应将其全盘否定。

古人如何“过小年”

农历腊月二十三日，这一天民间有送灶神的习俗，又称为“过小年”。这天送灶神上天言事，称为送灶、辞灶、醉司命。

祀灶是在二十三日晚间进行的。胶东地区灶神画像贴在正屋东面的锅灶墙上，两旁有一幅“上天言好事，回宫降吉祥”对联，横批是“一家之主”。祭祀时，摆上糖瓜、果品等贡品以及一碗面汤，然后烧香叩头，把旧灶神画像揭下烧掉，这就是所谓的送灶神了。烧时，要加一些谷草和杂粮，意思是要给灶王爷喂饱马。由于过去有“男不拜月，女不祭灶”的说法，因此民间通常都由男人致祭。旧灶神画像烧了以后，有的立即把新灶神画像贴上，而有的则到农历正月初一早上再贴，正所谓“二十三日上天去，正月初一下界来”。

“除夕”这一名称如何得来

现在，“除夕”是中国人的主要传统节日之一，关于它的来历，有各种各样的说法。

相传在很久以前，有一个妖怪叫“夕”。这家伙专门害人，特别是看见哪家有漂亮的女孩，晚上就要去糟蹋她，尔后还要把女孩吃了才甘心。因此，老百姓对它恨之入骨，却没有办法。后来，出现了一个叫七郎的英雄，力大无穷，箭射得特别好，喂的狗也非常厉害，任何猛兽都敢去斗。七郎见百姓被“夕”害苦了，就想除掉它。历经千辛万苦，七郎终于把“夕”这种怪物除掉了。从那以后，人们就把腊月三十叫作“除夕”。这天晚上，家家户户都要守岁、放火炮，表示驱除晦气、迎接祥瑞。

除夕是我国主要的传统节日之一。“除夕”是农历一年最后一天的晚上，即春节前一天的晚上，所以人们又常常把这一天叫作“年三十”。在除夕之夜，人们往往通宵不睡觉，所以又把这一夜叫“守岁”。苏轼写有《守岁》一诗，“儿童强不睡，相守夜欢哗。”在《梦粱录》卷六中，又把这一夜叫作“除夜”。

此外，除夕在民间还被称为大年夜、大节夜、大尽等。

什么是“祭龙节”

每年农历二月初三和五月初五，是新平县傣雅人（傣族支系）的祭龙节。祭龙节始于哪个年代，无文字考证。而祭龙节的来历，则是源于一个传说故事。

相传，古时傣雅人居住的地区，森林茂密。每年农历二月间，山林里就窜出很多野兽，不仅咬伤人畜，还把刚刚长出来的稻苗吃尽。有一年，一个聪明勇敢的傣雅族小伙子想出了一个办法。在二月初三这天，他叫大家编了许多竹笼、竹链，染上家禽的血后，拿去挂在田间插在地头、路口。夜间，山林里窜出来的野兽，见到染血的竹笼、竹链就不敢接近庄稼和村寨。但是，过了一段时间，等染血的竹笼破旧的时候，野兽又陆续来危害人畜和庄稼。

于是，在五月初五这天，他又发动大家编竹笼、竹链，染上血放到老地方，并采来许多利箭般的菖蒲叶插在各家各户的门头上，并且连每个人的头上、腰间都插满菖蒲叶。夜晚，人们围坐在寨头的火堆旁喝酒猜拳，对歌起舞。野兽窜到田间、地头的竹笼、竹链旁，嗅到血腥味，远远看见燃烧的火堆，看见全身插满“利箭”的人，就被吓跑了。

后来，傣雅人年年这样做，结果人畜兴旺，五谷丰登，而此习俗则慢慢演变成了现在的祭龙节。

春节为什么又叫过年

农历正月初一是春节，又叫阴历(农历)年，俗称“过年”。这是中国民间历史最悠久、隆重、热闹的一个古老传统节日。但是，为什么要把春节叫过年？

春节大约有三四千年的历史，原为农历的元旦，即人们通常说的过年。它起源于殷商时期年头岁尾的祭神、祭祖活动。古代的春节又叫做“元日”“新年”“正旦”“岁首”“三元”等。

据考证，将农历大年初一定为“春节”是在辛亥革命以后。1911年10月武昌起义，12月31日革命党人的湖北军政府在发布的《内务部关于“中华民国”改用阳历的通谕》中，明确将农历的年节称为“春节”。1949年10月1日，新中国正式成立，中国人民政治协商会议第一届全体会议上，通过了使用世界上通用的公历纪元，把公历的元月一日定为元旦，俗称“阳历年”；农历正月初一通常都在立春前后，因而把农历正月初一定为“春节”，俗称“阴历年”。

过年时为什么要吃年糕

年糕又称“年年糕”，与“年年高”谐音，意寓人们的工作和生活一年比一年提高。每逢春节，我国很多地区都有春节吃年糕的习俗。但是，这种习俗

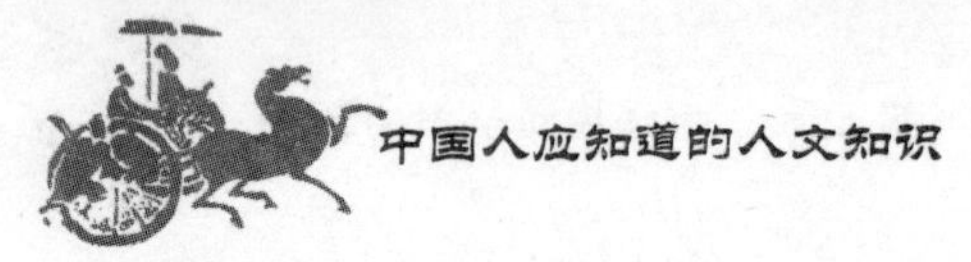

是因何而来的呢?

年糕作为一种食品，在我国具有悠久的历史。古人对年糕的制作也有一个从米粒糕到粉糕的发展过程。公元六世纪的食谱《食次》就载有年糕“白茧糖”的制作方法，“熟炊秫稻米饭，及热于杵臼净者，舂之为米咨糍，须令极熟，勿令有米粒……”即将糯米蒸熟以后，趁热舂成米糍，然后切成桃核大小，晾干油炸，滚上糖即可食用。

明崇祯年间刊刻的《帝京景物略》一文中记载，当时的北京人每于“正月元旦，啖黍糕，曰年年糕”。由此，不难看出，“年年糕”是北方的“黏黏糕”谐音而来。正是因为人们把对美好生活向往的心态寄托在了食物上，才有了过年吃年糕的习俗。正如清末的一首诗中所云：“人心多好高，谐声制食品；义取年胜年，借以祈岁谂。”

第十章 历史悠久的中华服饰

博大精深、体系完备、悠久美丽的汉服，是中国不可多得的一大财富，是非常值得每一个炎黄子孙引以为豪的。从三皇五帝到明代的几千年时间里，汉民族凭借自己的智慧，创造了绚丽多彩的汉服文化，发展形成了具有汉民族独特特色的服装体系——汉服体系。

苏绣达到了怎样的艺术高度

“苏绣”的发源地在苏州吴县一带，现已遍衍江苏省的无锡、常州、扬州、宿迁、东台等地。为什么苏州出产的刺绣就那么有名呢？

“苏绣”的产地江苏土地肥沃，气候温和，桑蚕业发达，自古以来就是丝绸之乡。优越的地理环境，绚丽丰富的锦缎，五光十色的花线，为“苏绣”的发展创造了有利条件。据西汉刘向《说苑》记载，早在两千多年前的春秋时期，吴国已将“苏绣”用于服饰。三国时代，吴王孙权曾命丞相之妹手绣了《列国图》。这些都说明“苏绣”的悠久历史。

“苏绣”在工艺上的独到之处，是其他刺绣所不能及的。据《清秘藏》记载，“宋人之绣，针线细密，用线一、二丝，用针如发细者为之。设色精妙，光彩射目。”由此可见，在宋代，“苏绣”艺术已具有相当高的水平。

现在，“苏绣”的工艺仍具有极高的水平，深受国内外消费者的欢迎。

2006年5月20日，“苏绣”经国务院批准列入第一批国家级非物质文化遗产名录。2007年6月5日，经国家文化部确定，江苏省苏州市的李娥瑛和顾文霞为该文化遗产项目代表性传承人，并被列入第一批国家级非物质文化遗产项目226名代表性传承人名单。

明代的服饰制度有哪些特点

在经过元代蒙古人的统治之后，明朝恢复了汉族的传统服饰体系，明太祖朱元璋重新制定了服饰制度。

明代太监刘若愚在《酌中志》一书中，就记述道：“制后襟不断，而两旁有摆，前襟两截，而下有马面褶，从两旁起。”由此可见，当时服装所采用的质料和纹样，都有一定的规定。

《明史·舆服志》也记载了，“正德十三年，群臣大红储丝罗纱各一。其服色，一品斗牛，二品飞鱼，三品蟒，四、五品麒麟，六、七品虎、彪；翰林科道不限品级皆与焉；唯部曹五品下不与。”

明代皇帝的常服以黄色的绫罗为主，并且上面绣着龙、翟纹及十二章纹。

“胄”是一种什么东西

在我国古代，人们通常把保护身体的用具叫作“甲”，而把保护头部的用具叫作“胄”。所以，“甲胄”一词便成了我国古人对整套护具的称谓。

传说在上古时代，蚩尤部落最先发明了防护头部的用具，战时既能护头，又可触人。新石器时代的“胄”，多是用藤条或兽皮制成的。

用青铜制作的“胄”在商代出现。目前，我国发现最早的青铜胄是河南安阳出土的商代制品。战国时期，“胄”的外形很像当时的饭锅——鍪，所以被称作“兜鍪”。唐宋以后，“兜鍪”才正式叫作“盔”。这种铁制的头盔，作为我国古代军队中普遍使用的护头装备，一直使用到清代末年。后来，西式钢盔传入中国，成为士兵专用的防护装备，但其形状已与古代“兜鍪”大不相同了。

古老的“甲”已成为历史文物，而“胄”却以另一种崭新的面貌演变成大家今天所见到的钢盔，并在现代战争中继续发挥作用。

古代衣服都是如何命名的

今天，人们把服装统称为衣裳，但是在我国古代，“衣”“衫”及“裳”是有一定区别的。

在古代，“衣”分“上衣”和“深衣”，“衣裳连属，被体深邃。”而且，古代的“衣”是贴身穿的，就像现在的内衣。

“衫”是指大袖单衣，以轻薄纱罗为材料而制成，仅用单层，不用衬里，形制简便，是夏季的穿着。这点倒和人们今天穿的衬衫有几分相似。

“裳”由两片布帛制成，前后各一片，左右各留一道缝隙，主要是用来遮羞。

由此可见，我国古人穿衣服还是很有讲究的，这当然也与我国封建社会的文化有着必然的联系。

是谁最早开始利用蚕丝

蚕丝，乃我国古代文明产物之一，其发明当为极早之事。相传，黄帝的妻子嫘祖来到了一片桑树林，经过观察发现，一条蠕蠕而动的虫子口中吐出的细丝绕织而成白果。嫘祖给这虫子取名为“蚕”，给它织成的白果取名为“茧”。自此以后，栽桑养蚕缫丝织绸做衣就在嫘祖的领导下开始了。后人为了纪念嫘祖的功绩，尊称她为“先蚕娘娘”，有的地方还建庙祭祀她。

虽然这只是一个美丽而动听的传说，但至少也可以说明，我国最早是用野蚕丝织造丝绸的，后来才改用家蚕丝。丝绸的出现比棉布要早得多，大约在上古时代，就有了原始的蚕丝纺织技术。

据考古发现，约在四千七百年前中国已利用蚕丝制作丝线用来编织丝带和简单的丝织品。商周时期的人们用蚕丝织制罗、绫、纨、纱、绉、绮、锦、绣等丝织品。

蚕丝中用量最大的是桑蚕丝，其次是柞蚕丝，其他蚕丝因数量有限未形成资源。蚕丝质轻而细长，织物光泽好，穿着舒适，手感滑爽丰满，用于织制各种绸缎和针织品，并广泛用于工业、国防及医药等领域。

“衣冠禽兽”原本是什么意思

在现实生活中，人们喜欢用“衣冠禽兽”这个成语来比喻那些伪君子。然而，这个词最早却是来自明朝官服上的图案。

据史料记载，“衣冠禽兽”源出明朝洪武年间。朱元璋定都南京之后，下诏拟订大明官服制度，重点就在于衣服上的“官补”，文官绣禽，武官绣兽。由此可见，“衣冠禽兽”在明代其实是地位、权力的象征，而毫无贬义。那为何后世要把“衣冠禽兽”作为一个贬义词呢?

原来，明朝中期以后，宦官弄权、外戚干政，曾经广受推崇的“衣冠禽兽”自然也为百姓们所痛恨。明代陈汝元在《金莲记》中第一个将这个词用作贬义，即“人人骂我为衣冠禽兽”。此后，人们渐渐就淡忘了“衣冠禽兽”的本义，而把它用在了贬低别人的话中。

只有皇帝才能穿龙袍吗

今天，大家时常在一些古装影视剧看到，里面的皇帝在上朝时都要穿龙袍，而且龙袍也是皇帝的专用服装。然而，为什么皇帝在上朝时要穿龙袍？第一个穿龙袍的是秦始皇吗?

其实，秦始皇当年并没有穿过龙袍。中国第一个皇帝秦始皇按水、火、木、金、土（五行）与黑、白、青、赤、黄（五色）分别相配的“五德”说，穿黑色袍服。到了晋代，开始实行金德制度，以赤色为贵，故晋代皇帝着红袍。后来，“五德”说受到挑战，一些皇帝不再以“五德”说作为唯一准则。

中国封建社会的皇帝穿龙袍是从隋朝开始的。隋文帝与隋炀帝着黄袍，黄

袍上绣的龙为五爪，而这就是最初的龙袍。到了唐高祖武德年间，开始在百官以及百姓中禁穿有龙图案的衣服，而龙袍则随之成为皇帝专用之服。

为什么皇帝爱穿黄色的衣服

大家时常在一些古装影视剧中看到这样的现象：古代的皇帝除上朝穿龙袍以外，其他时候都穿黄色的衣服。官员要是能得到一件皇帝御赐的黄色衣服，就会觉得荣耀之至，甚至有的官员把皇帝赐的黄色衣服当作神灵一样供奉。这时，也许会有人问："是不是历朝历代的帝王都穿黄色的袍子啊？"

从周朝至明朝，帝王的正式着装都是黑色的冕服。秦始皇统一六国后，规定皇帝要穿火德之服，但是火德的赤并非现在流行的中国红，而是发黑的暗红，所以一般情况下人们把它视为黑色。

唐代的皇帝，依旧是以黑底十二纹章的冕服为上朝和祭祀的正式服装。宋朝和明朝的皇帝也都要穿火德之服，尤其明朝皇帝姓朱，故以红色为贵，皇帝的日常服装多为红色。以明黄色为贵，并且穿着明黄色衣服的，只有清朝的皇帝。

由此可知，皇帝穿黄袍是清代才形成的。

为什么古代的女子只穿裙子或长袍

在一些古装影视剧中，古代女子的衣服除了裙子就是长袍，从来没有一个像今天的女子一样穿裤子的。这是为什么呢？

《易经》里有句话，"黄帝、尧、舜，垂衣裳而天下治"。我国古时候，男人上衣下裳，女人就只穿长袍或裙子。当然，裙里面也不是光溜溜的两条腿。裙里面所谓的裤称作"胫衣"，只是用来遮住两条小腿。当然，古代女子只穿裙子，主要还是和我国封建社会的文化传统有关。

倒是南北朝时期的胡女，穿着到臀部的短褶，腰间束带，下身是裤口很宽的大口裤，显得十分精神。胡服热潮席卷唐初风尚，不少女子穿翻领长袍，束

带，穿紧口裤和皮靴。

古代的人穿什么样的袜子

根据考证，中国人在夏朝时就开始穿袜子了。两周时期，袜子是用熟皮和布帛做的，富贵人家可穿丝质的袜子。袜高一般长约一尺余，上端有带，穿时用带束紧上口。其色多白，但祭祀时所穿的袜子则为红色。讲究的人家多用绢纱做袜子，并在上面绣上花纹。秦汉时，就有进门脱鞋袜的习俗。

由此可见，我国缝制袜子的工艺至少已有两千年以上的历史，比欧洲国家要早得多。

乌纱帽最初是什么人戴的

东晋时，在都城建康的官府中做事的人，流行戴用黑纱做的帽子，人称“乌纱帽”。到了南北朝时，这种帽子在民间流传开来。这时的“乌纱帽”是百姓们常戴的一种便帽。

隋唐时，天子文武百官都戴乌纱帽。为适应封建社会的等级制度，隋朝用乌纱帽上的玉饰多少显示官职大小。宋太祖赵匡胤登基后，对乌纱帽的样式进行了改革，即以乌纱帽上的花纹来区别官员的大小。

明代开国皇帝朱元璋定都南京后，作出规定：凡文武百官上朝和办公时，一律要戴乌纱帽，穿官服，束腰带。另外，取得功名而未授官职的状元、进士，也可戴乌纱帽。从此，“乌纱帽”才成为象征官员的一种标志，而并不是从一开始就代表着官位。

“拜倒在石榴裙下”这句话是怎么来的

在今天的社会中，人们常常把男子对女子的爱慕或崇拜笑称为“拜倒在石

榴裙下”。可是，人们为什么会这样说呢？它有什么特殊的来历呢？其实，这句话的来历与唐朝的杨贵妃有关。

传说杨贵妃非常喜爱石榴花，并喜欢穿着绣满石榴花的彩裙。唐玄宗投其所好，在华清池西绣岭、王母祠等地广栽石榴树。每当石榴花竞放之际，唐玄宗便会设酒宴于“炽红火热”的石榴树下。后来，由于唐玄宗过分宠爱杨贵妃，不理朝政，大臣们不敢指责唐玄宗，便迁怒于杨贵妃，对她拒不施礼。杨贵妃对此很是无奈。

一天，唐玄宗设宴召群臣共饮，并邀杨贵妃献舞助兴。可是，杨贵妃端起酒杯送到唐玄宗嘴边时，向他耳语道：“这些臣子大多对臣妾侧目而视，不行礼、不恭敬，我不愿为他们献舞。”唐玄宗闻之，感到宠妃受了委屈，便立即下令要求所有文官武将，见了杨贵妃一律行礼，拒不跪拜者，以欺君之罪严惩。

众臣无奈，凡见到杨贵妃身着石榴裙走来，无不纷纷下跪行礼。于是，“拜倒在石榴裙下”的典故便流传下来，逐渐成了用于形容男子爱慕或崇拜女子的一句俗语。

“三寸金莲”是如何成为古代女子小脚的代名词的

讲到“三寸金莲”，人们不禁要问，妇女因缠裹而形成的小脚为什么会被称为“金莲”？“金莲”与小脚是怎样联系起来的？长期以来，虽然人们对这个问题倍感兴趣，但却没有得出一个令人满意的答案。

对此，有学者认为，小脚之所以称为“金莲”，应该从佛教文化中的莲花方面加以考察。莲花出淤泥而不染，被视为清净高洁的象征。佛教传入中国后，莲花作为一种美好、高洁、珍贵、吉祥的象征也随之传入中国，并为中国百姓所接受。在中国人的吉祥图案中，莲花占有相当的地位也说明了这一点。因此，以莲花来称妇女小脚当属一种美称。

为什么要在“莲”前加一个“金”字呢？这其实是出于中国人传统的语言习惯。中国人喜欢以“金”修饰贵重或美好事物，如“金口”“金銮殿”等。

在以小脚为美的封建社会中，“莲”字旁加一“金”字而成为“金莲”，当也属一种表示珍贵的美称。

清朝官员的服饰有何特色

清朝的官制在我国古代封建社会中是最具代表性，也是最完善的，分九品十八级官阶。其官服也是最具特色的，不同的服饰代表着不同的官阶。

文官一般以飞禽图案作补，朝冠上用不同的宝石来显示等级。如一品为仙鹤补，朝冠顶饰东珠一颗、上衔红宝石，吉服冠用珊瑚顶；之后，随官品等级的层次由高到低，二品为锦鸡补，三品为孔雀补，四品为云雁补，五品为白鹇补，六品为鹭鸶补，七品为鸂鶒补，八品鹌鹑补，九品为练雀补。

武官则是用不同的动物来作补，朝冠也用宝石来显示品级。如一品用麒麟图案作补，朝冠顶饰东珠一颗、上衔红宝石，吉服冠用珊瑚顶；而九品则是海马补，朝冠阳文镂金顶，吉服冠用镂花素金顶。

古人的内衣怎么称呼

在不同的时代，语言上就会有不同的特征。就像同一个物品，古今却有着不同的名称。当然，这里所说的内衣也不例外。

古代人对内衣的称呼可谓是多种多样，不同的时代有不同的叫法。在古代，对于内衣，较早的称谓是“亵衣”。其中，“亵”意为“轻薄、不庄重”，这也体现了中国人的思想自古就比较含蓄。

汉朝人把内衣叫“抱腹”“心衣”。两者的共同点是背部袒露无后片。魏晋时期，人们把内衣叫“两当”。“两当”与“抱腹”“心衣”的区别在于它有后片，“两当”最初是北方游牧民族的服饰，后来才传入中原。

唐代以前的内衣肩部都缀有带子，但在唐代，则出现了一种无带的内衣，称为“诃子”。宋代人把内衣叫“抹胸”。“抹胸”穿着后上可覆乳，下可遮肚，整个胸腹全被掩住，因而又称为“抹肚”。元代，内衣叫“合欢襟”；

明代叫“主腰”；清代则叫“肚兜”。

一件小小的内衣就有这么多的名称，可见我国的民俗文化是相当丰富多彩的。

古代中国为什么以“白色”为不吉

穿着洁白的婚纱，和自己心爱的男人携手步入婚姻殿堂是不少女孩梦寐以求的事情。在西方文化中，洁白的婚纱代表着纯洁、高贵、神圣。然而，在中国，“白色”却是丧服的主要颜色。这是为什么呢?

首先，在中国文化中，“白色”是枯竭而无血色、无生命的表现，象征着死亡与凶兆。古人信奉阴阳五行学说，西方为白虎，属于刑天杀神，主肃杀之秋，因此古人常在秋季征伐不义、处死犯人，以顺应天时。

古人在服丧期间要穿白色孝服，丧事也被婉转地称为“白事”。此外，主家还要设白色灵堂，吃“白饭”（米饭），出殡时打白幡、洒白钱。和白色有关的词组，也带有了不吉利的意味，如将带来厄运的女人叫作“白虎星”。甚至，白色还象征奸邪、阴险，如戏剧中奸邪之人一般扮为“白脸”。

正是因为中西方文化对于白色的不同理解，才使得白色被用在了截然相反的场合。

古代的新娘子怎么打扮

古代婚礼，对于女子出嫁所要做的准备，光是从其嫁衣上便可以见其复杂程度。

新娘服饰，以江苏吴县一带最为讲究。按当地俗规，凡新婚女子必须有三套服装在举行婚礼时和婚礼后穿戴。第一套：棉裤，俗称“贴肉棉袄夹裤”，是男方迎亲时送给新娘穿的。第二套：头上戴珠冠，粉红色绣凤穿牡丹等花纹的花衣、花裙，是与花轿一起租来的，并且，这一套仅在花轿上和举行婚礼仪式中穿戴。第三套：土布衣，靛青色土布包头巾，靛青色土布夹衫、蓝底白花印花土布裤，靛青色土布长襦裙，裹小腿的桃红色印花土布卷绑，蓝印花土布袜，绣花板趾头鞋，这一套在婚后劳动时穿戴。

在浙江富阳一带，当花轿抬到女家，放在簸箕上面时，新娘才开始化妆换衣，换好小衫裤后，要立在蒸桶上面穿红棉袄和红棉裤。有趣的是，当新娘头上戴好凤冠，准备穿大红裙时，要拿12个鸡蛋从裤腰里放下去，并从裤脚下滚出来，相传这样可使新娘婚后不论哪个月生孩子都能又快又顺利。

陕北一带旧俗中，新娘子的打扮很是有趣。准备上轿的新娘，穿上红衣、绿裤、花鞋，并在头上戴鲜花，可是俗规要用锅黑把新娘漂亮的脸蛋涂得黑漆漆的，与鲜艳、漂亮的服装形成了巨大的反差。传说，假若不这样做，新娘在迎娶途中会被鬼怪截去。

由此可见，古代女子的嫁衣具有浓厚的地域色彩，同时也体现出了我国不同的地域文化之间的差异。

旗袍是如何诞生的

大家在很多有关清代的古装影视剧中看到，满族人把自己称作是旗人，而这很容易让大家联想到旗袍。难道旗袍就是旗人的衣服，它是满族人创造的吗？

其实，“旗袍”的形成是在民国时期，而它也的确是由满族女子所穿长袍演变来的。由于满族人又称为“旗人”，故将满族女子所穿的长袍称为“旗袍”。在清代，女式服饰可谓是汉满并存。清初，满族女子以长袍为主，而汉族女子仍以上衣下裙为时尚。清中期，汉满各有仿效。到了清代后期，满族效仿汉族的风气日盛，甚至出现了“大半旗装改汉装，宫袍截作短衣裳”的情况。而汉族仿效满族服饰的风气，也于此时在一些达官贵妇中流行起来。

到了20世纪20年代，受西方服饰影响，经改进之后的旗袍逐渐在广大妇女中流行起来。这种旗袍是汉族人在吸收西洋服装样式后，并通过不断汉化和改进，才进入千家万户的。

和尚的袈裟是如何制成的

“袈裟”一词，来自梵语，汉译为坏色、秽色、赤色等，指缠缚于僧众身上的法衣，又称作袈裟野、迦罗沙曳、迦沙、加沙。袈裟是僧人最重要的服装。

“袈裟”的制作方法，是先把布料剪成一些碎块后，再缝合起来。因此，也可以把“袈裟”叫作“杂碎衣”或“割截衣”。又根据《四分律》第四十和《四分律删补随机羯磨疏》可知，“袈裟”是由阿难尊者奉佛指点，模拟水田的阡陌形状缝制而成。

“唐装”是唐朝的衣服吗

现在的很多人都认为唐装就是我国唐代男子所穿的服饰样式。其实，这一个认识是错误的，现在的“唐装”并不是唐代男子所穿的服装样式。

在唐代，“幞头纱帽”和圆领袍衫才是男子最主要的服饰。“幞头”是一种包头用的黑色布帛。传统的冠冕衣裳，也就是人们所说的正装，只有在隆重的场合才穿，如祭祖的时候。在唐初至开元年间这一百多年的时间里，袍服的用途非常广泛，上至帝王，下至百官，礼见宴会均可穿着，甚至将其用作朝服。

现在人们所称的“唐装”，其实只是清末的中式服装。由此可见，现在的“唐装”并不是唐代男子所穿的服装样式。

耳环的历史有多久

耳坠是女子耳饰中不可缺少的一部分，随着时代的进步，耳坠的种类也越来越多。

在北京周口店的中国猿人遗址，就已经发现有用石头、兽牙或贝壳制成的耳饰。在古代，人们把耳饰叫作“珥”“瑱”“珰”。在出土的汉代文物中，有不少用石、玉、水晶、玛瑙制成的耳饰。由此可见，古人戴耳饰有着悠久的

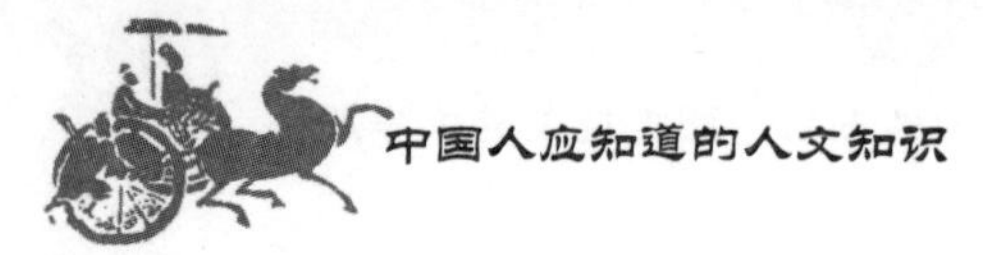

历史。

相传古代有一位姑娘因为眼病导致了双目失明。后来，一位周游各地的医生用闪闪发光的银针在她两侧耳垂中各刺一银针后，奇迹出现了，姑娘重见光明。姑娘非常感激，便请银匠制作了一对耳环戴在耳上，以示永不忘记那位医生的恩德。

当姑娘戴上银耳环后，不但眼睛好了，而且愈发漂亮了。这件事情传开以后，很多姑娘和妇女都纷纷效仿，而女子戴耳坠的习俗便由此流传开来。

为什么唐朝人认为女子“以胖为美”

当今社会，瘦身几乎成了所有女子追求美的一种首选方式。为了拥有所谓的骨感美，有的女孩甚至不惜以自己的生命为代价。然而，在中国古代，尤其是唐朝时期的女子，却以胖为美。这是为什么呢?

首先，因为唐代在中国历史上是个比较繁荣昌盛的时代，人们丰衣足食，拥有健康丰满的体格。其次，唐代的国力强盛与文化发达，使唐人充满自信，所以当时的人们追求的是体态丰满。最后，统治者的血统，也决定了唐人对健硕的体魄更加欣赏。唐代开国皇帝李渊的外祖父是鲜卑族人，有着健硕的体魄。因此，唐朝历代国君均宠爱体态丰满的女性。

当时所崇尚的“丰肥浓丽”，并不单纯是指女性体态上的肥瘦。可以说，这种审美取向是一种全方位的审美理念，所体现的是一种力量型的、开放的文化视野。

唐人喜爱牡丹，而牡丹的花形正是高贵丰满；唐人塑造的骏马形象，都是膘满臀圆；唐代影响最大的颜体书法更是肥硕、庄严、浑厚。韩愈有诗道：“书贵瘦硬吾不取。”也体现了唐人的价值取向。由此可见，唐人以胖为美的审美观念也是当时社会文化的一种体现。

帽子和冠有什么区别

人们的生活离不开帽子，有时是为了漂亮，有时则是为了遮风挡雨。可

是，你知道古代的帽子是什么样吗？古人把帽子还称作什么？

在古代，帽子的别称就是冠。但是，冠的形状和现在的帽子并不一样。

先秦时代，冠是用来显示贵族身份的服饰标志。在阶级社会中，阶级上的差异表现在各个方面，服饰就是其中重要的一个方面，不同的服饰代表不同的等级，即为古代的礼冠制度。在封建社会中，有资格戴冠的除了统治阶级外，还有服务这个阶级的士。在汉代，冠分十几种之多，以供不同身份的人在不同的场合使用。

那么，当时的老百姓又戴什么呢？经专家学者考证，当时的老百姓经常会用巾包头或扎发髻。所谓的巾，就是用丝或麻织成的布。汉末黄巾起义军的农民战士，他们没有冠，只用黄巾包头。直到现在，西南人民仍用“帕子”包头，而这就是古代“巾”的遗风。

古代女子未婚和已婚时装扮有何差别

在古代，人们从一个女子的装束就可以看出她是未婚还是已婚。下面就来介绍一下古代已婚和未婚的女子装束。

在古代，女子满14岁要行及笄之礼，然后通过发式的改变来标示一个成熟阶段的到来。古人认为女子到14岁的时候会来月经，从这时起女孩儿就不再留刘海儿发型，而要把头发盘起来，也就是“发髻”。媒婆一看就知道可以给这个姑娘提亲了。

由此可见，当看到一女子头发盘起，而且还插了簪子，这就说明她已经为他人妇。

现代还有人用兽皮制衣吗

说到用兽皮制作衣服，现在的人都觉得那是原始社会的事情了，哪还有现代人直接穿兽皮的呢？事实上，这种现象就是在现代社会也是存在的。

中国东北的赫哲族是一个古老的民族，他们世世代代以捕鱼为生，以鱼肉为粮食，甚至以鱼皮为服装，以鱼骨为装饰品。这种独特的鱼文化在中国各民族中恐怕是绝无仅有的，难怪赫哲族在历史上曾被称为“鱼皮部”。

在《桦川县志》《西伯利亚东偏纪要》《皇清职贡图》等古代典籍中，都对赫哲族人的服饰有所记述，足见赫哲族人制作鱼皮服饰的历史非常久远。

赫哲族人制皮用的鱼，都是重达几十斤甚至几百斤的大鱼。制皮时，先将鱼皮整张剥下，去鳞后晒干，再经过揉搓、木槌捶砧等“熟皮”工序，使鱼皮变得像布料一样柔软；然后，用红、黄、蓝、绿等色彩鲜艳的植物染料染色，这样才可以加工成各种衣服。

然而，兽皮衣服却不是赫哲族人所独有的，东北地区许多民族都有制作兽皮衣服的高手，其中，鄂伦春族人制作兽皮衣服的技艺更是胜人一筹。他们喜爱的兽皮衣服有狍皮男女袍、鹿皮裤、狍头皮帽、狍皮袜、各式狍皮手套等。

苗族人的服饰有何特色

走进贵州、广西的苗岭山寨，人们不仅会被这里山清水秀的景色和质朴淳厚的民风所吸引，更会对苗家千姿百态、瑰丽多彩的服饰发出由衷的赞叹。

由于苗族人大多居住在较为高寒的山区，男女的服饰宽大庄重、粗犷厚实、花纹繁多、色彩艳丽。男子一般青布包头，上着大襟或对襟短衣，下穿长裤。女子的服饰与男子相比，则更为多样，有穿大襟右衽上衣和宽脚裤的，也有穿无领上衣和绣有宽大花边衣裤的，更有穿长短不一的百褶裙的，式样非常多。

苗族姑娘人人善于织布、绣花以及制作衣服，并且，还喜欢用自己手织的布料缝制节日和婚事的盛装。苗族的家织布多为蓝紫、乌亮，且结实耐用。它是用蓝靛染料反复染、漂、捶、蒸而成。在家织布缝制的衣装上，勤劳聪慧的苗族姑娘用刺绣、挑花、蜡染等多种技艺点缀上五彩缤纷的民族纹饰，如蝶、鸟、龙、凤等动物纹样，朴实庄重的牛角纹样，以及双狮滚球、瓜瓞绵绵等传统图案。

第十一章 风格多样的古代建筑

中国建筑是中国文化中最具独特魅力的部分，是中国文化的标志和象征。皇家宫殿，封建帝王展示强大权力的雄壮空间；宗堂祠庙，传统家国文化与家族文化的省思舍；私家园林，古代知识分子寻求心灵宁静的乐土。

古代的“水牌”有啥用

水牌是旧时店主人临时登记账目或记事用的，一般是漆成白色或黑色的木板或薄铁板。水牌一般挂在商店的墙壁上，上面记录了一些提醒或告知顾客的内容，类似于现在的通告栏。

“水牌”产生的年代很早，尽管哪朝哪代已不可考，但已被后人所接受并广泛流传下来。在元杂剧《破风诗》第三折中就有这样一句话，“你将这三门闭上，怕有宾客至，你记在水牌上，等我回来看。”由此可见，水牌早已经被大家所接受并广泛使用了。

现在水牌的使用已经越来越广泛，不仅仅局限于酒店，也不简单是店主人的记事簿了。水牌现在成为了很多商场、写字楼、医院等的入口处具有指示意义的牌子，上面标注了商品区、单位、科室所在的楼层等信息。另外，办公楼中的形象标识牌（水牌）主要用于展示企业形象、标示企业位置等，已经是企业文化的重要组成部分了。

由此看来，一个小小的水牌，已经被发扬光大，具有了更加广泛、实用的意义。

傣族人的竹楼怎么盖

在现代社会，真正意义上的竹楼已经所剩无几了，绝大多数的竹楼应该叫作木楼，甚至有的竹楼的木桩也被砖、水泥等建筑材料所代替。

真正意义上的傣族的竹楼，属干栏式住宅。它的房顶呈“人”字形，由于热带雨林气候的影响，当地降雨量大，这样的房子利于排水，不会造成积水的情况出现。一般傣族的竹楼为上下两层的高脚楼房，高脚是为了防止地面的潮气。竹楼底层一般不住人，是饲养家禽的地方；上层为人们居住的地方，是整个竹楼的中心。

竹楼的所有梁、柱、墙及附件都是用竹子制成的，竹楼上的每一个部分都有不同的含义。竹楼的顶梁大柱被称为“坠落之柱”，这是竹楼里最神圣的柱子，不能随意倚靠和堆放东西，它是保佑竹楼免于灾祸的象征。人们在修新楼时常会弄来树叶垫在柱子下面，据说这样做会更加坚固。除了顶梁大柱外，竹楼里还有分别代表男女的柱子，竹楼内中间较粗大的柱子是代表男性的，而侧面的矮柱子则代表着女性，屋脊象征凤凰尾，屋角象征鹭鸶翅膀。如此说来，走进竹楼就好像走进了傣族的历史和文化。

为什么说客家土楼是神话般的建筑

神话般的建筑，并不是神话中虚无缥缈的那种建筑物，而是真实存在于现实生活中的建筑，这种建筑就是客家土楼。由于土楼独特的造型、庞大的气势及防潮抗震等优势，被公认为世界上独一无二的、神话般的民居建筑。土楼属于集体性建筑，其最大的特点在于其造型大，无论从远处还是走到跟前，土楼都以其庞大的单体式建筑令人惊叹，其体积之大，堪称民居之最。

客家土楼是以土作墙建造起来的集体建筑，呈圆形、半圆形、方形、四角形、五角形、交椅形、畚箕形等，各具特色。其中以圆形土楼最引人注目，当地人称之为圆楼或圆寨。圆楼的直径大约为五十余米，三四层楼的高度，共有百余间住房，可住三四十户人家，容纳二三百人。大型圆楼直径可达七八十米，高五六层，内有四五百间住房，可住七八百人。土楼这种民居建筑从一个侧面也体现着客家人聚族而居的民俗风情。

土楼结构有许多种形式，其中一种是内部有上、中、下三堂沿中心轴线纵深排列的三堂制。在这样的土楼内，一般下堂为出入口，放在最前边；中堂居于中心，是家族聚会、迎宾待客的地方；上堂居于最里边，是供奉祖先牌位的地方。除了结构上的独特外，土楼内部窗台、门廊、檐角等也极尽华丽、精巧，是我国民居建筑中的一朵奇葩。

蒙古包有哪些独特的优点

蒙古包是蒙古族牧民居住的一种房子，建造和搬迁都很方便，适于牧业生产和游牧生活。蒙古包是圆形的，在古代又称为穹庐、毡包或毡帐。但是，蒙古包为什么是圆形的呢？

首先，在几何学上，周长相等的几何形状中，圆的面积比其他任何形状的面积都大。

其次，圆柱形具有最大的支撑力和向心力。除此之外，就是因为它在大风雪中阻力小，地震的时候不会变形，顶上又不积雨雪，寒气不易侵入，既暖和又安全。

圆形的蒙古包，无棱无角，呈流线型。包顶为拱形，其承受力最强，包身近似圆柱形，上下形成一个强固的整体。因此，草原上的沙暴和风雪，不会使蒙古包陷于灭顶之灾。搭盖坚固的蒙古包，可以经受冬春的十级大风，由于包顶为拱形存不住水，下雨落雪的时候，就不会积水。基于这些原因，所以蒙古包就建成圆形的了。

哪个地方的地窨院独具特色

山西平遥县境内沟壑纵横，仅土沟就有几十条，支沟、毛沟更是数不胜数，自古以来人们就用“平陆不平沟三千”的俗语来描绘它。正是因为这种特殊的地理环境，形成了这里独特的民居建筑——地窨院。

农家的地窨院一般长宽三、四十米，深约十多米。其建造方法是先选择一块平坦的地方，自上而下挖一个天井似的深坑，形成露天场院；然后在坑壁上掏成正窑和左右侧窑，为一明两暗式结构；再在院角开挖一条长长的上下斜向的门洞，院门就在门洞的最上端。一般向阳的正面窑洞住人，两侧窑洞则堆放杂物或饲养牲畜。地窨院里一般掘有深窖，用石灰泥抹壁，用来积蓄雨水，以供人畜饮用。为了排水，人们会在院的一角挖个大土坑，俗称“旱井”或“干井”，使院中雨水流入井中，再慢慢渗入地下。多数农家则在门洞下设有排水道，以免暴雨时的雨水灌入窑洞。

供人居住的窑洞上面多为打谷场，窑洞凿洞直通上面作为烟囱。不少人家院内作粮仓的窑洞，也凿洞直通地面的打谷场，碾打晒干的粮食，可从打谷场通过小洞直接灌入窑内仓中，平时则在洞口加盖石块封住，既节省力气又节省时间。

地窨院组成的村落，往往不会被人所注意，只有当人走到跟前的时候，才能发现原来这是一个村子。

傈僳族为什么住“千脚落地房”

被称为“千脚落地房”的傈僳村寨都建在怒江上游峡谷的崇山峻岭之间。虽然说“千脚落地”是有些夸张，但这也形象地说明了当地的气候特征和山高坡陡的地理条件。

在雨季时，“千脚”阻力最小，使山洪顺利倾泻而下，又很快干爽，免受潮气。而且，不用兴师动众地挖土、打地基以及运送木料，只需要就地取材。同时，对木料没有过高要求，长短皆用，从而使高山峡谷的生态环境得到保护。说“千脚落地”，是因建房时先在确定的屋基上依斜坡程度和住房面积打进数十根到百余根木桩为基桩，从而保证居室楼板的平正。

基桩打好后，除四面留几根高柱作为整个房屋的立柱外，在密集木桩所形成的平面上满铺竹篾编织的楼板，还有竹篾围墙，所有结构皆用竹篾绑扎。屋顶铺苫草或盖木片瓦，近几年，已陆续换上了大块的水泥波形瓦。房门开在山墙一侧，有廊道，可作晒台，平时穿的衣服都搭在这儿，同时，这也是妇女们做针线活的地方。

千年的封闭，使得傈僳族人所居住的地区保留了完好的古代民居建筑，而这些民居建筑也体现出了傈僳族人的智慧。

徽派建筑的自身特点是如何形成的

徽州古民居的围墙一般很高。因为徽州男人大都在外经商，所以这道墙既起着防盗的作用，又禁锢着女性。然而，单纯的高会给人一种阴沉压抑的感觉，故而在围墙上又常用黟青石双面镂空雕刻着两扇窗，图案往往是喜鹊登梅，喻寒尽春来的喜讯。

徽州古民居多开圆门，告诫邻居之间要和和气气。门面是一家人身份修养的首要象征，就像是人的脸面一样。普通百姓只在门上面小屋檐处雕一些精致的图案，门枕则修成石鼓状。而有钱人家的门则是另一番景象，如在西递正街建于清代康熙三十年的“大夫第”，临街彩楼正处于街角，门就在下面。并且大门后有三扇门，中门是红白喜事或来了尊贵的客人才打开；左右两门，左文右武，而这样的样式则是仿造宫门的样子造的。

徽州古民居都设有天井，最大的有“三十六个天井，七十二个槛窗，一百多个门庭”，它们起着通风透光的功用。在正厅，一般都有供桌，供桌上往往摆着一面镜子和两方笔筒状的瓶子。这两样东西并不是显示主人高雅的，那两方笔筒状的瓶子是用来放主人帽子的。帽子放在瓶上，表示主人在家；反之，则表示主人外出。

“船形屋”有着怎样的传说

“船形屋”顾名思义，就是像船一样的屋子。只不过，它们不是建在水

上，而是建在陆地；房屋也不是船，而呈船形。

船形屋又可称“船形茅屋”，黎语称之为“布隆亭竿”或“布隆篝峦”，是海南黎族人的传统民居。民居的样子就像是翻过来扣在地上的船，虽然结构和装饰上有很多变化，但大体上的样式是不变的。这种民居形式是怎样来的呢？

相传，古时候有一个皇帝，他的女儿青青公主爱上了一个名叫红红的男青年。糟糕的是，红红只是一名清洁工，这自然是皇帝所不能容忍的。但多次的刁难却无法将这对恋人分开，于是皇帝将他们一起赶出了宫门。按照皇帝的旨意，侍卫们将青青公主和红红放在一只小木船上。木船随波逐流，一直向南漂到了海南岛上。见岛上风景优美，青青和红红就在这里住了下来，生儿育女，他们便成了黎族人的祖先。

因为他们是坐船来的，为了纪念他们，后人就一直住在用树枝和茅草搭成的船形屋中。

云南的团山村有多久的历史了

在云南省建水县境内，有一个很独特的山村——团山村，村子不大，却有着几百年的历史。当春天来临时，村子背靠的山和面临的坝子都绿意融融。之所以说这个小山村奇特，是因为这个静悄悄的小村子实际上就是一个颇具规模、历经六百年风雨仍保存完好的汉族民居，这在少数民族边远地区实属罕见。

团山村如今保留有东、南、北三座寨门，其中一座名为“锁翠楼”，街道用大青石板铺就，具有雄壮气势的大门象征着主人财源广进和高贵的地位，斗拱飞檐高高挑起指向云天。团山村民居的布局和装饰与江南民居有相似之处。所有建筑一律坐西朝东，屋面为青瓦，白灰粉饰外墙，青砖作墙裙，每座房屋都以天井为核心，大门多在主体建筑一侧，通过形状不一的过道，到达主体院落，有一进院、二进院、三进院，平面布局包揽了云南传统民居中“四合五天井”“三坊一照壁”“跑马转角楼”等主要形式。

团山村现保存完好的汉族传统民居和古建筑有21座，而团山村的后人们就

在这令人羡慕的老宅内过着自给自足的生活。

紫禁城的三大殿院为何不种树

气势恢宏的紫禁城在作为皇城的时候，是不种一棵树的。有人认为三大殿院内不种树，主要是出自烘托意境的需要。这种说法具有一定的道理。

从位置上说，故宫三大殿居整个外宫建筑的中心，也是整个北京城的中心。为了突出这组宫殿的威严气势，建筑上采取了许多手法，其中之一就是院子中不种一棵树。从皇城正门天安门起，经端门、午门、太和门，这之间的一系列庭院内都无树木(现在端门前后的树是辛亥革命以后种植的)。当时人们去朝见天子，进入天安门，经过漫长御道，在层层起伏变化的建筑空间中行进，会感到一种无形的、不断增长的精神压力，最后进入太和门，看到高大巍峨的大殿，这时候这种精神压力达到顶点。宽阔的广场、蓝蓝的天空，把三大殿映衬得更加威严壮观。而这，正是至高无上的皇帝对自己臣民所要求的。如果在这些庭院内都种上树，绿荫宜人，小鸟鸣叫，那将会破坏朝廷的威严氛围。

故宫三大殿上没有树木的第二个原因是来源于古代的五行相克学说。古人认为，皇帝在五行中属“土”，“木”克“土”，因此没有“木”。太和殿、中和殿及保和殿的台基就是一个坐北朝南的“土”字。此外，还有一个原因是谨防刺客进入，以保证皇帝的安全。

古代的东北人真的住过雪屋吗

一提起民居建筑，人们就会认为它不是木头的，就是砖瓦的。其实，在我国东北地区，还有一种独特的冰雪建筑。东北地区的古代居民为了在冰雪自然环境中生存，“常为穴居，以深为贵。”在这样的洞穴中，首先想到的自然是取暖问题。古人们在洞穴中生一堆火，周围铺着树枝、柴草或皮张，用这样的方式来取暖。还有“筑城穴居”，或“冬则入山，居土穴中”。

尽管非一日之冰，可冻三尺土深，而人居九尺地下，又燃一柴火，则可以

御寒。若有山洞，其深更远，再有火燃，就更适于人居了。但由于地下采光和通风条件差，加上人们可以利用木材，这样，人们开始从深地下走上浅地下。

我国东北地区的鄂伦春族人在冬季外出狩猎时，就会挖雪屋过夜休息。猎人们挖一深雪坑，四角插上木杆，上覆熊皮，雪屋内燃一堆篝火，下铺野猪皮作卧榻。

吊脚楼是怎么形成的

吊脚楼，是湘西地区一道靓丽的风景。这种建筑的形式，据说与一个神话传说有关。

相传，土家族人祖先因家乡遭了水灾才迁到鄂西来。那时，鄂西古木参天、荆棘丛生、豺狼虎豹遍地都是。土家族的先人们搭起的“狗爪棚”常遭到猛兽袭击。人们为了安全，就烧起树蔸子火，并在里面埋起节节竹子，用火光和爆竹声吓走野兽。可是，人们依然会受到毒蛇、蜈蚣的威胁。后来，一位土家族老人想到了一个办法：他让小伙子们利用现成的大树作架子，捆上木材，再铺上野竹树条，再在顶上搭架子盖上顶篷，修起了大大小小的空中住宅，吃饭、睡觉都在上面，并且从此再也不怕有毒蛇猛兽来袭击了。

后来，这种“空中住房”被渐渐地传开了，人们都按照这个办法搭建起了“空中住宅”。再后来，这种“空中住宅”就演变成了现在的吊脚楼。

“推出午门斩首”一话从何而来

大家在古装影视剧中经常能够看到处决犯人要在午门进行，而午门则基本上就成为了刑场的代称。那么，午门怎么就成了处决犯人的地方呢？

午门是紫禁城的正门，位于紫禁城南北轴线，建于明代。明代，如果大臣触犯了皇帝的尊严，便会以“逆鳞”之罪，被绑出午门前御道东侧受“廷杖”之刑。起初只是象征性地打，后来慢慢就出现了在午门前打死人的事情。如明正德十四年（1519年），皇帝朱厚照不顾人民疾苦，又要赴江南选美女。

为此，群臣上谏，而朱厚照则发怒下令廷杖大臣130余人，并且当场就打死11人。此外，明嘉靖皇帝朱厚熜，继承其堂兄朱厚照的皇位后，欲追封自己的生父兴献王为帝，遭到大臣们的抵制。群臣100多人哭谏于左顺门，而朱厚熜则下令施行廷杖惩罚，当场毙命17人。正因如此，后来一直到清代，午门就演变为专门处罚大臣的地方了，从而使民间有了“推出午门斩首”之类的说法。

最能代表山西建筑风格的建筑是哪处

在山西古建筑中，形成了各种各样的大院文化，其中最典型的就是乔家大院。乔家大院位于今山西省祁县的乔家堡村。

乔家大院是在一个方形的城堡内，中间有一条巷道，巷道的一头是大门，对准大门的另一头是祠堂；巷道的左右各有三个大门，共有六个院落，每个院落中又是两三进的小院，院子左右两侧还有侧院，房屋共计313间。正是这些复杂的建筑，共同构成了富有变化的乔家大院。

与乔家大院同样闻名的渠家大院，位于祁县县城东大街路北，是清末民初显赫一时的名门望族、晋商渠源浈的宅院。大院占地5217平方米，内分8个大院，中套19个四合式院落，房屋共计240间。大院同样也是建成城堡的样子，墙头有垛口式女儿墙。宽敞高大的阶进式大门洞，上面高耸着一座玲珑精致的眺阁，显得巍峨壮观。

如今，昔日的富商消失了，但他们留下来的这些大院却诉说着当年晋商的辉煌历史。

哈尼族居住的房子有着怎样的传说

哈尼族民居的建造，充满着神话般的传奇色彩。传说远古时，哈尼族人住的是山洞，山高路陡，出门劳作很不方便。后来，他们迁徙到一个名叫“惹罗”的地方时，看到满山遍野生长着许多的蘑菇，而且发现蘑菇不怕风吹雨打，还能让蚂蚁和小虫在下面做窝栖息。于是，哈尼族人建造了像蘑菇一样的房子。

哈尼族居住的房子由土基墙、竹木架和茅草顶构成。屋顶为四个斜坡面。房子分三层，底层用来关牛马、堆放农具等；中层用木板铺设，隔成左、中、右三间，中间设有一个常年烟火不断的方形火塘；顶层则用泥土覆盖，既能防火，又可堆放物品。这样的房子从外形上来看，就像一个硕大的蘑菇。

房屋建筑以土石为主要墙体材料。屋顶有平顶的“土掌房”和双斜面四斜面的“茅草房”。因地形陡斜，缺少平地，平顶房较为普遍，既可防火，又便于用屋顶晒粮，从而使空间得到充分利用。

现在，经过改进的蘑菇房将传统和现代相融合，成了一道奇妙的景观。

彝族的“土掌房”有哪些特色

在滇南的彝族地区，有一种建在斜坡上的平顶房。远远望去，高低错落的平顶似阶梯级级而上，显得十分整齐、稳重，这就是被人们称为“土掌房”的彝族民居。

“土掌房”的建筑结构，以块石为墙基，用土坯砌墙或以土筑墙。有的大梁架在木柱上，担上垫木，铺上茅草或稻草，草上覆盖一层稀泥，再放上细土捶实而成屋顶。有的梁放置于墙上，梁上铺以木板、木条、树枝或竹子，上面再铺一层土，经洒水抿捶，形成平台屋面，这样修成的屋顶，滴水不漏，而且非常结实。平台屋面既是屋顶，又可作粮食物品的晒场。

“土掌房”结构简单，经济实惠，比建盖土木结构的瓦房省工、省料、省钱，比建盖草顶房又整洁、牢固结实，还具有冬暖夏凉、防火性能好的优点。只要注意保养平台屋面，一般可住数十年或上百年，即使须翻修更新，也较其他建筑省力。因此，“土掌房”这种建筑也逐渐被居住在这里的其他少数民族同胞接受。

“悬空村”在哪里

说起山西浑源的悬空寺，很多人都知道。如果有一座村庄整个都悬挂建

在山腰之上，你一定就会感到惊奇了吧。但是，偏偏就有这样一个村庄是建在半山腰上的，看起来像是悬挂在半上腰上似的。这个地方就是黄土高原上的宁武。

宁武是山西黄土高原上的一颗绿色明珠，几十万亩原始次生森林将一个名叫“王化沟”的小村深匿其中。王化沟村不上不下，整个位于半山腰上，村庄顺崖就势而建，从谷底仰望，整个村庄就好像是空中楼阁一样。“悬空村”的房屋错落有致，户户相连，有的甚至还是二层小阁楼。村民的牛、羊、骡圈等也建在悬崖绝壁边上。整个村子面向峡谷，前半部分多以木柱支撑，悬空而建。在其前面加宽，铺就木板，便是村中唯一长约不到一公里的道路，形成了罕见的“空中栈道”景观。

“悬空村”犹如南方的吊脚楼群，孤居在这遮天蔽日的森林之中，构成了一幅山野幽居图。置身石屋楼阁，凭栏放眼，沧海绿浪，满目碧野。每逢雨雪之后，“悬空村”更是万里云雾、银海茫茫，蔚为壮观。

矮脚竹楼长啥样

景颇族民居适应其所在地区的自然地理条件，多架空楼居，并且分低楼和高楼两种。这些村寨里的居民大多以山区的竹木为材料，背水而建，片竹或圆竹作墙，草顶与屋面呈倒梯形，屋脊向山墙方向伸出以获得较好的防雨效果，所形成的梯形屋顶、四壁低矮的竹楼外貌，类似于傣族竹楼，故称为矮脚竹楼。

大山深处散居的景颇族民居都是传统干栏式竹木结构的草房，房架用带树杈的木柱支撑，以藤条绑扎固定，房顶覆盖茅草，墙壁和楼面均为竹篾编织而成，有晒台。

长条式的房屋都在较集中的村落，房屋脊长檐短。其中，以低楼居多，当地称为“猪脚屋”。低楼架空离地面不到一米，四壁低矮无窗，在山墙入口处有宽而长的前廊，是家人乘凉和主妇日常劳作的主要场所。前廊的屋面悬挑出来，三面临空，以独木梯或矮梯上下。房屋一端有一中柱露出屋顶并向前延伸，再立柱支撑形成小亭间，是舂米、喂猪及制作工具的地方。室内以布帘自由隔间，也有用竹席隔间的，但都不到屋顶，每间都有火塘，以便夏天驱蚊、冬季烤火。一般以中间一间做厨房、设吊架。居室内大都不设床铺，人们习惯席楼板而卧。

古时的陕北人为何钟爱窑洞

进入陕北地区，随处都可见到一排排的窑洞或傍山而建，或平地而箍，或沉入地下筑成天井式院落。窑洞的门脸，一般由砖砌成，门窗为木结构，雪白窗户纸上贴着艳丽的窗花，窗台门边挂着一串串红辣椒，这样的情景构成了黄土高原上独特的农家风情。

窑洞是由古人居住的洞穴发展而来。窑洞主要有三种，石砌的叫石窑；砖砌的叫砖窑；在土崖上挖出窑洞、安上门窗而成的叫土窑。其中，土窑是当地最具特色的一种民居。土窑大致可分为两种，一种是在黄土断崖边，并列向里掘入，成为若干互不相通的单窑；另一种自平地掘入，先成一大平底四方井，然后从三壁各自向里挖成若干单窑，一壁留出通道；更有自井外地面掘斜洞以通于阱中，成为过道。

土窑的平面呈长方形，顶为拱券形，洞口安装木制门窗，一般在门上方开一窗，与门的宽度一致；门旁开一大窗，与门的上窗齐平，最上部留有一个通气的小窗孔，俗称“一门三窗”。为了防止坍塌，有的窑洞在窑壁内竖木柱，架拱梁，贴卧几根长木做成“窑楦”，以撑托窑顶。人们还用木料、石料在窑前筑成走廊，称为“穿厦”，这样的走廊既可以防止雨水冲刷窑面，又显得美观大方。

窑洞一般修在山腰或山脚下的向阳之处，窑洞上面多栽有草木花卉。窑洞上还可以行人走车，因此古人有“车马还从屋上过”的诗句来形容此现象。

白族人的房子为什么要建封火墙

云南大理地区的白族，是一个很讲究居住环境的民族。他们的住房，素以整齐、庄重、轩昂、精致的特点享誉中外。大理白族村寨中的民居，一般多

为砖木或木石结构，非常坚固。村民们既能用规则整齐的石块垒房，也能用圆滑的卵石砌起高墙，而且非常坚固，由此证实了白族人高超的建筑技艺。白族民居基本上是独立的封闭式住宅，四周围有高墙，一家几代全居住在内，山墙到顶并挑出屋面，俗称“封火墙”，有防止邻居火灾波及的作用。在现代人看来，这样的建筑简直是不可思议的。

房屋的建筑布局多为“三坊一照壁”和“四合五天井”式。一些豪门大户还有“一进五院”的庞大群体住宅，当地美其名曰“六合同春”。这些房子的院落宽大开阔，阳光充足，地面多用石板或卵石拼花铺成，古朴雅致，别具特色。中国各地民居多为坐北朝南，这样才向阳背风，温暖舒适，可是大理白族的民居却都坐西朝东，这也是与当地的自然地理环境所息息相关的。

布依族人为何以石板建房

生活在云贵高原的布依族人所建造的民居多为前半部正面是楼，后半部背面是平房式的半边楼，这种楼又叫作石板房。石板房，顾名思义，就是用石头作为材料而建造的房子。布依族人所居住的地区盛产优质石料，因此他们便因地制宜，就地取材了。

石板房以石条或石块砌墙，墙可垒至5至6米高；以石板盖顶，风雨不透。总之，除檩条、椽子是木料外，其余全是石料，甚至家用的桌、凳、灶、钵都是石头凿的。一切都朴实无华，固若金汤。但是，这种房子的缺点就是采光较差。

石板房很讲究装饰。装饰的花样很多，主要用于基、础、墙、晒壁、门、窗、隔壁及屋面上，式样有线条和图案。石板房的装饰，每一图案及图案符号都有一定的象征意义，如有的是吉祥如意的象征；有的是六畜兴旺、人丁发达的象征；有的是为了辟邪。这些线条和图案共同构成了石板房的文化内涵。

什么样的建筑才能称作自由式建筑

所谓自由式民居，就是指不采用院落形式、不注重房屋形式和造型的民居建筑。这样的民居，主要分布在南方乡野和小城镇。自由式民居冲脱了礼制的约束，组合灵活、多样，其造型特点如下。

（1）多数是在平面和屋顶都相连的一栋建筑上。这样的建筑，通常都是内部上下左右都有可联通的走廊，外向则开敞显露，不用院墙，与自然溶成一体。

（2）形式自由，不求规整对称。或屋坡前小后大，或楼房与平房毗连，或屋顶上有部分高出为阁楼等；平面有一字形或各种无以名之的形状；内部空间富于变化；地面随基地标高的不同，不同室可以有高有低，同室也可不在同一平面。总而言之，这样的建筑完全视具体情况来定，而不是要按照严格的图纸来建造的。

（3）这些变化多是使用称为“穿斗架”的一种民间轻便构架完成的，仅只作一些简单的处理，便可巧变万端，显示了极大的灵活性。

（4）所用材料都是最易得、最经济的产品，以小青瓦或茅草铺顶，以小青砖、编笆抹灰、木板、乱石、块石或泥土筑墙。木不加彩，墙圬而已，随宜而用，形成色彩、肌理、质感的自然对比。墙面上自然暴露木结构，显出其结构穿插之美，而有一种单纯、天真的趣味。

东北的满族人住什么样的房子

“口袋房，万字炕，烟囱出在地面上。”这是东北地区满族民居的形象描绘，并生动地反映了满族民居的建筑风格。

因为“口袋房”外形像口袋和斗形而得名为“斗室”。一般是三至五间，坐北朝南，房顶用草苫，周围墙多用土垒成；门大多开在东边，也有的中间开门，称“对面屋”；进门便是伙房，又称外屋；西侧或东西两侧为里屋，即卧室，并且卧室筑有南、北、西三面构成的火炕，这是满族卧室的最大特点。按满族习俗，西炕上供着神圣的“窝撒库”，是神圣和尊贵的地方，不能堆积杂物，就连贵客也不能坐西炕；南炕温暖、向阳，一般由长辈居住；晚辈则住北炕。

烟囱建在屋侧，高过屋檐数尺，通过孔道与炕相通。除用空心木外，烟囱

多用土坯或砖砌成。房门多为两层，内为两扇门板，有木制插销；外为单扇花格门，外糊以纸。

满族认为，“四世同堂”或“三世同堂”是件大喜事，同堂的辈行越多越光荣。因此，随着人口的增加，除正房外，又建有东西厢房和南向而中间留有门洞的门房，这种建筑就类似于人们今天所说的“四合院”了。

四合院有哪些特色

四合院，是我国传统文化的象征。“四”是指东西南北四面，“合”是指合在一起，形成一个口字形。因此，单从四合院这个名字上，就可以看出这种建筑形式的基本特征。四合院的布局，是以南北纵轴对称或是独立的院落为基本形式的。按其规模的大小，有最简单的一进院、二进院以及沿着纵轴加多的三进院、四进院或五进院。

四合院的大门，是象征着旧社会主人地位的一个标志。一般来说王府大门是最高形式，其次有广亮大门、如意门等按照品官的大小来造的门。进大门后的第一道院子，南面有一排朝北的房屋，叫作倒座，通常作为宾客居住、书塾、男仆人居住或杂间。通常，由这里经过二道门才能进到正院。这二道门是四合院中装饰得最华丽的一道门，也是由外院进到正院的分界门。

在正院，小巧的垂花门和它前面配置的荷花缸、盆花等，构成了一幅有趣的庭院图景。正院中，北房南向是正房，房屋的开间进深都较大，台基较高，多为长辈居住。东西厢房开间进深较小，台基也较矮，常为晚辈居住。正房、厢房与垂花门用廊连接起来，围绕成一个规整的院落，构成整个四合院的核心区域。过了正房向后，就是后院，多为女佣人居住，或者为库房、杂间。

第十二章 多姿多彩的饮食起居

饮食起居是人们日常生活中最基本、最起码的物质需求，是最活跃的事项，它与社会物质生产水平，人们的生活方式、文化素养以及所处的自然环境相适应，包含了人类的智慧。“美肉鲜鱼盘中珍”，“朝南建起三间屋，世世代代享清福”，“吃陈粮，烧陈草”，整个衣、食、住、行，古今上下，无时无处不在，且处于不断发展变化之中。

盆景具有哪些艺术特色

盆景是中华民族的优秀传统艺术之一。它以植物、山石、土、水等为材料，经过艺术创作和园艺栽培，在盆中典型、集中地塑造大自然的优美景色，达到缩龙成寸、小中见大的艺术效果。同时，以景抒怀，表现深远的意境，犹如立体的山水画。盆景的主要材料本身就取自于自然，具有天然神韵。其中，植物还具有生命特征，能够随着时间推移和季节更替，呈现出不同景色。盆景是一种有生命的艺术品，使自然美和艺术美有机结合，成为富有诗情画意的案头清供和园林装饰，常被誉为“无声的诗，立体的画”。

“花雕酒”这个名字是如何得来的

花雕酒，单单从字面意思来看，很难理解是什么意思。其实，花雕酒是从古时的“女儿酒”演变而来的。

关于花雕酒的来历，清《浪迹续谈》中记述了一个民间传说。从前，绍兴的一个富翁生了一个女儿。在女儿满月的时候，这个富翁便酿了几坛酒放到酒窖里。十八年后，他的女儿要出嫁了，富翁便把当时储藏的酒拿出来，并在酒坛外面绘上“龙凤吉祥”“花好月圆”“送子观音”等喜庆图案，作为女儿的陪嫁礼品。后来，这渐渐成为当地的一种习俗。因为酒坛外面漂亮的彩色图案，人们就把这种酒形象地叫做“花雕”。此后，“花雕”也成了绍兴人希望家里人丁兴旺的一种祝福。时至今日，若某人家生了女儿，大家就会戏称“恭喜花雕进门”。

古人在冬至时吃什么

冬至这天，是古人十分重视的节日，因此在这天大多边塞闭关，商旅停业，朝廷不理事，官衙放假，亲朋好友之间还要相互宴请，从而产生了如“吃冬至肉”“献冬至盘”“供冬至团”“馄饨拜冬”等习俗。

“吃冬至肉”是南方冬至扫墓后同姓宗族祠堂按人丁分发“胙肉”的古老食俗。当然，这样的习俗也有很多讲究。分肉的时候，要按照地位、学识的高低来分，以便用这样的方法来鼓励知识分子。同时，还要优先照顾老人，以示敬重。冬至肉用祠堂公积金或富家捐款购置，由族长主理其事。

“供冬至团”这种习俗流行于江南地区。冬至团是以糯米粉为面团，内包肉、菜、糖、果、赤豆沙、萝卜丝等蒸成，主要用来作供品，同时也是冬至宴上的必备食品之一。

“馄饨拜冬”是北方的一种冬至习俗。《帝京岁时广记》里说，之所以选用馄饨拜冬，是因为“夫馄饨之形有如鸡卵，颇似天地混沌之象，故于冬至日食之”。

油条是怎么来的

你知道“油炸桧”是什么东西吗？其实，油炸桧就是今天大家所说的油条。

相传公元1141年春，南宋宰相秦桧，连下十二道金牌将岳飞骗回京城，关进大牢。第二年春，秦桧等人以“莫须有”的罪名，将岳飞杀害于“风波亭”。

消息传出，京城百姓无不悲伤。当时“风波亭”旁的一个小摊上，正在卖烧饼的摊主听说这个消息后，悲愤满腔，不由自主，将面团就捏成了秦桧和他老婆的模样。他先刀切秦桧颈，后剖王氏腹，再将他们两个拧在一起，觉得还是不解恨，便又投入油锅中炸，表示油炸秦桧和王氏。围观的群众争相购买食之，以解心中之很。前来购买“油炸桧”的人越来越多，大家纷纷围上前来，一边自己动手做，一边大声吆喝：“都来油炸桧，都来油炸桧！”从此，“油炸桧”就很快传开了，后来人们逐渐减称其为“油条”。小小的面食也承载着普通老百姓惩恶扬善的愿望。

古人从什么时候起变成一日三餐

汉代以前，人们一日只吃两餐，当时人们认为，只要是一日用过两餐，便意味着一天的时间就过去了。这也是由于当时农业不发达而导致的。所以，古时候，在不应进餐的时间用餐，会被认为是一种越礼的行为或特别的犒赏。

那么，什么时候又由“一日两餐”演变为“一日三餐”的呢？据《史记·项羽本纪》记载，项羽听说刘邦欲王关中，便下令将一日两餐改为一日三餐，借此犒劳将士，激发士气。当刘邦知道后，便也效仿项羽，借此来鼓舞士气。汉代以后，一日三餐或一日四餐的习惯就流下来了。并且，三餐开始有了早、中、晚饭的分别。经过不断地演变，时至今日，我国不论南方北方，人们普遍习惯于一日三餐了。同时，从另一个角度来看，历史演变形成的一日三餐制，也是有科学道理的。

东坡肉是苏东坡发明的吗

东坡肉是杭州传统风味菜肴中的一道名菜。此菜具有色泽红艳、汁浓味醇、肉酥烂而不碎、味香酥而不腻的特点。说起“东坡肉”的来历，还流传着一段有趣的故事。

当年，苏东坡触犯了皇帝，被贬到黄州。闲下来的苏东坡经常亲自烧菜，并与朋友们一同“品尝”。后来新皇帝即位，苏东坡被重新起用调到杭州做官，此时西湖已被葑草淹没了大半。他发动数万民工除葑田、疏湖港，把挖出来的泥堆筑成长堤，就是后来的“苏公堤”。为了感谢苏东坡对当地所作出的贡献，杭州的老百姓逢年过节时就给苏东坡送猪肉。苏东坡收到猪肉后，就叫家人把肉切成方块，用自家的烹调方法烧制，连酒一起按照民工花名册送给每家每户。但家人烧制时，把“连酒一起送”听成了“连酒一起烧”，没想到这样烧制出来的红烧肉味道更加鲜美，吃到的人都赞不绝口，后来就被人们命名为“东坡肉”了。

“逍遥鸡”是哪里的名吃

“逍遥鸡”是安徽省合肥市的美食一绝，为历史名菜。它用整鸡制作，入口香酥麻脆，食后留香长久，并且风味独特。

相传在赤壁大战前夜，曹操突然卧病不起，只得在逍遥津暂作休息。眼看破吴在即，大军却群龙无首，曹操军中上下个个焦急万分。曹军在曹操亲自指挥作战过的“教弩台”下，日夜加紧操练。这天正演习时，忽有个庐州人献上“秘方”。随行军中的大厨师根据“秘方”，捉来一只斤半大小的当地“伢鸡”，配中药和好酒卤制后送给丞相吃。曹操已多日吃不下饭，勉强支撑进食。然而，曹操吃了第一口后，顿时觉得此鸡肉味美无比，不觉食欲陡增，竟一口气吃下大半只鸡。而后，厨师连做三次，曹操都吃个精光，身体很快恢复了健康。

此后，曹操行旅所到之处，必定专请厨师餐餐准备此鸡，并且不住地向身边人夸赞说：“真乃美味逍遥鸡也。”“逍遥鸡”因此出了名。

饺子的历史有多久

我国北方人有一种习俗，逢年过节，迎亲待友，总要包顿饺子吃。其实，现在的人不知道，在古代，“饺子”也叫“角子”。

早在三国时期，张揖所著的《广雅》中就提到这种食品。它是一种融合几个朝代的“偃月形馄饨”和“燥肉双下角子”制作发展而来的，距今已有一千四百年的历史了。

“饺子”在其漫长的发展过程中，名目繁多，古时有“牢丸”“扁食”“饺耳”“粉角”等名称。唐代形象地称为“汤中牢丸”；元代称为“时罗角儿”；明代称为“粉角”；清代称为“扁食”。

清代有史料记载说，每年初一，无论贫富贵贱，都要用白面来做饺子吃，举国上下无一例外。不同的是，富贵人家暗以金银小锞藏之饽饽中，以借喻顺利，家人食得者，则终岁大吉。由此可见，新春佳节人们吃饺子，寓意吉利，以示辞旧迎新。

粤菜都以什么为食材

粤菜，即广东地方风味菜，是我国著名八大菜系之一，它以特有的菜式和韵味，独树一帜，在国内外享有盛誉。“粤菜”由广州菜、潮州菜、东江菜等组成，而以广州菜为代表。它有着悠久的历史。

粤菜系的形成和发展与广东的地理环境、经济条件和风俗习惯密切相关。广东地处亚热带，濒临南海，雨量充沛，四季常青，物产富饶。故广东的饮食，一向得天独厚。

早在西汉《淮南子·精神篇》中就载有粤菜选料的精细和广泛，而且可以想见千余年前的广东人已经对用不同烹调方法烹制不同的美味游刃有余。在此以前，唐代诗人韩愈被贬至潮州，在他的诗中描述潮州人食鲎、蛇、蒲鱼、青蛙、章鱼、江瑶柱等数十种异物，感到很不是滋味。但到南宋时，章鱼等海味已是许多地方菜肴的上品佳肴。在配料和口味方面，采用生食的方法。到后来生食猪牛羊鹿已不多，但生食鱼片，包括生鱼粥等的习惯保留至今。而将白切

鸡以仅熟、大腿骨带微血为标准，则于今仍是如此。粤菜以其刀工精巧、配料讲究、口味注意清而不淡诸特点，表现得十分完美。

粤菜还善于取各家之长，为我所用，常学常新。苏菜系中的名菜松鼠鳜鱼，饮誉大江南北，但不能上粤菜宴席。虽粤人喜食鼠肉，但鼠辈之名不登大雅之堂。粤菜名厨运用娴熟的刀工将鱼改成小菊花型，名为菊花鱼。如此一改，能一口一块，用筷子及刀叉食用都方便、卫生。苏菜经过改造，便成了粤菜。

川菜是何时形成的

川菜是一个历史相当悠久的菜系，其发源地是古代的巴国和蜀国。川菜系的形成时间，大致在秦始皇统一中国到三国鼎立之间。当时，四川政治、经济、文化中心逐渐移向成都。同时，也把中原地区先进的生产技术带到了成都，这对川菜的发展起到了巨大的推动和促进作用。

三国时，魏、蜀、吴鼎立，刘备以成都为“蜀都”。虽然全国范围内处于分裂状态，但蜀中相对稳定，为商业包括饮食业的发展创造了良好的条件，使川菜在形成初期便有了坚实的基础。

在唐代，川菜更是脍炙人口。在宋代，川菜已经形成流派，当时的影响已达中原。诗人陆游就有“玉食峨眉木耳，金齑丙穴鱼”的诗句赞美川菜。元、明、清建都北京后，随着入川官吏的增多，大批北京厨师前往成都落户，经营饮食业，从而使川菜得到了进一步发展，逐渐成为我国的主要地方菜系。

“京八件”都包括哪些

“京八件”不是八件物件，而是八样京味食品。“京八件”是指八种形状、口味不同的宫廷糕点，它们是在宫廷“大八件”的基础上发展而来的。

新开发的“京八件”，产品既继承了老北京的糕点制作的艺术特色，又融合了西式糕点的工艺，选用了营养、绿色、健康的玫瑰豆沙、桂花山楂、奶油栗蓉、椒盐芝麻、核桃枣泥、红莲五仁、枸杞豆蓉、杏仁香蓉八种馅料，并配

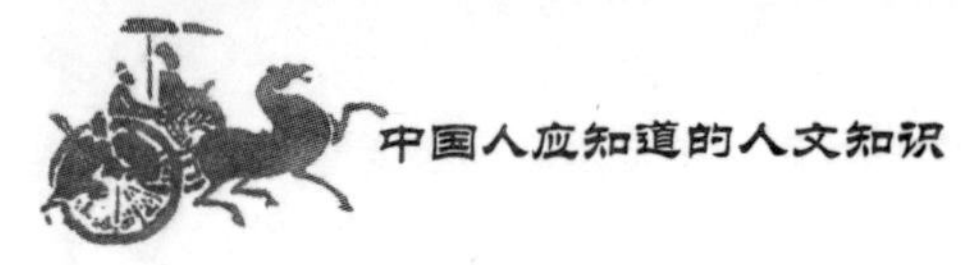

以植物油、蜂蜜等辅料。

传统的“大八件”有以下八种：象征幸福的“福字饼”，象征高官厚禄的“太师饼”，象征长寿的“寿桃饼”，方形带有双“囍”字的“喜字饼”，象征财富的“银锭饼”，像一卷书的“卷酥饼”，谐音“吉庆有余”的“鸡油饼”，寓意年轻夫妇早生贵子、而且要有男有女的“枣花饼”。这八种食品分别象征福、禄、寿、喜、财、文等，故称“大八件”。

“小八件”则是做成各种水果形状的糕点，有小桃，俗称寿桃；小杏，谐音幸运、幸福；小石榴，象征多子；小苹果，寓意平平安安；小核桃，寓意和和美美；小柿子，谐音事事如意；小橘子、枣方子也各有寓意。“小八件”块儿小，重量比“大八件”要轻。此外，还有酒皮“细八件”，用料更讲究，做得更精细。

由此可见，“京八件”不仅味道美，而且寓意丰富，因而受到了人们的喜爱。

火锅有着怎样的发展变更史

现在全国各地都有经营火锅的餐馆，“四川火锅”“重庆火锅”等随处可见，并且很多人也都非常喜欢吃火锅。那火锅是怎么发展来的呢?

火锅，古称“古董羹”，因食物投入沸水时发出的“咕咚”声而得名。它产生的时间很早，具体是在什么时候不得而知。大约几千年前，人们煮食用陶制的鼎，只要是能吃的食物，统统丢入其中，然后在底部生火，让食物煮熟。而这可能就是最早的火锅了。

西周时，铜与铁的发明使“火锅”有了很大的改观。锅用铜与铁制造，与近代的锅非常相近，其导热性更好，更轻便。铜制的锅与陶制的砂锅，到现在还是最实用、最普遍的火锅器皿。

三国时期，魏文帝所提到的“五熟釜”，是可以分几格的锅，可以同时煮各种不同的食物，和现今的“鸳鸯锅”差不多。到了南北朝，“铜鼎”是最普遍的器皿，也就是现今的火锅。演变至唐朝，火锅又称为“暖锅”。到了宋代，火锅的吃法在民间已十分常见。南宋林洪的《山家清供》食谱中，便有同

友人吃火锅的介绍。元代，火锅流传到内蒙古一带，用来煮牛羊肉。清代，火锅不仅在民间盛行，而且成了一道著名的宫廷菜。

看似简单的火锅，经历了数千年的演变，从形式到内容并没有发生太大的改观，是当今老少皆宜的大众饮食。

"涮羊肉"这个名字是谁起的

现在最流行的说法是，"涮羊肉"的起源与元世祖忽必烈有关。据说，当年忽必烈统帅大军南下，一天，忽必烈人困马乏、饥肠辘辘时，他想起了家乡的美食——清炖羊肉，便立即吩咐厨师杀羊烧火。正当伙夫宰好羊的时候，南宋军来袭，厨师急中生智，飞刀切下十多片薄肉，放在沸水里搅拌几下，待肉色一变，以最快的速度捞入碗中，撒上一点细盐，让忽必烈吃。忽必烈吃后觉得非常可口，于是连吃几碗，随后精神大振，翻身上马迎敌，获得胜利。

在庆功酒宴时，忽必烈特别点了那道羊肉片。厨师选了绵羊嫩肉，切成薄片，再配上各种作料，将帅们吃完之后都纷纷称赞。忽必烈问厨师这是一道什么菜，厨师忙迎上前说："此菜尚无名称，请赐名。"忽必烈笑着说："我看就叫'涮羊肉'吧！"于是，"涮羊肉"就这样诞生了。

驴肉含有哪些营养

民间有"天上的龙肉，地下的驴肉"的谚语，以此来形容驴肉之美。为什么要这么说呢？这种说法有什么科学根据吗？

驴肉肉质细嫩，远非牛羊肉可比，有补气、补虚之功，是较为理想的保健食品之一。据《本草纲目》记载，驴肉可以补血、养血，治积年劳损。而研究表明，驴肉含蛋白质25.2%、脂肪4.03%，可见驴肉是高蛋白质、低脂肪食品，而且脂肪中不饱和脂肪酸含量特别高，是真正的健康食品。驴皮含有丰富的胶原蛋白，是世人皆知的补血、补气、养颜、护肤佳品。驴三件（鞭、宝、肾）滋阴壮阳，强肾壮腰，是滋补佳品。

虽然世界上并没有所谓的龙肉，但为了体现驴肉的营养价值之高，人们就想到了用传说中的龙肉来作比较。这也许就是“天上龙肉，地下驴肉”这句话的由来吧。

古人都用什么来做饭

我国古代的炊具主要有灶、鼎、鬲、甑、釜、甗、鬶、斝八种。

最原始的灶是在地上挖成的土坑，直接在土坑内或再于其上悬挂其他器具进行烹饪。秦汉以后，绝大多数炊具必须与灶相结合才能完成烹饪，因此灶成为烹饪的必备设施。

鼎主要是用来煮肉和调和五味的。秦汉时期，鼎作为炊具的意义已大为减弱，逐渐演化成标示身份的随葬品。

陶鬲是炊具，青铜鬲则同时也作为祭祀用的礼器而存在于夏商周时期。

甑就是底面有孔的深腹盆，是用来蒸饭的器皿，今天的厨房器具中仍能见到它的遗风。

釜古代写作“鬴”，实际就是圆底的锅。它产生于新石器时代中期，商周时期有铜釜，秦汉以后则有铁釜，带耳的铁釜或铜釜叫鍪，釜是放置在灶上使用的。

甗是一种复合炊具，上部是甑，下部是鬲或釜；下部烧水煮汤，上部蒸干食。陶甗产生于新石器时代晚期，商周时期有青铜甗，秦汉之际有铁甗，但在东汉之后，甗基本消失，因此现代汉语中没有相关的语汇。

鬶是中国古代炊具中个性最为鲜明独特的一种，只见于新石器时代晚期的大汶口文化和山东龙山文化，其他地域罕有发现。同鬲一样，鬶也是利用空袋足盛装流食而烹煮的，但它因有可以外泄的流和鋬而显得功能更加齐全。

湘菜是如何形成的

湘菜，是我国历史较为悠久的一种地方风味菜系。此菜系早在汉朝就已经形成，其烹调技艺在当时已有相当高的水平。

春秋战国时期，湖南主要是楚人和越人生息的地方，多民族杂居，饮食风俗各异，祭祀之风盛行。每次祭祀活动总是宴饮伴随着舞乐，祀天神、祭地祇、享祖先、庆婚娶、办丧事、迎宾送客都要聚餐，对菜肴的品种也有严格要求，在色、香、味、形上都很讲究。

秦汉两代，湖南的饮食文化逐步形成了一个从用料、烹调方法到风味风格都比较完整的体系，其使用原料之丰盛，烹调方法之多彩，风味之鲜美，都是比较突出的。从湖南长沙市马王堆中轪侯妻辛追墓出土的随葬遗策上可以看出，在两千多年前的西汉，湖南的精肴美馔已近百种，仅肉羹一项就有5大类24种。其中，用纯肉烧的叫太羹，是羹中最好的，共有9种，且均为浓汤。

从出土的西汉遗策中可以看出，汉代湖南饮食生活中的烹调方法与战国时代相比已有进一步的发展，发展到羹、炙、煎、熬等多个品种。而烹调用的调料则有盐、酱、韭、梅、桂皮、花椒、茱萸等。由于湖南物产丰富，素有“鱼米之乡”的美称，所以自唐、宋以来，尤其在明、清之际，湖南饮食文化的发展更趋完善，使湘菜逐步成为全国八大菜系中一支具有鲜明特色的菜系。

古人都用什么喝酒

我国酒的历史源远流长，而用来盛酒的器具也是五花八门、形状各异。那么，我国古代不同时期的酒器有哪些种类呢?

（1）尊：古代用于盛酒的礼器，用于祭祀或宴享宾客之礼，后泛指盛酒器皿。出现在周代。

（2）壶：古代用以盛酒或粮食，后也用于盛其他液体。后世多用“箪食壶浆”来指犒劳军队。

（3）觯：用陶、木、兽角或青铜等材料制成。形状不一，通行者多为圆腹，圈足有盖。盛行于商代及周初。

（4）角：青铜制，形似爵而无柱与流，两尾对称，且有盖，多用以温酒和盛酒。出现在商代和西周初期。

（5）觥：古代酒器。刚开始用兽角，后多用青铜、玉、木、陶等制作。

（6）杯：椭圆形，是用来盛羹汤、酒、水的器物。杯的质料有玉、铜、银、瓷，小杯为盏、盅。

古代酒器的种类、形状真的是太多了，除了上述所说的几种之外，还有许多酒具，甚至有很多今人无法考证的。我国酒文化的博大精深，由此可见一斑。

哪里才是茶道的起源地

今天，不少日本人认为茶道起源于日本，世界上因此引发了不少有关茶起源的争论。

实际上茶道最早起源于中国。中国人至少在唐或唐以前，就在世界上首先将茶饮作为一种修身养性之道，唐朝《封氏闻见记》中就有这样的记载："茶道大行，王公朝士无不饮者。"这是现存文献中对茶道的最早记载。在当时的社会中，茶宴是一种很流行的社交活动。

唐吕温在《三月三茶宴序》中对茶宴的优雅气氛和品茶的美妙韵味，做了非常生动的描绘。在唐宋年间，人们对饮茶的环境、礼节、操作方式等饮茶仪程都很讲究，有了一些约定俗成的规矩和仪式，茶宴已有宫廷茶宴、寺院茶宴、文人茶宴之分。

从唐代开始，中国的饮茶习俗传入日本。到了宋代，日本开始种植茶树和制茶，直到我国明代时，独具特色的日本茶道才真正形成。因此，所谓的"茶道起源于日本"的说法是不符合历史事实的。

古人从什么时候开始行酒令的

"酒令"是酒桌上的一种助兴游戏，一般由席间推举一人为令官，其余的人听令轮流说诗词、联语或其他类似游戏，输了的人或是违令的人就会被罚酒。

"饮酒行令"是中国人特有的一种饮酒方式。"酒令"由来已久，开始时可能只是为了维持酒席上的秩序而出现的。到了汉代，则出现了"觞政"，就

是在酒宴上执行觞令，对不饮尽杯中酒的人实行处罚。在远古时代的射礼中，为宴饮而设的称为“燕射”，也就是通过射箭的形式来定胜负，输的人就会被罚酒。古人还有一种被称为“投壶”的饮酒习俗，源于西周时期的射礼。现在最通行的行酒令就是“猜拳”了，在“猜拳”中输了的人要饮酒。

总的说来，“酒令”从表面上看是用来罚酒的，但实际上，行“酒令”最主要的目的是活跃酒席上的气氛。

雨伞是什么时候发明的

古人从头顶一片大荷叶冒雨行走受到启发，发明了雨伞。中国是世界上最早发明雨伞的国家，从发明之日到现在至少有三千五百多年的历史。

后魏时期，伞被用于仪仗队伍当中，称作“罗伞”，官阶大小不同，罗伞的大小和颜色也有所不同，而且这种伞没有任何实用功能。皇帝出行时，要用黄色罗伞，表示“荫庇百姓”。

伞在我国诞生之后，随着对外开放和交流的日益扩大，逐渐传到了国外。唐朝时，日本先后向我国派出了19批“遣唐使”，共计五百余人。他们把制伞工艺带到了日本，然后传到了亚洲其他地区乃至全世界。

古代用什么充当洗衣粉

古时候没有洗衣粉，如果衣服脏了是怎么来清洗的呢？其实，古人的洗涤用品远比大家想象的多得多。

古人洗衣服时，一般使用草木灰浸泡的溶液，即“灰水”。这是因为，草木灰中含有碳酸钾，能去污。到了魏晋时候，就出现了形状和现在的香皂相似的洗涤剂——皂角。当时还有一种洗涤剂叫“澡豆”。后来，人们又在澡豆的制作工艺方面加以改进，在研磨猪胰时加入砂糖，又以碳酸钠（纯碱）或草木灰（主要成分是碳酸钾）代替豆粉，并加入熔融的猪脂，混合均匀后，压制成球状或块状，这就是“胰子”了。胰子的化学成分和今天的香皂极为相近。

唐朝贵族为什么流行用香料盖房子

香料在古代是人们生活中稀有的用品，一般人难以有长期使用的机会。然而，香料在唐朝却被达官贵人们用来建造房子。

根据《唐书》和唐人笔记载录，奢侈的唐朝人竟然用香料建造亭台楼阁，当然，这也只出现在皇宫和一些达官显贵人家。比如，唐玄宗在兴庆宫里用沉香木为杨贵妃建造了一个沉香亭；杨国忠家里也曾用沉香木建造了一座楼阁。

令人更为惊讶的是，用香料建造房子还是当时上层社会中的一种十分流行的风气，而不只是个别现象。《资治通鉴》记载，唐朝人对沉香取材的认识已经形成一套理论。

其实，唐朝人能用香料建造房子并非偶然，它与唐朝发达的贸易有直接关系，这也从一个侧面反映出了唐朝在当时世界上的地位。大约自唐朝中期开始，海陆交通超越陆路而发达，海船可以直接往来于中国南海与波斯湾之间，所以使得这些地方的香料大量涌入中国。《大唐和尚东征传》就记述，在广州珠江水面上云集着各国的海船，而这些船上香料堆积如山。由此可见，在唐朝，香料并不像我们想象得那样稀奇难得。虽说香料来源充足，但用香料来建造房子，实在是令人所无法想象的。

古代北方人为何睡“炕”不睡“床”

南方人睡床，北方人睡炕，这是因为地域气候不同而形成的不同生活习惯。南方炎热而且潮湿，人躺在竹、木床上，上下悬空，利于空气流动，既凉快又不易受潮。北方寒冷，人们多在房中砌一铺大炕。炕的结构远较床复杂，搭法也不尽相同，有洞炕、花炕及空心炕之分。

炕是北方人的“暖床”。尽管在如今的北方城市中，大部分人家已没有炕，但是北方人对炕的那种感情却是难以割舍的。作为一种最原始的取暖方式，“炕”在中华文明的历史长河中也是一种承载着文化的符号。

古代人怎么刷牙

“刷牙”是现代人每天必不可少的一件事。但是，古代的人也刷牙吗？在发明牙刷和牙膏之前，古人是怎样刷牙的呢？

在我国辽墓穴中出土过一件用骨头做的牙刷柄，它是迄今发现的世界范围内最早的牙刷实物，因此有关学者认为我国是最先使用牙刷的国家。在元末郭钰的《郭恒惠牙刷得雪字》一诗中所记载的牙刷是：柄如短簪，由玳瑁制成，刷毛是白色马鬃，由白色丝线锁固在刷柄上。当时的人们认为这种东西很新奇，并且十分贵重。

其实，早在这之前，古人就已经掌握了许多护齿方法。根据《礼记》中的记载，中华民族早在两千年前就已经知道要早晨洗脸、漱口了。而刷牙就是在漱口的基础上发展起来的一种洁牙方法。

除了漱口以外，古代还有咬杨枝清洁口腔的习惯。根据佛教经典记载，僧侣们“每日旦朝，须啮齿木，揩齿刮舌”，即依靠咬嚼一种叫作“齿木”的枝条，摩擦牙齿表面，同时还用它刮舌，以确保口腔的卫生。由此可见，古人虽然没有今天的牙刷和牙膏，但对牙齿的清洁还是很有办法的。

古代女子都用哪些东西化妆

对于中国古代的女子是如何化妆的，很多人都会感到好奇。那么，下面大家就来见识一下中国古代女子最常用的三种化妆品。

（1）妆粉。古代女子擦的粉多选自“米粉”。除了米粉之外，还有铅粉，这些粉都可以让皮肤看起来更白。即使铅粉有毒，但女人们为了美丽，不惜每天用微量的铅粉达到美白的效果。

（2）黛粉。在古代，没有专门用来画眉毛的材料，因此女人们都将柳枝烧焦，用以画眉毛。后来，出现了“黛”这种用来画眉毛的藏青色矿物。使用前必须先将黛放在石砚里磨成粉状，加水调和后才能使用。

（3）胭脂。古代的口红原料是一种叫“红蓝”的花朵，与妆粉调和后也可当腮红使用。后来，人们在这种红色颜料中加入了牛髓、猪胰等物，使其成为一种稠密的脂膏。

当然，除了上述常用的三种化妆品外，中国古代女子还有不少配饰妆。

哪些地方的家具最受欢迎

在我国古代，每个地方都有自己的家具特色。有时甚至在同一个地区内、不同的文化背景下，家具都会有不同风格。其中，产自苏州、广州、北京的古代家具，分别代表着不同的风格特点，是古代家具的三大主要流派。

（1）苏式家具。在明代时，家具制造业还没有流派之分。当时的家具制作，主要集中在以江苏南部为中心的长江下游地区。随着时间的推移，苏州、扬州及松江一带的家具制作水平越来越高，并形成了固定的风格，即“苏式家具”。到了明代，苏式家具成为明代家具的主要流派。由此可知，名扬中外的明式家具，主要是以苏式家具为主。

（2）广式家具。由于广州是东南亚各国优质木材贸易的主要中转站，具有得天独厚的物质条件。东南亚各国出产的优质木材在这里汇集，使得广式家具在短时间之内得以迅速发展。在清朝时，广式家具迅速取代了苏式家具的主流地位，成为当时宫廷的主要家具来源。

（3）京式家具。所谓京式家具，就是北京地区清代上层社会的家具流派。现代史学家一般公认的京式家具多为清宫宫廷作坊（如造办处、御用监）在京制造的家具，以紫檀、黄花梨等几种硬木家具为主。在清代家具流派中，京式家具是一个重要的组成部分，与苏式家具、广式家具并称于世。

“榻”是什么

今天的许多人认为，床和榻是没有什么区别的。其实，古代并不是这样的。

“榻”最早出现于西汉后期，它一出现便被定义为一种坐具，而且与床有着不同的用处。从今天出土的文物来看，榻看起来像是一种低足的平台，有的带有高围屏风，有的在屏风上还挂着帐饰，且大多是供一个人独坐的。后来，随着社会的发展，原先的榻，也随之大型化了，并最终使其和床基本上没有了分别。对

于这一点，大家现在可以从南唐画家顾闳中的《韩熙载夜宴图》中看到，图中有两件榻。其中，一件榻上可同时坐五人，并绰绰有余。同时，在它的左右与后面都装有围板，其基本构造与后来的明清罗汉榻相一致，只是围板要高得多。

古代人什么时候开始用马桶

要说马桶从何而来，就要从汉代说起了。据《西京杂记》记载，汉朝宫廷里有种叫“虎子”的用于方便时支撑的东西。平时由皇帝的侍从拿着，以备皇上随时方便。“虎子”，就是后人所称的坐便器、便壶，是马桶的前身。

关于“虎子”的来历，据说是西汉时“飞将军”李广射死卧虎，让人做成虎形的溺具，在里面解小便，以表示对猛虎的蔑视。可是到了唐朝，因为李氏祖上有叫“李虎”的，便将“虎子”一词改为“兽子”或“马子”，再往后就俗称“马桶”和“尿盆”了。

“北京烤鸭”是怎样得名的

北京烤鸭是北京全聚德烤鸭店的名食，它以色泽红艳、肉质细嫩、味道醇厚、肥而不腻的特色，被誉为“天下美味”而驰名中外。

北京烤鸭的材料主要来源于北京鸭，这是当今世界最优质的一种肉食鸭。据说，这种肉食鸭的饲养，大概始于辽金元时期。这个时期的一位统治者游猎，偶然捕获了这种鸭子，用来饲养，从而得此优良纯种，并培育成今之名贵的肉食鸭种。

关于烤鸭，早在公元400多年的南北朝《食珍录》中即有“炙鸭”一词出现。到南宋时，“炙鸭”成为了当时临安城中的名吃。那么，后来为什么改叫北京烤鸭呢?

据《元史》记载，元军攻破临安城后，元朝统治者将城里的数百名能工巧匠迁徙至大都（北京），这其中就包括烹饪师傅。由此，烤鸭技术传到北京，而烤鸭则成为元宫御膳奇珍之一。据说清朝的乾隆皇帝以及后来的慈禧太后都特别爱吃烤鸭。从此，烤鸭便正式被命名为“北京烤鸭”。

古人用什么做镜子

祖先们常常靠水中映照出来的影像整理自己的仪容。所以，那时候把这种方式称为“鉴于水”。后来，开始出现了一种叫作“水镜”的东西。同时，还出现了一种与镜子类似的器具，叫作“阳燧”，也就是现在的凸面镜。

中国的镜子起源于商代，为铜铸造而成的铜镜。这种镜子，一面磨光发亮，另一面铸刻花纹。因铜镜主要用于照出自己的面容，故也叫“鉴”或“镜鉴”。战国时，铜镜制作工艺日趋成熟。到了汉代，制作更加精美，花纹也出现了各种样式，如鸟、兽、人物等图案。东汉中期至魏晋时，出现了有浮雕画像的镜子。唐代，制镜工艺更为讲究，出现了形状各异的八棱、菱花、海棠花等镜子。

古代的镜子，大多数都为铜镜，但也有少量的铁镜。清代以后才出现了像人们今天所使用的玻璃镜子。

豪门大户门旁的石狮子有什么作用

在古代，狮子被中国人视为吉祥之物。古代的官衙庙堂、豪门巨宅大门前，都摆放一对石狮子，用以镇宅护院。直到现代，许多建筑物大门前，还会安放一对石狮子。那么，用石狮子把门的这种习俗是如何形成的，起源于何时呢?

在汉代以前，中国并没有狮子。后来，张骞出使西域，才将狮子引入中国，从而让狮子进入了中国人的民俗生活之中。在民间，狮子颇受礼遇，还被尊为“瑞兽”，抬到了与老虎不相上下的地位。

将石狮子作为看门护院的神兽的习俗大约形成于唐宋时期。然而，把石狮子摆在大门前，到底有何用意呢?

对此，民间流传有四种说法。其一，古人认为石狮子可以避邪纳吉，因此在很早以前就用来镇守陵墓；其二，在民间传说中，狮子有预卜灾害的功能；其三，在宫殿、王府、衙署、宅邸的门前安放石狮子，可以显示主人的权势和尊贵；其四，石狮子是古代建筑物不可缺少的装饰品。

第十三章 中国古代的宗教文化

宗教是人类社会发展进程中的特殊的文化现象，是人类传统文化的重要组成部分，它影响到人们的思想意识、生活习俗等方面。从另外一个角度说，宗教本身是一种以信仰为核心的文化，同时又是整个社会文化的组成部分。

“口头禅”一词从何而来

“口头禅”原本是指和尚只空谈禅理而不表现在实际行动上，也指借用禅宗常用语而作为谈话的点缀。发展到现在，“口头禅”就成为经常挂在嘴边而无实际意义的话了。

“口头禅”一词来源于佛教的禅宗，禅宗以“不立文字，直指人心”为宗旨，提倡直截了当的“顿悟”，甚至说：“道个佛字，拖泥带水；道个禅字，满面惭愧。”也就是说“口头禅”完全违背了禅宗“顿悟见性”的宗旨。

不说那些空洞的禅语或佛号，在自己脚踏实地的修行中顿悟见性，得到佛的真谛，这也许是“口头禅”原来的本意。然而，演变到今天，口头禅已经完全成了个人习惯用语的意思。

佛教何时传入我国

佛教产生于公元前6世纪至公元前5世纪的古印度。创始人悉达多·乔达摩，20岁时修成正果，从此以后就被弟子们称为“佛陀”，意思是觉悟者，简称为“佛”，而他所创立的宗教则被称为“佛教”。佛陀去世后的数百年间，佛教传遍东亚和南亚次大陆。佛教传入中国的确切年代尚无定论，大体是在两汉之际，主要有汉传佛教、藏传佛教及南传佛教三大派别。

释迦牟尼当初出家的目的是为了寻求解脱生老病死等痛苦之道。当时，印度许多教派都是有最后解脱的理想的。佛教教义的基本内容简单地说来，就是说世间的苦（苦谛）、苦的原因（因谛或称集谛）、苦的消灭（灭谛）以及灭苦的方法（道谛）。佛教经籍非常繁多，但都不超出这四圣谛（谛的意义就是真理），而四圣谛所依据的根本原理则是缘起论。

什么是“三界十方”

“三界”原本是指欲界、色界、无色界；也有人以时间标准分的，分为无极界、太极界、现世界；还有人以空间分的，分为天界、地界、水界。

欲界是由淫食二欲的众生所住的世界，上自六欲天，中自人畜所居的四大洲，下至无间地狱皆属之；色界是无淫食二欲，但还有色相的众生所住的世界，四禅十八天皆属之；无色界是色相俱无但住心识于深妙禅定的众生所住的世界，四空天皆属之。此三界都是凡夫生死往来的境界，故佛教行者是以跳出三界、不受后有为目的。佛教的“十方”是指东、西、南、北、东南、西南、东北、西北、上、下。

三皈时要举行怎样的仪式

三皈是佛教用词，也称三皈依。皈是归向，依是依靠；三皈依就是皈依佛，皈依法，皈依僧。

三皈仪式，现在一般采用的弘一大师从《戒经》所节录的仪式。释尊当年在世为弟子们传授三皈，即是这个仪式，此仪式简单而且隆重。仪式中有两行半是誓词，教人们在佛菩萨面前恭恭敬敬地宣誓："从今日起，直到寿终，我遵守三皈戒。"其间，可以跟着法师念，法师念一句，宣誓者念一句；在佛面前念三遍之后，礼佛三拜，这个三皈依的仪式就圆满了。

三皈仪式，不能由在家居士代表传授。在家居士可以讲解三皈，将三皈的道理与意义为大家讲解清楚，但不能传授。如果希望求受三皈，而没有法师时，皈依者可以在佛像面前自己发愿求受；如果有法师，应当让其来为皈依者做这个仪式。无论如何，最重要的是皈依者需真正理解三皈的意义。

怎样将宗教信仰与迷信区别开

迷信泛指对人或事物的盲目信仰或崇拜。在我国历史上长期活动的卜筮、相术、风水、算命、拆字、招魂、圆梦等大多产生或流行于封建社会，习惯上称为封建迷信。宗教信仰与迷信从认识论上的确有共同之处，它们都相信和崇拜神灵或超自然力量。但是，迷信不属于宗教范畴，其区别在于以下三个方面。

（1）宗教是一种社会意识形态，是人类社会发展到一定阶段的历史现象，有其发生、发展及消亡的客观规律。而迷信既没有共同一致的崇拜物，也没有既定的宗旨、规定或仪式，也不会有共同的活动场所。

（2）宗教是一种文化现象。宗教在其形成和发展过程中不断吸收各种思想文化，与政治、哲学、法律、文化相互渗透、包容。而迷信则不具有此特点。

（3）宗教有依法成立的社会组织，依法进行管理，开展规范的宗教活动。而迷信只是少数迷信职业者图财害命的骗术。

什么是"观音会"

其实，观音会是一个宗教节日，是在农历二月十九日。相传，这一天为观音大士诞辰的日子。旧时，山西省阳泉市盂县前元吉村洞门坡的观音庙香火极盛，为华北之最，并演戏赶集，专卖耧、犁、耱、耙、镢、镢、镰把、扁担等农具。全县各观音庙、白衣庵皆诵经聚会，民间设观音位，争供敬献。20世纪60年代洞门坡因修公路大桥，原观音庙址被埋，庙会便迁往后元吉村。时至今日，庙会十分火爆，但已演变成农贸集会。享祀观音的习俗活动大体有以下两项。

（1）届期或其前后，吃斋茹素，谓之“观音素”。

（2）祷祝许愿、还愿，多是妇女焚香舍物，祷祝以求子嗣，得嗣则还所许之愿。

礼佛时为什么要点香

在寺庙里或佛教活动中，大家可以看到香的踪影。可以说，香与佛教，有着密不可分的关系。

由于香能祛除一切臭气、不干净的东西，使人身心舒畅，产生美妙的享受，因此常被用来作为供养佛、菩萨的圣品。如《苏悉地经》中，就把香列为五种供养之一；而《大日经》也将香列为六种供养之一。除了被用来作为供品之外，由于香的芬芳远闻，佛教经典中也常用其来比喻修行者的持戒之德。

此外，香也被用来比喻念佛的功德。如《首楞严三昧经》中，以“香光庄严”来比喻念佛的人染上如来功德庄严，就如同制香的人染上香气一般，具有“近朱者赤，近墨者黑”的意味。

玉皇大帝从何发展而来

玉皇大帝在普通民众的心目中似乎是天界最高的神灵。有人认为玉皇大帝乃是由殷商时期最高的天神“帝”或“上帝”发展而来。其实，对玉皇大帝的尊崇是由于中国人更尊崇土生土长的道教的原因。

在早期道教的《真灵位业图》中，有“玉皇道君”和“高上玉皇”的说法，但是他的地位并不高，仅排在玉清三元宫右位的第十一及第十九位。到了

北宋时期，宋真宗开始给玉帝封号，特封玉皇大帝号为“太上开天执符御历含真体道玉皇大天帝”；后来，宋徽宗又再加封其为“太上开天执符御历含真体道昊天玉皇上帝”，从而大大提高了玉皇大帝在民间的威望，一下子令其威望广泛地流行了起来。然而，道教多将玉皇视为“三清”之下的“四御”之一，以为他是地位仅次于“三清”的“总领宇宙主宰之君”，其职能是“承三清之命，察紫微之庭”，“小事专掌，大事申呈”。每年正月初九玉皇圣诞日，道观和民间多举办“玉皇会”。

怎么从诸巾来区分道士的类别

在道教当中，不同的装束，不仅代表着不同的辈分，而且代表着一个人的精神面貌和思想修养的境界。

（1）混元巾。象征混元一炁，是以黑缯糊制而成，硬沿圆帽；顶之正中留有一圆孔，以露发髻，现全真道士多戴此帽。

（2）庄子巾。象征如庄子一样，无拘无束，超凡脱俗。

（3）纯阳巾。明代《三才图会》记载：“纯阳巾，又名乐天巾，顶有寸帛，襞积如竹筒，垂之于后，曰纯阳者以仙名，而乐天则以人名也。”

（4）九梁巾。类似纯阳巾。前顶平斜如尾面，排有九叠、九缝。道教奉九为极阳之数，一切修行最终目的。故九梁巾又象征道徒们对大道的向往。

（5）浩然巾。浩然巾即是雪巾。此巾象征道士的浩然正气。

（6）逍遥巾。亦称荷叶巾。全真的年轻道士多戴此巾。用块大方巾将挽好的头发包扎起来，留有两角虚于后背。走路时，随风飘动，显示出道士的逍遥自在。

（7）三教巾。应该是我国道教分支全真道的创始人王重阳提出三教合一思想时所缝制，体现了道教的包容性以及崇尚和平的宗教理念。

（8）一字巾。旧称幅巾。用青布做成布带，端头用优质木雕成太极八卦扣相互衔接。平时为了固定头边沿的短发所戴。

（9）太阳巾。形如现代的太阳帽，主要是遮挡夏日阳光。不同的是，太阳巾是用蓝布做成。因全真道士挽发后要插簪子，便以佩戴，所以中间隆起的部分为三角形。此巾在湖北使用者较多。

什么是佛

“佛”是一个理智、情感及能力都同时达到最圆满境地的人。换句话说，佛是大智、大悲（或谓全智、全悲）及大能的人。但是，佛不是万能的，佛不能赐人以解脱，只能教导人，而人要凭借自己的努力才能得到解脱；佛不能使人进极乐世界，或者判人入地狱。由此可见，要为“佛”下一个定义，确实不是一件容易的事。

简单地说，佛就是“一个觉者”，“一个觉悟的人”。也许更明确一点，应该说佛是一个对宇宙人生的根本道理有透彻觉悟的人。还有一个简明扼要的定义，普遍地为一般人所接受，即佛是一个自觉觉他、觉行圆满的人。换句话说，佛就是一个自己已经觉悟了，而且进一步帮助其他人也能够觉悟，进而使自己与对方同时达到最圆满境地的人。

“男戴观音女戴佛”的习俗是怎么来的

在日常生活中，人们在购买观音或佛时，男性一般购买观音，而女性则一般购买佛。一般人认为这是为了达到阴阳上的平衡。“男戴观音女戴佛”其实是民间的一种祈愿，也是一种流传很久远的风俗。

“男戴观音”，这是因为过去经商、赶考的主要都是男子，常年出门在外，所以使得男子的心中难免烦躁。为了平抑男子心中的烦躁，故男子常佩戴观音菩萨。这是因为观音菩萨象征着慈悲、柔和，所以“男戴观音”就是希望男子能够柔和。

“女戴佛”的“佛”指的并不是佛陀释迦牟尼，而是弥勒菩萨，并且是大肚弥勒菩萨。由于古人认为女子的心眼小，而大肚弥勒菩萨的造型是笑脸大肚，寓意快乐有肚量，因此“女戴佛”则是希望女子能够多一些平心静气、豁达心胸。

道教的“跪拜之礼”是什么样的

就如同佛教当中的跪拜一样，道教当中也讲究三叩首的礼节。然而，这并不是简简单单地跪拜三下，而是有着一套很深的学问。

整洁、庄重，收脚于拜凳前一步，凝神静气之后上前一步，稽首作揖，双手抱拳抬起齐眉后，下沉至胸，行鞠躬礼；然后，两腿同时下弯，左手收于前胸；抽出右手掌心向下，轻压在拜凳前部分中间位置，再抽出左手，轻压在右手的上面，头即同时下叩，此为一叩首；抬直头再叩为二叩首，连续一次为三叩首；三次叩首之后，收左手至胸前；然后起身，收回右手，与左手相合成稽首作揖状，抬至齐眉后，行鞠躬礼，退一步回原地并脚站立，再行鞠躬礼，即可抽身。这就是道教当中的“一拜三叩首”之礼。

道教中只有男道士吗

在佛教当中，一般把男的叫作和尚，而把女的叫作尼姑。但是在道教当中没有过多的区分，男女都可以修成为道士。

道士是男女修道人的统称，既可以指男性，也可以指女性。如果从性别上区分，女道上可称道姑、女道、坤道；男性道士则可称乾道；男道士专指黄冠，女道士则指女冠。道士的敬称“道爷”也是可以男女通用的。道士相互之间，则称道长、道友、道兄等相互称呼，称谓也是男女通用的，即使是普通的外人也可以这样称呼他们。同样，对于他们修行的地方，男女也是没有区别，如把这些地方都叫作道观、山洞等。

佛教中的称呼有哪些讲究

僧是僧伽的简称，它的意思大概是指“大众”。僧伽是佛教徒当中的一个团体，至少要有四个人以上才能组成僧伽，即僧团。一个人不能称僧伽，只能称僧人。男女信教徒其实都在僧伽之内，都可以称之为僧人。至于“尼”字是从沙弥尼、比丘尼的字尾而来的，现在普遍是对出家女僧的简称，如某某尼师。现在，最通俗的称谓还有在尼字下加上姑字的，称为“尼姑”。其实，这种称呼是极不礼敬的，但这已经成为了习惯的称呼。

佛教和莲花有着怎样的关系

莲花，又叫作荷花。它是佛教中的象征物，通常人们可以看到观音菩萨和如来佛祖就坐在莲花座上。莲花与佛教有着不解之缘，因为它与佛祖释迦牟尼的许多传说联系在一起。

据说，释迦牟尼本来是天上的菩萨，为了拯救众生下凡降生到迦毗罗卫国净饭王处。净饭王的王妃摩耶夫人，在新婚之夜，她朦胧中看到远处有一个人骑着一头白象向她走来并且逐渐变小，从她的右肋处钻入她的腹中。她心中模模糊糊地感到菩萨化作一头白象入胎。日后，身怀有孕的摩耶夫人脸上，微微泛着红晕，衣着色彩鲜艳的绿色领口花边像一片莲叶，她的脸儿像一朵绽开的莲花。后来，摩耶夫人在娑罗树下降生佛祖时，百鸟群集歌唱，天乐鸣空相和，四季里的花木都一同盛开，尤其是沼泽内突然开放出大得像车盖一样的莲花。

通常佛教经典认为，莲花有四德，即香、净、柔软、可爱。其实，许多花都柔软、干净、充满香气，只是莲花出淤泥而不染的特性是其他植物没有的。正是因为这些美好的品德，故莲花承担了佛教的象征使命。

如来佛就是释迦牟尼吗

很多人认为，“如来佛”就是释迦牟尼，他们是同一个人。其实，这种认识是错误的。“如来”这个名词是从梵语译出来的。“如”字就是“真如”，即一切法(事物)的真实状况，它又包含“如实”的意义。佛经对“如来”的解释是“乘真如之道而来”，又说“如实而来”。

其实，“如来”是一个通用名词，通指有无穷法力的佛陀，是“佛陀”的

代称，而并不是单指释迦牟尼。如释迦牟尼佛，可以叫作释迦牟尼如来；阿弥陀佛，可以称阿弥陀如来等。

道士有哪些特有的服饰

道士所穿的衣服通常分为常服和法服两大系列。顾名思义，常服就是道士们平时所穿的衣服，主要有大褂和道袍；法服就是在举行法事时所穿的衣服，主要有戒衣、法衣、花衣等。

其中，法衣是道教科仪中高功法师各种穿着的统称。忏衣，道士在科仪中念经拜忏时所穿的一种法衣；绛衣，在大型斋醮法会中，高功法师所穿的一种法衣，穿时里衬海青，其制两袖宽大垂地，双臂展开时，两袖和衣身合成四角形，两袖和衣身均绣有金丝龙纹；海青，为道士日常穿用，是用青布简单制作而成宽袖道袍。现今，为了穿着方便，道士夏天多穿白色对襟和斜襟两种道衣，多数以棉绸制作。

坐禅分为哪几个境界

佛教中的坐禅总共分为以下三个阶段。

（1）平衡身心，以求达到身心健康的一个阶段。这一阶段要求人们注重行、坐、站、卧的各种姿势的示范和纠正。同时，教授行、坐、站、卧各种运动的健身方法，是综合印度的瑜伽及中国的导引，自创的一套适合于坐禅健身，并有助于坐禅功效的运动方法。

（2）是从小我到大我的一个阶段。当在第一阶段的时候，仅使你把混乱的心念集中起来。但是，这个时候照样还会有其他的杂念在你脑海中或多或少地时隐时现。比如，在观念上，你是为了身心的健康而练习坐禅。

（3）是从大我到无我的一个境界。人到了第二阶段的高峰之时，扬弃了自私自利的小我，并未能把本体的理念或神的实在也否定掉，不论你称它为真理、唯一的神、最高的权威、不变的原则，乃至佛教所称的佛陀，如果你认为它是实有的话，那都不出乎大我的境界，均不出乎哲学及宗教的范围。

什么是六道轮回

佛法认为天地之间有轮回，而轮回当中又有生苦、老苦、病苦、死苦、怨憎会苦、爱别离苦、所求不得苦、五阴盛苦。如此，六道轮回可以说苦多于乐，所以人生是苦诲也。古人所谓的六道，即天道、阿修罗道、人道与畜生道、饿鬼道、地狱道。其中，上三道为三善道，因其作业（善恶二业，即因果）较优良故；下三道为三恶道，因其作业较惨重故。一切沉沦于分段生死的众生，其轮回的途径，不出六道。

所谓轮回者，只要在六道轮回中扮演的角色，可以都说是凡夫，生死流传，不能出离，如同漫漫的长夜。即使是六道中的最高地位者，也还是要受轮回的。只有佛、菩萨、罗汉才能够跳出三界，不入轮回。

什么是"开光"

开光这种仪式最初来源于道教，由于佛教在传播的过程中，受到道教的影响，也为了便于更好地使佛教在中国流传，就接受了这种仪式，这也是佛教中国化的一种表现。但是，开光仪式后来所具有的内涵，则是佛教将它提升到了一个新的高度。现代有的佛教徒往往忘记开光的内涵，而偏重追求仪式的隆重，这是执事废理；或者有的人认为开光仅是一种仪式，没有什么实在的价值，这是执理废事。这两种现象，都属偏见。佛法提倡事理圆融、事理无碍，因此在举行开光仪式时，不应该只重视仪式的隆重而忘记了仪式的内涵，即不仅要开佛眼，更要开众生心里的那个眼，开发内在的般若智慧。只有这样，才能符合佛教的真意。

“活佛”这一称呼源自藏传佛教吗

在藏传佛教中，大家经常可以听到一个词——活佛，这是藏传佛教中一种独有的称呼。藏传佛教对修行有成就、能够根据自己的意愿而转世的人称为“朱毕古”（藏语）或“呼毕勒罕”（蒙语）。这个词翻译成汉语的意思就是“转世者”或“化身”。“活佛”是汉族地区的人对藏传佛教习俗的称呼，这可能与明朝皇帝封当时西藏地方掌政的噶举派法王为“西天大善自在佛”和清朝皇帝正式封的“达赖喇嘛”这一头衔多少有些关系，这些封号和称号在佛教教义上都是说不通的。其实，藏传佛教中并没有“活佛”这个名词。

什么是舍利

“舍利”在梵语中的意思是“尸骨”，即人火化之后的骨灰。但是，“舍利”一词用来专指佛祖释迦牟尼火化后留下的固体物，如佛发、佛牙、佛指舍利等。

佛教经典中把舍利分为两类，一类是法身舍利，也就是佛祖所说的佛教经典经文；另一类是生身舍利，即佛祖火化后留下的固体物。后者，又可分三类，一是骨舍利，白色；二是肉舍利，红色；三是发舍利，黑色，均圆明皎洁。菩萨、罗汉也有舍利。佛教认为，只有虔诚奉佛、悟道得法的人才会自然结晶舍利，而常人是不会有舍利的。

佛教以什么为“苦”

佛教认为三界之中的所有生灵，所受的苦无非就是生苦、老苦、病苦、死苦、爱别离苦、怨憎会苦、求不得苦以及五蕴炽盛苦这八类苦。八苦之中，欲界的众生只能感受到前面的七苦，到了色界及无色界时，才能感受到第八苦（五阴盛）中的行识两蕴所招致的苦，如行苦就是五蕴之苦中的一个。第八苦总括了前面的七个苦，也是对前面七种苦的一个总结。五蕴在旧时叫作五阴，这种苦有以下两个方面的意义。

（1）就苦而言，人皆各有五蕴，因而众苦炽盛。

（2）由于具有五蕴之器的身心世界盛满众苦，所以名字就叫作五蕴炽苦。

“牛鬼蛇神”都是鬼吗

“牛鬼蛇神”这一俗语来源于佛教用语。从字面意义上理解，“牛鬼”自然属于鬼的系统，而“蛇神”则属于神的系统。

“牛鬼”是说地狱中的牛头鬼卒，名叫阿旁，连称为“牛头阿旁”，出自《五苦经》。牛头阿旁的特点是力大如牛，任务是负责惩罚那些堕入地狱的坏人。

“蛇神”属于“天龙八部”系统中的一种。佛教分诸天、龙及鬼神为八部。又因八部中以天、龙二部居首，故曰“天龙八部”。“蛇神”即八部最后一部的摩呼罗迦，大蟒蛇神，职责是守卫佛法。

最早将“牛鬼”和“蛇神”组合在一起使用的是唐朝诗人杜牧。由于唐朝另一位著名诗人李贺诗风怪诞，人称“诗鬼”和“牛鬼少年”，因此杜牧在评价李贺的诗歌成就时，说其诗歌风格“虚荒诞幻”，好似“牛鬼蛇神”，简直不像人间所有。其中，“牛鬼蛇神”一词并没有贬斥的意思。由此可见，起初的“牛鬼蛇神”还是一个褒义词呢，只是后来在慢慢的演化过程中，变成了一个截然相反的贬义词。

到底是十八罗汉还是十六罗汉

根据佛教经典，十八罗汉应当是十六罗汉（罗汉即阿罗汉的简称），也被叫作十六尊者。据佛教的经文著作说，佛有十六位弟子不入涅槃。公元2世纪时，师子国（今斯里兰卡）庆友尊者作的《法住记》中，更是详细记载了十六

罗汉的名字和他们所住的地区以及事情的详细经过。这部书后来由玄奘法师翻译出来并且传到我国以后，十六罗汉普遍受到我国佛教徒的尊敬。

到五代时，绘图雕刻日益普遍起来，当时的画家也许是根据人们的传言，画成了十八罗汉。后来，人们推测当时的画家原意可能是把《法住记》的作者庆友和玄奘大师画了进去。但是，在标出罗汉名字时，却将庆友列为第十七位住世罗汉，而第一位罗汉的名字又重复成为了第十八位，这也是让人无法理解的。虽然，宋代便已经有人指出了错误，但因为绘画题赞的人有的是名书画家和文学家，如贯休、苏东坡、赵松雪等人，所以十八罗汉这一叫法便在我国流传开来。

佛教信徒的忏悔有哪些讲究

拜忏，又称为礼忏，就是礼拜诸佛菩萨，忏悔自己的一切罪孽。

佛教认为，凡夫俗子的言语和行动，如果细细追究起来，可以说时刻都有不符合佛法教化人的行为。佛教讲究今生来世，认为人的生死轮回，都是由于各自所造的“业力”所牵引。如果在前世当中没有罪孽，今生就会大富大贵；如果今生了解了一切罪孽，就是圣人的境界。凡间俗子是很苦恼的，对于过去生中所带来的罪孽，无可奈何；对于今生已造的罪孽，也无可奈何。因此佛陀就以大慈悲心，为凡夫众生创造了一个减轻自己罪孽的办法，那就是对佛忏悔。然而，对佛忏悔，并不是求佛赦罪，而是求佛证明，向佛坦白自己过去所造的孽并不是自己故意所要做的，并且下定决心，不再故意作恶。从这个意义上来说，拜忏也是教化世人的一种绝好的办法。

什么是菩提心

菩提心的所缘就是天边无际的一切众生。若没有这样观念，离开了众生这个渊源，菩提心就没办法生成。《普贤行愿品》中也讲：“如是虚空界尽、众生界尽、众生业尽、众生烦恼尽，我此誓愿无有穷尽。”

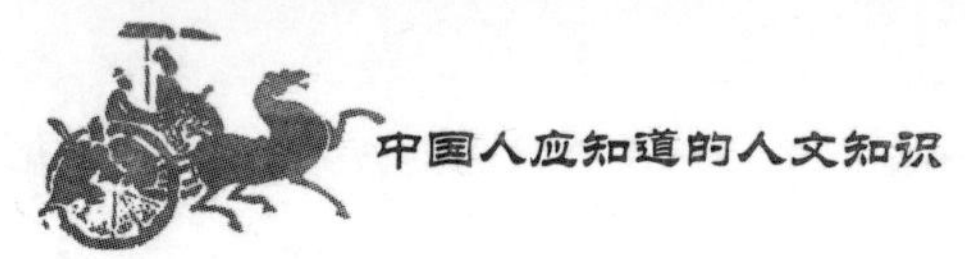

那么，菩提心如何修持呢？若是上根者，日日夜夜的所作所为，全部以利益众生的心态来摄持，这是最起码的标准。这种人好像就是应该为天下众生所生的，为众生睡觉、为众生吃饭、为众生说话，一切都想着众生，就像慈祥的母亲关心自己的孩子一样，他也时时关心众生。如果做不到这一点，那么就要早上起来时发菩提心，白天的所作所为要利益众生，晚上睡觉前也想到众生，这就是修持菩提心。

进寺庙时应该注意哪些讲究

中国人认为进寺庙门应尽量走两边，走右边门先迈右脚，走左边门先迈左脚，不要跨中间门槛，更不可站在或坐在门槛上，认为那是对佛和菩萨的不敬。跪拜礼佛的话先要将身上背的、手里提的包放在旁边，然后在佛像前右边的蒲团上跪拜，双手掌心向上，头叩下至手掌，抬头时翻掌伏地，再合十。烧香最好是在香炉里插三根香，所谓“烧三炷香”的来历就是这样的。香一定要插端正，如果随便上一炷香，也要插端正，不然就会认为是对佛和菩萨的不敬。

在寺庙中见到僧尼，要合十施礼。经堂法器、香案蜡烛、供品不可随意乱动。此外，僧人都忌讳别人探问他(她)的身世和出家缘由，故不可随意向其提出这些“敏感”的问题。

“活佛转世”源自何时

佛教认为“佛有三身”和灵魂不灭。“三世”就是指过去、现在及未来，都有一位最高的佛为主宰；一切生灵都在轮回之中，循环往复，佛的代表也不例外，但佛经过轮回仍然是佛。这些都构成了佛教教义最基本的内容，可是单单只有在藏传佛教中有活佛转世的制度，这一制度也成为法位传承的一种重要方式，也成为藏传佛教区别于其他佛教派系的重要特征之一。

活佛转世制度最初于13世纪由噶玛噶举派黑帽系首创，16世纪中叶为后期兴起的格鲁派采用，17世纪中叶以后就成为藏传佛教各教派普遍采用的主要传

承方式。概括说起来，活佛转世的形成有两个必要的因素，一个是佛教的三身学说和三世道理论；另一个是13世纪藏族社会的特殊背景。

方丈就是住持吗

很多人认为，方丈和住持应该是一回事吧，他们不都是寺院的一把手吗？其实，并不是这样的。方丈，一丈四方之室，又叫作方丈室、丈室，也就是禅寺当中住持所居住的卧室或是会客的大殿，也叫做函丈、正堂、堂头。

住持，原来的语义为“安住之、维持之”，即代表佛陀传法、广施佛法的人。又因为这样的人通常是寺院里德高望重的人，后来被用来指各寺院的住持者或长老。由于住持的住处称为“方丈”，因此“方丈”一词被用来指代住持。

一般情况下，只要有庙就一定有住持，但是却不一定有方丈。方丈必须是具有一定规模的寺庙群才有。并且，一名方丈，可以兼任多个寺庙的一把手；而住持只能是在一个寺庙里，不能兼任其他寺庙的一把手。

什么是磕长头

在藏族地区，大家常常可以看到在各地通往圣地拉萨的大路上，信徒们从遥远的故乡开始，手戴护具，膝着护膝，满脸的尘土，沿着道路，从来不害怕千难万险，虔诚地三步一磕，靠坚强的信念和对佛的敬仰之情，一步步走向圣城拉萨。

磕长头是在藏传佛教盛行的地区，信徒们礼佛和拜佛的方式之一。藏传佛教认为，对佛陀、佛法的崇敬，身体、语言、意图三种方式缺一不可。藏传佛教还认为磕长头的人在五体投地的时候，是为“身体”敬佛；口中念佛语，是言语上对佛的一种尊敬；同时，还要心中不断想念着佛，这是心里对佛陀充满敬意。

祠堂在古人心中有着怎样的地位

在中国古代封建社会里，人们对血缘关系的认同，使得家族观念相当深刻。往往一个村落就生活着一个姓的一个家族或者几个家族。由于庞大的家族需要共同的家族认同感，因此人们往往就要建立起一套完整的祭祖仪式系统。在这种情况之下，祠堂就产生了。“祠堂”这个名称最早出现于汉代，当时祠堂均建于墓所，曰墓祠；南宋朱熹《家礼》立祠堂之制，从此称家庙为祠堂。当时，修建祠堂有等级之限，民间不得立祠。到明代嘉靖年间，“许民间皆联宗立庙”。后来，只有做过皇帝或封侯过的姓氏才可称“家庙”，其余只能称为宗祠。

由于中国人对天地的崇拜和对祖先的敬畏之情，祠堂就成为了古人表达这种感情的场所之一。而且，祠堂是通过两类形式不同的符号，来体现其特殊的象征意义。

（1）正面表达对天地崇拜和对祖先敬畏的心理感受的符号，如见于各类祠堂中的楹联、匾额。由于这是在祠堂中进行的一种典型的正面宣传，因此就充分象征了宗族报本反始之心和尊祖敬宗之意。当然，这些楹联、匾额具有显而易见的理想性夸张成分，即便如此，人们仍应对之高度重视，因为这是宗族成员关于祠堂象征意义的最直接的自我评价。

（2）反面体现祠堂象征意义的符号。就是把违反宗族规范的族人赶出祠堂，让不守规则者出局的禁令。剥夺某一个人或某一族人的宗族成员资格，是宗族在国法所允许的自治范围内，对一个违反本族规则者所能进行的最严厉的惩罚。

和尚为什么不能留头发

古人把头发看得很重要，不能随意损伤，必须保护好，否则就是对父母的不敬。可是，和尚却是将头发剃光，这是为什么呢?

有人认为中国佛教源于印度，而印度地处赤道附近，天气异常炎热，因此苦行僧都会把头发剃光。然而，这种说法并不正确，和尚剃头并非因为怕热，

而是与佛教教义有关。佛教认为，头发代表着世人心中的烦恼和欲望、虚荣和感情。把头发剃掉，就是把烦恼去掉，去掉一切的私心杂念，一心一意向佛，脱离凡尘的意思。因此，佛祖释迦牟尼最初对迦叶等五人说法时，就亲手为他们剃去了头发，去除烦恼之根，表示接受他们做自己的弟子。

佛教剃头的另外一个原因是，当时的印度，教派林立，而佛教徒就以剃光头作为标记，人们一见到剃光头的就知道是佛教徒了。

后来，剃头便成了加入佛门的一种仪式。凡是出家当和尚的人，都要进行剃度，以除去三千烦恼丝，落得个无牵无挂、无忧无虑。

第十四章 通达繁荣的交通商业

交通是指从事旅客和货物运输及语言和图文传递的行业，包括运输和邮电两个方面，在国民经济中属于第三产业——当然，这是对现代交通的解释。那么，在遥远的古代，我们的交通和商业又是怎么样的呢？

大写数字的使用从何时开始确立的

在生活中，当我们在正规场合写金额票据时，除了使用阿拉伯数字外，还必写大写数字，那么你知道这个规矩的起源吗？

考证历史发现，金额数字大写的规定起源于明朝。据史书记载，朱元璋建立明朝不久后，发生了一件重大的贪污案——郭桓案。而金额数字大写也就是起源于这桩贪污案。

郭桓曾在任户部侍郎时，利用手中的权力勾结地方官吏大肆侵吞政府钱粮，光他一人贪污的精粮就累计达2400万石。这个数字在当时来说，几乎与全国秋粮实征总数相等。这样的大事肯定使朱元璋很为震怒，于是他下令将郭桓等同案犯几万人斩首示众。同时为了避免同样的事情以后再次出现，他还在全国财物管理上实行了一些有效措施，其中较重要的一条就是把记载钱粮数字的汉字“一二三四五六七八九十百千”改为大写的“壹贰叁肆伍陆柒捌玖拾佰

仟”等。这个规定一直被人们沿用至今。

中国古代有哪四大名桥

赵州桥、卢沟桥、洛阳桥、广济桥并称中国古代四大名桥，属于全国重点保护文物，是中国桥梁建筑中的宝贵遗产。

赵州桥又叫安济桥，坐落在河北省赵县城南五里的洨河上，是隋朝石匠李春设计建造的，距今已有近1400年的历史，是世界现存最古老最雄伟的石拱桥，在世界上相当长的时间里也是独一无二的。

卢沟桥位于北京西南郊的永定河上，是联拱石桥。桥始建于公元1189年，成于公元1192年，元、明两代曾经修缮，清康熙三十七年（1698年）重修建。

卢沟桥久已闻名中外。意大利人马可·波罗的《马可·波罗行纪》一书，对这座桥有详细的记载。1937年七七事变在此发生，是日本帝国主义全面侵略中国的开始，卢沟桥因此成为有历史意义的纪念性建筑物。

洛阳桥原名万安桥，位于福建省泉州东郊的洛阳江上，是我国现存最早的跨海梁式大石桥。洛阳桥是世界桥梁筏形基础的开端，为全国重点文物保护单位。

广济桥又称湘子桥，位于广东省潮安县潮州镇东，横跨韩江。该桥始建于南宋乾道六年(1170年)，是中国也是世界上最早的一座开关活动式大石桥。广济桥上有望楼，为我国桥梁史上所罕见。

诸葛亮真的发明了“木牛流马”吗

对于“木牛流马”，在罗贯中的《三国演义》中作了这样的描述：诸葛亮造木牛流马，解决了几十万大军的粮草运输问题，而且这种工具不吃不喝，不用任何外加动力就可自己走路。事实真的是这样吗？

仔细翻阅有关史料，并没有发现关于“木牛流马”的详细史料记载。但就现在的科学理论来说，“木牛流马”不吃不喝还能走的事情，显然是不符合现代科学上的能量守恒定律的。

假如把“木牛流马”当作现代的机械用具来看，其存在也是不可能的。因为当时没什么石油、天然气之类的能源物质，所以没有可以为其提供动力的能量。

但是，历史上确实存在着无数个谜团，也许木流牛马就是一个虚构的物品，但是在谜团未揭开之前，谁也不能否认它的存在。

古代船舶经历了怎样的发展历程

早在新石器时代，我们的祖先就广泛使用了独木舟和筏，以其非凡的勇气和智慧走向海洋，为我国的航海业奠定了基础。

秦汉时期是我国古代造船的第一个高峰期，但所造船舶主要是用于战争。据史书记载，秦始皇曾派大将率领用楼船组成的舰队攻打楚国。统一中国后，他又几次大规模巡行，乘船在内河游弋或到海上航行。汉朝所造的楼船，也是古人造船技术高超的一个标志。秦汉造船业的发展，为后世造船技术的进步，奠定了坚实的基础。

到南朝时，为了提高航行速度，将船舶装上桨轮，称为“车船”。这种船利用人力以脚踏车轮的方式推动船的前进。虽然没有风帆利用自然力那样经济，但是这也是一项伟大的发明，为后来船舶动力的改进提供了新的思路，在造船史上占有重要地位。

唐宋时期为我国古代造船史上的第二个高峰时期，无论从船舶的数量上还是质量上，都体现出我国造船事业的高度发展。

明朝时期，我国造船业的发展达到了第三个高峰。由于元朝经办以运粮为主的海运，又继承和发展了唐宋的先进造船工艺和技术，大量建造了各类船只，其数量与质量远远超过前代。

总之，在经过秦汉时期和唐宋时期两个发展高峰以后，明朝的造船技术和工艺又有了很大的进步，登上了我国古代造船史的顶峰。明朝造船业的伟大成就，久为世界各国所称道。

 独轮车是谁发明的

“独轮车”在今天的社会已经很少见，所以让现代人说出它的来历还真是件难事。那么独轮车的第一个创制人究竟是谁呢？熟悉历史的人会立刻想起蜀国丞相诸葛亮。

传说中，诸葛亮制造了木牛流马运输物资，而据史学家考证：木牛流马其实就是独轮车。宋代高承撰《事物纪原》也将造独轮车之功归于诸葛亮。

然而，据历史记载，蜀国著名的钢铁冶炼技师蒲元曾上书诸葛亮，禀告造成木牛之事。所以在诸葛亮之前，可能还有一些能工巧匠，已经造出了独轮车。根据汉画相传和一些文字记载，独轮车的发明时间可上推到西汉晚年，或称为“鹿车”“辘轳车”。

由此可见，要回答“独轮车的创造人是谁”就如同要证明“木牛流马是否真的存在”一样，是个含糊不清的历史之谜。

“车正”是负责管什么的

在有关车的历史上经常出现“车正”这个词语，有人说“车正”代表的是古代造车的工匠，也有人说它是古代交警的名称。于是就产生了这样一个疑问：“车正到底是造车的还是管理交通的？”

中国是最早使用车的国家之一。相传中国人大约在四千五百年前的黄帝时代就已经创造出了车。大约四千年前当时的薛部落以造车闻名于世。

《左传》说薛部落的“奚仲”担任夏朝的“车正”官职。夏朝已经是奴隶社会，在夏朝的奴隶主政权机构中，牧正主管马牛的牧养驯育与使用，车正主管战车、运输车的制造、保管和使用。

由此可以认为，这车正和牧正，便是我国早期的主管交通的专职行政人员。

“人类历史上第一条高速公路”建于何时

说到万里长城，人们都会想到秦始皇，但说起与秦长城同期修建、工程规模和难度几乎相当的，也被誉为人类历史上第一条高速公路的秦直道，恐怕鲜有人知。

两千多年前，秦始皇令大将蒙恬修建的秦直道北起九原郡（今内蒙古包头市九原区），途经鄂尔多斯全境，南抵秦都咸阳附近（今陕西淳化北甘泉宫），全长700余公里，路面平均宽度约30米，最宽处约80米，由30多万大军利用两年半时间修建而成。由于道路大体南北相直，如剑直劈，故称秦直道。

从《史记·秦始皇本纪》记载的“三十五年（公元前212年）除直道，道九原，抵云阳，堑山堙谷，直通之”来看，秦直道要开山填沟、直穿黄河，这在两千多年前可谓浩大工程。

秦直道联系了中原地区和西北地区，对我国民族团结发挥了重要作用，促进了中原农耕文化与草原游牧文化的交流与融合，被誉为“人类历史上第一条高速公路”。

“马路”一词是怎么来的

说到“马路”之名的起源，现代的人认为古人一般都是以马驾车，所以让其行走的道路就顺理成章地成了“马路”。但是，了解历史的人都知道古代的马车多是有钱人的交通工具，普通老百姓只能坐坐牛车。甚至在马匹奇缺的时期，贵族也坐不上马车。就像西汉建国之初，皇帝想用相同毛色的牛来拉车都配不齐，因此把大路叫马路是不合理的。那么“马路”这个名字到底是怎么得来的呢?

其实，“马路”是个外来物。18世纪中期工业革命发生后，随着科学技术的进步，经济迅速发展，对交通运输也提出了更高的要求。为了改变当时的交通状况，英格兰人约翰·马卡丹设计了新的筑路方法：用碎石铺路，并且路的中央偏高。这样铺好的路不但路面平坦宽阔，而且更便于排水。由于马卡丹

设计的路得到广泛的应用，人们便取其设计人的姓，把这种路命名为“马卡丹路”，简称“马路”。

世界上最早的纸币源自何处

世界上最早的纸币叫作“交子”，出现于中国北宋时期的四川成都。纸币的出现是货币史上的一大进步。

钱币界也有人认为纸币的起源要追溯到汉武帝时的“白鹿皮币”和唐代宪宗时的“飞钱”。据史料记载，汉武帝时期因长年与匈奴作战，国库空虚，为解决财政困难，发行了“白鹿皮币”。

所谓“白鹿皮币”，是用宫苑的白鹿皮作为币材，每张一方尺，周边彩绘，每张皮币定值40万钱。由于其价值远远脱离皮币的自身价值，因此“白鹿皮币”只是作为王侯之间贡赠之用，并没有起到货币的作用，所以还不是真正意义上的纸币，只能说是纸币的先驱。北宋时期四川成都的“交子”则是真正纸币的开始。

为什么说驿站是最早的物流公司

驿站，简单讲是古代接待传递公文的差役和来访官员途中休息、换马的处所，后来功能逐步有所扩展，最后被新生事物取代。

驿站在我国古代运输中有着重要的地位和作用。在通讯手段十分落后的古代社会，驿站可以说就是古代各种政治、经济、文化、军事等方面的信息传递的枢纽，甚至可以把它说成是古代的物流公司。

我国古代各朝代驿站虽形式有别，名称有异，但是组织严密、等级分明、手续完备是相近的。封建君主依靠这些驿站实现信息采集、指令发布与反馈，以达到封建统治控制目标的实现。虽然由于当时历史条件的限制、科学技术发展的水平局限，其速度与数量与今无法相比，但就其组织的严密程度、运输信息系统的覆盖水平而言，并不亚于现代通信运输。可以说，那时的成就也是我们现代文明的基础的一部分。

最早的钱币是什么样的

中国历史上最早的钱币萌芽于夏代，起源于殷商，发展于东周，统一于秦朝，历经了四千多年的漫长历史，创造了七十多项世界之最。不仅如此，中国钱币系统之完整，门类之丰富，脉络之清晰，内涵之博大，是任何一个国家的钱币都无法比拟的。

中国最早的货币是商代的贝类货币。在商代中期以前贝币价值很高，臣下若能获得商王贝币的赏赐那可真是极大的荣耀。故在当时又出现了许多仿制贝币，其实也就是今天我们所说的假币。

在商代晚期又出现了铜质货币，形制也仿海贝形式。铜贝堪称是我国最早的金属货币了，目前存世的普通天然贝币大多呈乳白色，表面无光泽，由于天然贝币出土很多，现基本上没人作伪，而用其他材料所制的贝币就有不少赝品了，集币爱好者在收藏时应小心谨慎。

什么是“飞钱”

“飞钱”是中国古代的一种纸币的名称，也被后世称作是中国汇兑业务的雏形。但是为何要把纸币起这么个名字呢？不会是它真的可以飞吧？

据史料记载，“飞钱”又叫作“便换”，最早出现在唐宪宗元和初年。唐代的经济繁荣，尤其是商业兴盛，除了本国人内部之间的商业交流外，对外贸易也很频繁。因此，随着对外贸易的比重逐渐增加，使得本国的铜钱大量外流，甚至国内很多地方还常常出现“钱荒”；其次，商品交易量的增加也使商人带上大量铜钱外出经商，有很多不便之处。在这种背景下，就出现了中国汇兑业务的雏形“飞钱”。

由此可见，取名“飞钱”是因为它在当时来说是最便于人们携带的货币，而不是所谓的“会飞的钱”。

古人如何防假币

从古至今，只要有巨大利益诱惑的地方就有罪恶伴随发生。我国古代自宋朝发行纸币开始，制造假币的行为也就随之产生了。那么古人是如何防止假钞的呢？

古代为了防止假币泛滥，政府最直接的手段便是通过法律的严厉惩戒来遏止作伪者的不法行径。纸币出现后，制作假币更容易获得丰厚利润，因此政府进一步加重对违反者的处罚，并对货币的本身作了进一步的防伪措施。

首先，为了防伪，古人就以名画作货币上的图案。更有甚者直接在货币上印上各种复杂的图案，让作假者不易摹仿。

其次，古代纸币的一个明显特点是上面印有大量文字，且均出自帝王或当时书法家之手，有的还印有刑律。印制的文字一多，则难以造假。

纸币换界也有利于防伪。因为宋朝纸币一直存在着兑换制度，所以每次换界都要重新制版，图文的不断变化给造伪者带来一定麻烦。

可见，古人虽然没有今天我们所用的各种验钞机，但对货币的防伪还是用了很大的心思的。

什么原因促成了纸币的诞生

世界上最早的纸币出现在中国的北宋时期，纸币的出现为货币的流通和国家的经济贸易带来了很大的便捷。那么，是什么原因促使纸币在北宋产生的呢？

中国历史上，宋代的商品经济发展较快，商品流通中需要更多的货币，而当时铜钱短缺，满足不了流通中的需要量，而且大量的铜钱流通起来也极为不便。但主要原因还不是出在铜钱上。为什么这样说呢？原来，在北宋时期出现了铁钱，当时一铜钱抵铁钱十，每千铁钱的重量，大钱25斤，中钱13斤。买一匹布就需铁钱两万，重约500斤，要用车载。这就在客观上加重了人们对轻便的货币的期望，这也是纸币最早出现于四川的主要原因。

再者，北宋虽然是一个高度集权的封建专制国家，但全国货币并不统一，存在着几个货币区，而且是各自为政，互不通用。各个货币区又严禁货币外流，使用纸币正好可以防止铜铁钱外流。

此外，宋朝政府经常受辽、夏、金的攻打，军费和赔款开支很大，也需要发行纸币来弥补财政赤字，种种原因便促成了纸币——“交子”的产生。

为什么路费又叫作盘缠

在中国古代，古人习惯上把外出时所带的路费叫“盘缠”，这就使得一些现代人对此很疑惑：路费干吗要叫盘缠呢?

因为中国古代的货币主要是中间有孔的金属硬币，常用绳索将一千个钱币成串再吊起来，穿钱的绳索叫作“贯”，所以，一千钱又叫一吊钱或一贯钱。有出戏叫《十五贯》，即涉及十五串钱的一个案子。

因为古人没有今天我们所用的旅行支票、信用卡等东西，而且连纸币的出现都很晚了。于是，人们在出远门办事探亲之时，只能带上笨重的成串铜钱。把铜钱盘起来缠绕腰间，既方便携带又安全，因此古人将这又“盘”又“缠”的路费叫“盘缠”了。

为什么说票号就是古代的银行

票号是清代以经营汇兑业务为主的信用机构，古时也叫票庄。明末清初汇票作为汇兑的工具已有流行。乾隆、嘉庆以后，由于埠际贸易扩展，汇兑业务发展迅速，专营汇兑的票号应时产生。票号多为合伙组织，也有独资经营。每号创始资本自数万两至二三十万两不等。其后，由盈利转化有护本、倍本等名目，实有资本不断扩大。由此可见，票号的性质和今天的银行有很多相似之处。

道光初年，山西平遥县的一家颜料庄经改组为山西第一家票庄。其后，平遥、祁县、太谷三县商人继起，将原来由商号兼营的汇兑业务划出或重新集资设立票号，形成山西人独占的一大新兴行业，通称山西票号。外国人称之为山西银行。

当时票号信誉卓著，且内部组织严密，能严守秘密，虽存款利息较低，贵族、官僚也乐意将私蓄寄存。放款对象除官吏外，主要是钱庄、典当和富商，不与一般商人发生借贷关系。此外还替人代捐官衔爵位和垫款谋缺，从中获利。其收入主要来源，原是汇水和银两平色的换算盈余。后来，存放款利率上的差额和代办捐官、谋缺等活动也成为重要利源。

在钱庄兴盛以前，票号一度是封建经济的重要金融支柱，有关对外贸易的内汇也统由票号经营。

“狗拉爬犁”为什么在东北那么盛行

一到冬季，黑龙江地区便冰天雪地，一般的车马都无用武之地。这时，“狗拉爬犁”就成了黑龙江沿江地区常用的交通工具。

爬犁的样子，远处看去像车，近处细看又有些像船。其基本结构主要有：两个弯成半圆形或两头翘起中间平直的船形滑动支架，连接滑动支架并铺上木板或柳条的横梁以及两支供驾驭用的辕把。爬犁即可载人又可载物。人出门时，乘上爬犁一天可以疾行两百余里。进山狩猎丰收，几百斤重的猎物装上爬犁一气即可拉回。

驱使爬犁行驶的动力也因其样式和规格大小而异。常见的，则是用狗牵拉的爬犁，小者只需一二条狗，大者要用十几条。

时至今日，乘坐爬犁驰骋于冰川雪原，已经成为游客冬季到东北地区时必不可少的冰雪旅游项目。制作爬犁的材料与爬犁样式也有了新的发展，有的爬犁虽然仍由狗来牵拉，但整个架子由钢铁焊成，下部依然半圆，上面却安装一张靠椅。一家三口乘坐，兴味盎然。

“腰缠万贯”一词是怎么来的

在今天这个时代，一张银行卡就可以让人轻而易举地做到“腰缠万贯”。可是在古代，铜钱用绳串，千钱为一贯，万贯的重量应该是相当大的，但古人

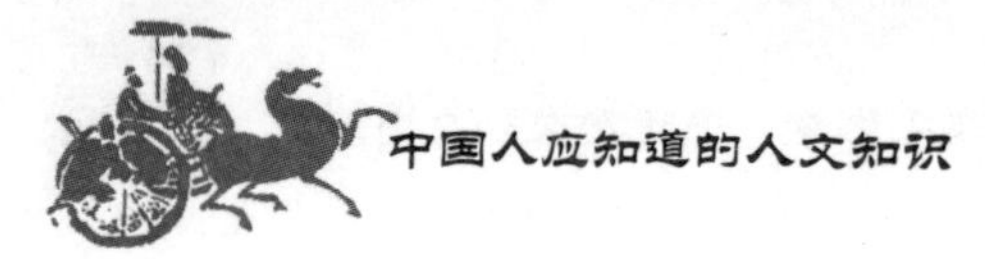

却也有腰缠万贯之说，古人的腰能承受住吗？

其实真的把一万贯铜钱用绳子串起来也是相当长的一截，把它缠在腰间更是不可能。但后来“腰缠万贯”却变成现实了，而且缠的就是金属钱。那古人是如何做到的呢？

到了宋代以后，一些富有的商贾游人出远门，为了带钱方便，防抢劫和偷盗，便把银子打成腰带缠在腰里。银带比现在的皮带稍宽稍厚，根据自己的财力和需要决定银带的长短，可在腰里缠一圈，也可缠几圈。银带外括以布绸，束在腰中。用时，从腰中掐下一段过秤即可，十分方便。想想，银子可比铜钱更值钱，这就使古人轻松做到了腰缠万贯。

古代的金融业是何时真正形成的

在当代有关中国金融行业的著作中，都把唐代称作是中国金融业真正形成的时代。为什么要这样说呢？这就得从中国历史上最早的金融机构“典当行”说起。

“典当行”其实就是我们常说的当铺。在中国历史上是先有典当，后有票号，再有钱庄，这是对中国旧时代金融业发展过程的清晰描述。

当铺最早出现在佛教寺院。南朝宋时的江陵令甄法崇的孙子甄彬，曾经到当地长沙寺的寺库中质钱，这里的寺库可能就是寺院经营的专门当铺，但也可能是寺院普通仓库而兼营典当。随着南朝佛寺典当经营活动的兴起和普及，典当逐渐成了一种民间的金融行业。

不过南北朝时期的典当业还仅仅是处于萌芽阶段。直到唐代，中国典当业才真正跳出佛寺这个狭小的圈子，成为整个社会十分普遍的蓬勃发展的金融业。唐代典当行业普及全社会，所以中国金融业的真正形成是在唐朝。

谁是古代旅游业的“创始人”

现在的人大都喜欢旅游，游览名山大川，参观名胜古迹。但是，你可知

道，旅游是在何时、由何人始创而成为一项经济事业的呢？

旅游业的始创者当属中国北宋名臣范仲淹。为什么这样说呢？据史料记载，宋仁宗皇佑二年江苏南部一带发生灾荒，当时范仲淹任杭州太守。范仲淹为了赈济灾民，便利用那里的湖山秀丽、古庙名寺众多之长，命各庙主事修葺庙宇，并在太湖举办划船比赛，然后号召各方官民出游，以此来聚集大量钱财用于赈灾。

果然，自春至夏持续数月，他们就收入了一大笔钱，范仲淹便用来救济灾民。这样一来灾民衣食有着，居守家园，免受逃荒颠沛流离之苦，实在是一桩美事。因此后来的人们就把旅游业作为一种经济事业来办，开创了先例。

为什么工资又叫作“薪水”

今天的人们喜欢把每月的工资称作是“薪水”，那么为什么要这样叫呢？它的最初含义就是“工资”吗？

其实，“薪水”的本意是打柴汲水。据《南史·陶潜传》记载：陶潜送给他儿子一个仆人，并写信说：“你每日生活开支费用，自己难以供给自己，现在派一个仆人来帮助你打柴汲水。他也是人家的儿子，要好好待他。”

在魏晋六朝时，“薪水”一词除了指砍柴汲水外，也逐渐发展为日常开支费用的意思，如《魏书·卢昶伟》中记载：“如薪水少急，即可量计。”这里的“薪水”就是指日常费用。现代一般人按月支取的工资近乎古代的“月俸”“月费”，又因为其主要作用也是用来应付日常生活开支，因此，人们常把工资称为“薪水”。

京杭大运河的开凿共经历了多久

一提到京杭大运河，很多人都首先想到的是暴君隋炀帝，认为运河就是他所在位的朝代开凿的。其实不然，京杭大运河的开凿与演变大致分为三个时期：

春秋吴王夫差十年开凿的邗沟至战国时代又先后开凿了大沟和鸿沟，从而把江、淮、河、济四水沟通起来。这是京杭大运河的萌芽期。

隋炀帝时代是运河开凿的第二时期。到隋炀帝时，为了加强中央集权和南粮北运，开凿京淮段至长江以南的运河，全长约2700公里。

元、明、清阶段开凿的运河是我们这里所说的运河的第三个时期，元代开凿的重点段一是山东境内泗水至卫河段，一是大都至通州段，是今运河的前身。

京杭大运河是中国古代劳动人民创造的一项伟大工程，是祖先留给我们的珍贵物质和精神财富，是活着的、流动的重要人类遗产。在两千多年的历史进程中，大运河为中国经济发展、国家统一、社会进步和文化繁荣作出了重要贡献，至今仍在发挥着巨大作用。

“商人”这一称呼是怎么来的

古往今来，社会上一直把做买卖的人称作“商人”，把做买卖很文雅地称作是在“经商”。那“商人”这个名字到底是怎么来的呢？

中国的封建社会虽然主要是自给自足的农业社会，但中国商业其实早在奴隶制时期的商代和西周就已经产生。在商朝时期，商业更是达到了一个兴盛时期，一部分商族人经常到周边民族地区开始农贸产品互换方式，因此，在外族人心目中，做买卖的就是商族人。

商朝灭亡后，商族人做买卖的就更多了，虽然后来随着历史的发展，买卖人已不再以商族人为主体，但人们仍习惯把“商人”作为买卖人的通称。

第十五章 百花齐放的古代哲学

中国文化博大精深，源远流长，在这样一个文明古国，中国有着自己独特的哲学文化。通过本章的介绍，您将进入一个神秘而又深奥的哲学世界。古代的中国，不管是经济、文化、军事等一直都处于世界前列，而哲学更是自成一派，在整个文化领域中独树一帜，熠熠生辉。

 “合二为一”这一哲学思想是如何演变的

方以智的哲学思想具有唯物主义和朴素的辩证法观点。他在《东西均》中提出“一而二，二而一”的命题，概括事物的矛盾和矛盾运动，认为事物都是“相捄相胜而相成”。他又在《物理小识》中提出“天恒动，人生恒互动，皆火之为也”，表明其宇宙观的基本观点是火的一元论。但他的思想中也隐藏有循环论，还难于跳出形而上学的“时中论”的束缚。方以智在他的学术论文中以大量的事实证明宇宙是物质的，后期又进而提出了“合二而一”的合理命题。这种朴素的辩证观点对当时的思想界影响很大。

“小国寡民”的理念是谁提出的

《老子》第八十章：“使有什佰之器而不用；使民重死而不远徙。……邻国相望，鸡犬之声相闻，民至老死，不相往来。”描述了老子理想中的“小国寡民”的社会图像。

如冯振甫所云：“老氏称上古之治，莫非要求‘见素抱朴，少私寡欲’，莫动干戈而已。这样，才能遂其所求，至于‘大顺’。若谓在求返于‘小国寡民’之世，又岂其然？”老子所追求的小国寡民之世，是风淳太平之世，生活安定，不动干戈。人类社会发展进入文明社会，在社会生产大发展的同时，不断的战争、分配的不均也相伴而生，而人类的贪欲、残忍与欺诈等丑恶面也日益滋长。正如老子自己所说的那样：“大道废，有仁义；智慧出，有大伪。”而这正是他不想看到的。

中国古代第一位哲学家是谁

老子是世界上第一位有完整论著传世的哲学家。老子的生卒年月已不可考，一般认为他是春秋末期的哲学家，略早于孔子。老子生卒年月难明，一是因为大家共知的老子西出函谷关，隐入山林，不知所终；二是因为老子其实并不是一个人，而有四代：李耳、老儋、老聃、老莱子。末代老子才是孔子的老师。

《老子》以“道”解释宇宙万物的演变，以为“道生一，一生二，二生三，三生万物”，“道”乃“夫莫之命（命令）而常自然”，因而“人法地，地法天，天法道，道法自然”。“道”为客观自然规律，同时又具有“独立不改，周行而不殆”的永恒意义。

《老子》书中包括大量朴素辩证法观点，如认为一切事物均具有正反两面，“反者道之动”，并能由对立而转化，“正复为奇，善复为妖”，“祸兮福之所倚，福兮祸之所伏”。又以为世间事物均为“有”与“无”之统一，“有、无相生”，而“无”为基础，“天下万物生于有，有生于无”。“天之道，损有余而补不足，人之道则不然，损不足以奉有馀”；“民之饥，以其上食税之多”；“民之轻死，以其上求生之厚”；“民不畏死，奈何以死惧

之”。其学说对中国哲学发展具有深刻影响，其内容主要见《老子》一书。

“形神相即”论是什么

范缜反对佛教因果报应说，认为人生好比同一棵树上的花朵，有的花瓣被吹到厅堂，也有些花瓣飘落进粪坑中，这完全是自然现象，毫无因果可言。在哲学上，范缜提出了著名的“形神相即”命题，认为形与神不能分离，形神关系就是“形质神用”，他说：“神之于质，犹利之于刃，形之于用，犹刃之于利。”指出：“舍利无刃，舍刃无利，未闻刃没而利存，岂容形亡而神在？”

“无为而治”是什么样的主张

无为而治是道家的基本思想，也是其修行的基本方法。无为而治的思想首先是由老子提出来的。老子认为天地万物都是由道化生的，而且天地万物的运动变化也遵循道的规律。那么道的规律又是什么呢？老子说：“人法地，地法天，天法道，道法自然。”(《道德经·二十五章》)可见，道的最根本规律就是自然，即自然而然、本然。既然道以自然为本，那么对待事物就应该顺其自然，无为而治，让事物按照自身的必然性自由发展，使其处于符合道的自然状态，不对它横加干涉，不以有为去影响事物的自然进程。

老子主张无为而为，无为即是有为，有为反而不如无为，如面对一片原始森林，如果我们不去理睬，倒是它自己花开花谢，叶茂叶枯，自生自灭。但一经我们插手，往往是兔走鹰飞，草盛木稀，森林便会遭到灭顶之灾。人之有为害了森林。

为什么老子说“道生万物”

《老子》把“道”作为哲学最高范畴，建立了自己的哲学体系，认为

“道”是产生宇宙万物的本原和支配宇宙万物的法则，又是人类社会所必须遵从的准则。

“道”的本来意义是道路的道，故从首、从走，引申而为规律、法则的意思。春秋时期，“天道”是指天象运行规律；“人道”是指人的行为准则。老子总结吸取了“道”的种种含义，把它上升概括为具有事物存在的实体和发展变化的规律两个特性。

老子认为，“道”是产生世界万物的本原，万物都是“道”的派生者。“道”是天地之根，万物之母，万物之宗。他说：“道可道，非常道；名可名，非常名。无名，天地之始，有名，万物之母。”这就是说，万物是可以言说的，而产生万物的道，却是不可言说的。可以言说的道，不是恒常不变的道；万物是可以命名的，给万物命名的道，却是不可以命名的。因此，无名之道，才是产生天地的始基。

“元气自然论”是谁的观念

在哲学上，柳宗元主张“元气自然论”，认为“元气”是物质的客观存在，否认“元气”之上还有更高主宰。提出“天人不相预”的观点，认为社会历史的发展有其客观必然的趋势，这个“势”不以人们的主观意志而转移，否定“圣人决定论”和“天命论”。柳宗元推崇提出儒家六经是“取道之原”，但并不排斥先秦诸子，认为老子、杨朱、墨子等诸家，与孔学并不对立，它们都是“孔氏之异流”“与孔子同道”，所以应该“咸伸其所长，而黜其奇邪”，将它们“通而同之，搜择融液”，使之符合儒家的“圣人之道”。柳宗元认为佛学与儒学有相合之处，因此不应该排佛。

“道术”可分为几个类别

道术这个词，最早出自《庄子·天下篇》，与“方术”“方技”是一个意思，道教中人也有称为“仙术”的。道教之术种类众多，共分以下五大类。

1.山

所谓“山”就是通过食饵、筑基、玄典、拳法、符咒等方法来修炼“肉体”与“精神”，充满身心的一种学问。总而言之，“山”就是利用打坐、修炼等各种方法以培养完美人格的一种学问。

2.医

所谓“医”，是利用方剂、针灸、灵治等方法，以保持健康、治疗疾病的一种方法。总之，“医”就是利用方剂、针灸、灵治等方式，以治疗人的疾病的一种方法。

3.命

所谓“命”，就是透过推理命运的方式来了解人生，以自然法则，进而改善人命的一种学问。总之，“命”是以推定人的命运，进而达到趋吉避凶的学问。

4.相

所谓“相”，一般包括“印相、名相、人相、家相、墓相（风水）”等五种，以观察存在于现象界形相的一种方术。总之，“相”是对眼睛所看到的物体作观察，以达趋吉避凶的一种方法。

5.卜

所谓“卜”，它包括占卜、选吉、测局三种，其目的在于预测及处理事情，其中占卜的种类又可分为“易断”及“六壬神课”。

“祸兮福之所倚，福兮祸之所伏”代表了怎样的思想

“祸兮福之所倚，福兮祸之所伏”一语出自《老子·五十八章》，意思是说祸与福互相依存，可以互相转化。祸是造成福的前提，而福又含有祸的因素。也就是说，好事和坏事是可以互相转化的，在一定的条件下，福就会变成祸，祸也能变成福。

最能说明祸与福之间可以互相转化的例子莫过于一则“塞翁失马，焉知非福”的寓言故事，它出自于《淮南子·人间训》。

从前，有位老汉住在与胡人相邻的边塞地区，来来往往的过客都尊称他为“塞翁”。塞翁生性达观，为人处世的方法与众不同。有一天，塞翁家的马不知什么原因，在放牧时竟迷了路，回不来了。邻居们得知这一消息以后，纷纷表示惋惜。可是塞翁却不以为然，他反而释怀地劝慰大伙儿：“丢了马，当然是件坏事，但谁知道它会不会带来好的结果呢？”果然，没过几个月，那匹迷途的老马又从塞外跑了回来，并且还带回了一匹胡人骑的骏马。于是，邻居们又一齐来向塞翁贺喜，并夸他在丢马时有远见。然而，这时的塞翁却忧心忡忡地说：“唉，谁知道这件事会不会给我带来灾祸呢？”塞翁家平添了一匹胡人骑的骏马，使他的儿子喜不自禁，于是就天天骑马兜风，乐此不疲。终于有一天，儿子因得意而忘形，竟从飞驰的马背上掉了下来，摔伤了一条腿，造成了终身残疾。善良的邻居们闻讯后，赶紧前来慰问，而塞翁却还是那句老话：“谁知道这会不会带来好的结果呢？”又过了一年，胡人大举入侵中原，边塞形势骤然吃紧，身强力壮的青年都被征去当了兵，结果十有八九都在战场上送了命。而塞翁的儿子因为是个跛腿，免服兵役，父子二人也得以避免了这场生离死别的灾难。

人世间的好事与坏事都不是绝对的，在一定的条件下，坏事可以引出好的结果，好事也可能会引出坏的结果。

《逍遥游》中体现了庄子哪些观点

“逍遥”也写作“消摇”，意思是悠然自得的样子；“逍遥游”就是没有任何束缚地、自由自在地活动。

《逍遥游》是《庄子》的代表篇目之一，充满奇特的想象和浪漫的色彩，寓说理于寓言和生动的比喻中，形成独特的风格。《逍遥游》也是庄子哲学思想的一个重要方面。全篇一再阐述无所依凭的主张，追求精神世界的绝对自由。在庄子的眼里，客观现实中的一事一物，包括人类本身都是对立而又相互依存的，这就没有绝对的自由，要想无所依凭就得无己。因而他希望一切顺乎自然，超脱于现实，否定人在社会生活中的一切作用，把人类的生活与万物的生存混为一体；提倡不滞于物，追求无条件的精神自由。

“齐物”与“齐论”分别指什么

“齐物论”包含齐物与齐论两个意思。庄子认为世界万物包括人的品性和感情，看起来是千差万别，归根结底却又是齐一的，这就是“齐物”。庄子还认为人们的各种看法和观点，看起来也是千差万别的，但世间万物既是齐一的，言论归根结底也应是齐一的，没有所谓是非和不同，这就是“齐论”。

“齐物”与“齐论”是庄子哲学思想的又一重要方面，与“逍遥游”一并构成庄子哲学思想体系的主体。庄子看到了客观事物存在这样那样的区别，看到了事物的对立。但出于万物一体的观点，他又认为这一切又都是统一的，浑然一体的，而且都在向其对立的一面不断转化，因而又都是没有区别的。

庄子还认为各种各样的学派和论争都是没有价值的。是与非、正与误，从事物本于一体的观点看也是不存在的。这既有宇宙观方面的讨论，也涉及认识论方面的许多问题，因而在我国古代哲学研究中具有重要地位。篇文充满辩证的观点，但也经常陷入形而上学的泥潭，须得细加体会和分析。

“井底之蛙”与“东海之鳖”是一个意思吗

《庄子·秋水篇》讲了一个浅井的青蛙和东海之鳖的故事。

一日，一只浅井的青蛙见到一只东海大鳖，便兴致勃勃地对它说：“我可快乐啦！出来就在井栏边跳来跳去，进去就在井壁砖缝中休息；跳入井中，水就泡着我的两腋和腮；游到浅处，泥汤就没了我的脚。我独占一井之水，螃蟹和蝌蚪都没法跟我相比，你何不也下来看看？”

东海之鳖来到井边，左脚还没进去，石膝已经被卡住了。东海之鳖慢慢退了出去，然后对这只浅井青蛙讲述了大海的样子：“用千里之遥这样的字眼儿，不足以说明大海的广阔；用千仞之高这样的词，不足以道尽它的深度。大禹时十年九涝，海水没显出增加了多少；商汤时八年七旱，海水也并不见减少多少……”浅井的青蛙听得目瞪口呆，惊恐万分，茫茫然若有所失，它何尝想到还有比它的一方水井更大的世界呢!

“坎井之蛙”指废井里的青蛙，比喻见识不多且沾沾自喜的人。“东海之鳖”指喜欢炫耀，夸夸其谈的人。东海之鳖何必要告诉井底之蛙那么多呢？它给蛙带来的不是快乐，反是痛苦；东海之鳖啊，见多，未必识广。把自己的价值标准，置于他人的价值之中，是愚蠢的。也可以说，东海之鳖是残忍和无知的。

“君君臣臣”是一种什么样的思想

粗略地说，“君君臣臣”是老夫子根据“礼”的精神制定出来的一套有效的社会运作模式，这套模式规定了每个人处于一定的位置时，宜于干适合于他的事情。夫子认为，只要大家都如此，这个社会就“和”了。“和”，是夫子的目标。但夫子这里的“和”，却和柏拉图理想国里的刻板世界大不相同。因为他的最核心观点是“和而不同”，就是“和”之后还有“不同”，和是目的，不同是手段。而“和”和“不同”的“和”比此一“和”更高一层的“和”，也就是“和谐共存”，这才是最后的目标。

有人问了，有一国的国君被百姓驱逐出境了，这样的举动是不是“非礼”了？孔子说不然，因为那是一个无道昏君，也就是不合乎道的非“礼”的混蛋王上，这样的主就叫不当位，所谓“君非君”，君既然“非君”，那么根据“君君臣臣父父子子”的礼的原则，他就应该主动退位给合适的人选。他赖着不走，所以只好人家来赶他走。他赖着不走是“非礼”的，而人家赶他走，反倒是“合乎礼”的了。由此可以看出，儒家的这个社会结构，是“活”的，而不是“死”的。

“拈花微笑”指代什么意思

“拈花微笑”也作“拈花一笑”，佛教语，禅宗以心传心的第一宗公案（典故），包含两层意思：一是对禅理有了透彻的理解，二是彼此默契、心领神会、心意相通、心心相印。

有一次，大梵天王在灵鹫山上请佛祖释迦牟尼说法。大梵天王率众人把一朵金婆罗花献给佛祖，隆重行礼之后大家退坐一旁。佛祖拈起一朵金婆罗花，意态安详，却一句话也不说。大家都不明白他的意思，面面相觑，唯有摩诃迦叶破颜轻轻一笑。佛祖当即宣布："我有普照宇宙、包含万有的精深佛法，熄灭生死、超脱轮回的奥妙心法，能够摆脱一切虚假表相修成正果，其中妙处难以言说。我不立文字，以心传心，于教外别传一宗，现在传给摩诃迦叶。"然后，他把平素所用的金缕袈裟和钵盂授予迦叶。这就是禅宗"拈花一笑"和"衣钵真传"的典故。中国禅宗把摩诃迦叶列为"西天第一代祖师"。

佛祖所传的其实是一种至为祥和、宁静、安闲、美妙的心境，这种心境纯净无染、淡然豁达、无欲无贪、无拘无束、坦然自得、不着形迹、超脱一切、不可动摇、与世长存，是一种"无相""涅槃"的最高境界，只能感悟和领会，不能用言语表达。而迦叶的微微一笑，正是因为他领悟到了这种境界，所以佛祖把衣钵传给了他。

为什么说"庖丁解牛"蕴含了养生之道

"吾生也有涯，而智也无涯，以有涯随无涯，殆矣；而已为知者，殆而已矣"。

庄子透过"庖丁解牛"的故事说明了养生之道。

庖丁开始学习宰牛时，未能了解牛的结构，看不出关节间有可以下刀的空隙，看到的只是一个个完整的牛。三年后，他不曾看过完整的牛了。再过了一段时间，庖丁不再用眼睛观察牛，而是用神去体会它。宰牛时按牛的自然结构，在筋骨的间隙处下刀，刀刃没有碰到经络和软骨，更不会碰到骨头。因此，他的刀用了十九年，刀锋仍像新磨的一样。

人的精神好比刀刃。刀刃要保持锋利，就不要让它碰到经络和软骨，更不要用刀去劈骨头。同样的，人要养生，就不要触及伤害身体的"经络、软骨和骨头"。这些东西是指"名"和"刑"。做坏事的人，当然会受到惩罚，除肉体上受罚外，犯罪的人也会受良心责备，精神受困扰而不能养生。有些人做好事，是为了"扬名声"，抱着这种心态行善的人，经常要戴着假面具做人，掩饰自己的诡计，精神不自觉地操劳，可是到最后阴谋往往败露于世，身败名裂。

总结一句，庄子认为人做好事，不要以沽名钓誉为目的，要自然而然去做，至于坏事，当然不能做，这就是养生的道理。

古人如何看待“忠孝”

汉朝初年，朝廷上曾经讨论过这样的问题，即商汤和周武王推翻他们君主的军事行动是否是正确的。有人认为：帽子即使破了，也应该戴在头上；鞋子即使新的，也只能穿在脚下。也就是说，君主是帽子，臣子是鞋子，再坏的君主也不能被推翻。这个争论就是对君主的忠诚问题，孔子把忠诚和孝道联系在一起，表明了自己鲜明的观点。孔子曾经说过，臣子侍奉君主要忠诚，君主要按照礼制对待臣子，不可对臣子随意侮辱和杀戮。

依照孔子的主张，孝道不是说要好好照顾自己父母的生活。孔子说，养只狗，喂匹马，也都要好好照顾它们的生活，所以只是好好照顾父母的生活不能算是孝顺。孔子认为，孝顺最难得的是和颜悦色，让父母愉快。父母在世时，要按照礼制的规定侍奉父母；父母去世时，要按照礼制埋葬父母；父母去世以后，要按照礼制祭祀父母。但是，父母在世时，一家一户过日子，如何按照礼制侍奉父母，别人也不知道。死后祭祀，也难以充分表现出孝的程度。只有在父母去世时，才是充分表达孝心的机会。孝心的表达，又主要借助于哭泣的程度，用为父母守丧期限的长短表现出来。

为什么说韩非子的思想蕴含着“朴素辩证法”

《韩非子》中的寓言故事体现出朴素辩证法思想。尽管《韩非子》中有过分强调对立、斗争绝对化的倾向，但对矛盾的转化条件，也作了辩证的解释。他用耳熟能详的“守株待兔”这个寓言故事，猛烈抨击顽固守旧的陈腐思想，为推行他的革新变法主张寻找理论根据。韩非的历史观还有不少缺陷，本质上

还是唯心主义的。“守株待兔”这个寓言故事就阐述了必然与偶然的辩证关系。

宋国有个农夫种着几亩地，他的地头上有一棵大树。一天，他在地里干活，忽然看见一只兔子箭一般地飞奔过来，猛地撞在那棵大树上，一下子把脖子折断了，蹬蹬腿就死了。这个农夫飞快地跑过去，把兔子捡起来，高兴地说：“这真是一点劲没费，白捡了个大便宜，回去可以美美地吃上一顿了。”他拎着兔子一边往家走，一边得意地想：“我的运气真好， 没准明天还会有兔子跑来，我可不能放过这样的便宜。”第二天，他到地里也不干活，只守着那棵大树，等着兔子撞过来。结果，等了一天什么也没等到。他却不甘心，从此，天天坐在那棵大树下等着兔子来撞死。他等呀等呀，直等到地里的野草长得比庄稼都高了，连个兔子影儿也没有再见到。

为什么说墨子是最早的理想主义者

墨子是我国先秦时期的一位大思想家，墨派学说也是先秦百家的重要学说之一。当时的显派之一墨家最早灭亡，究其原因，主要是其思想过于理想化，即乌托邦主义，为统治阶级所不容。

兼爱，即平等无差别地爱任何人，墨家的兼爱显得境界很高。无差别的爱人如爱己是不太可能的，从人性的角度来讲，也很难说兼爱符不符合人性本真。因此兼爱到目前为止也只能被视为一种精神和境界，而难以成为规范人们行为的准则。因而大力提倡“爱人犹己”，也只能是一种幻想。

非攻，便是主张和平，不要战争，在这个立场上儒墨两家趋于一致。墨子反对那种为了争城夺地而使百姓遭到灾难的混战。墨子亲眼目睹自己的主张遭到时代的践踏。而即便是在今天，非攻——放弃战争，也还只能称之为一种愿望。

墨家反对剥削，崇尚劳动。提出“赖其力者生，不赖其力者不生”，“不与劳动”的，就不能“获其实”。要求统治阶级放弃他们的既得利益，参与劳动，自力更生，甚至有“天下选贤任天子”的想法，这还不是直接挑战天授的皇权吗?

再加上，墨家尚武任侠，无政府主义气息浓厚，基本上是一个准军事组织。封建统治阶级为了维护巩固其统治，是不能容忍非政府军事组织存在的。

“白马非马”是一种什么样的哲学思想

白马非马，这是中国古代伟大的逻辑学家公孙龙(约公元前320~前250年)提出的一个著名的逻辑问题，出自《公孙龙子·白马论》。

据说：公孙龙过关，关吏说：“按照惯例，人过关可以，但是马不行。”公孙龙便说白马不是马，一番论证，关吏听了后连连点头，说：“你说得很有道理，请你为马匹付钱吧。”

公孙龙的“白马非马”这个命题，以及他的关于这个命题的辩论，也反映辩证法中的一个重要问题——同一性与差别性的关系的问题。他从另一个出发点讨论了上面说的“同一性在自身中包含着差别性”这个问题，公孙龙是从命题出发，他看出了，在每个命题中，如“莲花是一种植物，玫瑰是红的”等，其主语和述语的内涵和外延都不完全相同。一般人都说：“白马是马。”

公孙龙对于这个命题作了相当详细的分析，明确地指出主语和谓语之间的不同。但是他不知道这样的不同是必需的，是客观规律的反映，反而把二者割裂开来，加以抽象化、绝对化，由此达到客观唯心主义的结论，得出“白马非马”的结论。这就是把范畴固定化，其思想方法是形而上学的。

与骷髅的对话体现了庄子怎样的生死观

《庄子·至乐》中记载了一段庄子和骷髅的对话，反映了庄子的生死观。

有一天庄子去楚国时，看到一个死头骨（骷髅），他边敲打着这个头骨边发其感慨说：“你是贪欲过多、伤天害理导致了这个结果呢？还是遇亡国之乱被刀兵所杀呢？或者行为不善，愧对父母妻子，活不下去而自尽呢？还是受冻挨饿而亡，或者因年寿已尽而死呢？”庄子尽管属于崇尚自然无为的道家，主张出世，但是，这一连串的对死者死因的追问，似乎表露出庄子评价人生的标

准也有世俗的道义成分。也就是说，他的观点与儒家的入世态度和价值标准有相似的一面。但事实上，庄子在这里只是自我设问，目的是突出他对骷髅的询问，并表露出对骷髅的谴责，都是从“生人之累”出发的；所以，骷髅要给这位知生不知死的“辩士”补上“死之说”这一课。庄子是倡导自然无为的，也正因为如此，他时不时地也表现出某种常人的情感和是非判断。

骷髅认为，天地间最快乐之事莫过于死，因为只有死者才不再承担上忠君、下恤臣的义务，也不再有穷于应付各种社会事务和礼节仪式的烦恼，无忧无虑，安危顺从于天地自然的变化。即使是人世间至高无上的君王，他的快乐也不过如此啊！庄子以为这不过是空谈，以言激之说：“假使我能让主管生命之神重新给你一次生命，重生形质肌肤，并一同回赠给你父母、妻子、邻居和熟悉之人，那你愿意还阳吗？”谁知骷髅却深深地皱着眉头说：“我怎么能放弃这君王一般的快乐而重新去承受人世间的劳苦呢？”

庄子是如何理解“生死”的

庄周有一次做梦，梦见自己变成了一只蝴蝶，悠闲自在地飞来飞去，很是得意。突然醒来，发现自己原来是庄周。不过，人生本来就是梦，梦与梦之间流变无终，所以弄不清楚到底是庄周梦见自己变成了蝴蝶，还是蝴蝶梦见自己变成了庄周。庄子由此认为不管是庄周梦见自己变成了蝴蝶，还是蝴蝶梦见自己变成了庄周，蝴蝶与庄周毕竟是不一样的，两者之间的转化也就是物与物之间的转化，是一种“物化”。

庄子把这个故事进一步上升到对人生人死的理解上。他认为人生人死只是一种物的转化，宇宙是一个循环不已的大混沌。就宇宙整体而言，从一无所有的朦胧状态变为有形有象的明晰世界，又由有形有象的明晰世界回归到无形无象的朦胧状态；在有形有象的明晰世界中，由一种东西变成另一种东西，又由另一种东西变成了第三种东西。如此而已，永无止境。人生人死不过是这一大流变中的一个瞬间。

另外，从这个故事出发，庄子还试图告诉人们，究竟是梦还是醒，是庄周还是蝴蝶，人们根本没有必要去追究。因为人们的认识标准是相对的，根本无法正确认识事物。

荀子是如何理解“人性本恶”的

《荀子·性恶》中，荀子认为人性有两部分：性和伪。性是人先天的动物本能，是恶；伪是人后天的礼乐教化，是善。性（动物本能）的实质是各种欲望，如果顺从性，人就会为满足欲望不择手段，导致道德沦丧、天下大乱。圣人知道性是恶的，所以创制礼义道德，“化性起伪”，用伪取代性，使人变善。

达尔文进化论也能佐证“性恶”这一点，因为生物在进化历程中，只有进化出生存欲、占有欲才能存活。为了自己的生存牺牲他人，占有尽可能多的生存资源，消灭竞争者。这是性，是恶。

那么为什么要伪？善有什么用？《荀子·王制》中又说：论力气，人不如牛；论速度，人不如马，然而人却驯化了牛马为己所用，这是为什么？因为人能组成社会，团结一致，而牛马等兽类不能。人为什么能组成社会？因为人有道德（义）。有了道德，就能组成牢固的社会，使人的力量大增，人类繁荣发展，幸福生活。道德的作用就是维持社会内部秩序，构建“和谐社会”。这就是伪的作用。伪（礼义道德）能维持社会的正常秩序，保证人类的生存。

王安石有着怎样的哲学思想

王安石在《原性》中说：“夫太极生五行，然后利害生焉，而太极不可以利害言也。”王安石认为世界的本原是“太极”，五行是从太极来的。对太极，他未作更多的论述，五行指构成万物的五种元素——水、火、土、木、金。在《洪范传》中他又说五行由天地之间的阴阳二气所生。天地就是阴阳之气的代表。王安石认为五行由阴阳二气（太极）而生的思想，抛弃了古代唯心主义的说教，对五行的起源作了明确的唯物主义解释。

如何理解康有为的“三世”论

为了给维新变法制造理论依据，康有为提出了他的“公羊三世说”。他认为，《春秋公羊传》中包含有“三世”的思想，即所谓“所见世”(指孔子亲眼见到的)、“所闻世”(指孔子所亲自见过的人说的)、“所传世”（指孔子听说的传闻)。他又把这种所谓“三世”同《礼记》所讲的“大同”“小康”联系起来，说：“所传世托据乱，所闻世托升平，所见世托太平。”还说“公羊三世”，就是由“据乱世”进化到“升平世”(“小康”)，再由“升平世”进化到“太平世”(“大同”世界)，并认为这是人类社会进化的普遍规律。戊戌变法前，康有为宣称“据乱世”是政治混乱的时代，“升平世”是君主统治时代，“太平世”是民主时代。现在君主统治时代的局面再也不能继续下去了，应向民主时代前进。这样，他用“公羊三世说”为他的改良主义的政治主张提供了理论依据。

为什么说“白驹过隙”代表了庄子的人生观

这个成语出自《庄子》，是庄子关于人生短暂的比喻。意思是说，人生就像一匹白马越过地面的一个小缝一样，只是瞬间，极为短暂。

事实上，庄子的这段论说的意思非常深刻。人生非常短暂，只是大道变化的一瞬间。大道轮变如同骏马飞奔，人生在世就像飞马过隙一样；生生死死，是大道流变的自然过程、生物变化的自然程序，人皆如此，没有一个能够避免的；既然如此，人们就应该从对死亡的哀伤和悲痛中解脱出来，顺随生物的自然变化，生而不喜，死而不悲，生死不动于心，永远保持内心的平静。做到了这些，也就达到了人生的至理，回归了大道，人生也达到了完美；达于至理、回归大道的人从来不去区别有生与无生，不去分辨有形与无形，将生死来去视为一体，将有形无形划为同一。正因为如此，所以也就无需言语和论辩了。

“知行合一”是谁的哲学主张

知行合一是王守仁提出来的。他首先强调人的活动是有目的、有意识的，即他说的“致良知”，但如何使人的主体与客体联系起来呢?王守仁主张“求理于吾心”，即“知行合一”。他用主体包容了客体，将客体的独立性、自然性和物质性否定了。对于“行”他解释道：“凡谓之行者，只是着实去做这件事。”

王守仁的“行”范围包括了学、问、思、辨，这在《中庸》里是“知”的四个侧面，在王守仁这里合一了，因为他模糊了两者的界限。王守仁进一步提出，人的“一念发动处即是行”，实际上是取消了真正的“行”。所以，明末清初的思想家王夫之批评他“销行以归知”。

王守仁这样用意念代替“行”也有合理的方面，他要人们树立一种信念，在刚开始意念活动时俱依照“善”的原则去做，将不善和恶消灭在刚刚萌发的时候，这也叫“知行合一”。

古人为什么那般崇尚“天神体系”

在古代，由于人们对大自然的依赖感和神秘感，认为自然现象和自然力存在一种神秘力量的支配，就把它们奉为神灵，并且加以崇拜和祈祷。中国古代自然崇拜的对象极为广泛，包括日月星辰、风雨雷电、河海山川、水火以及动植物类、男女生殖器等等，主要都是与人类生产和生活直接相关的自然物和自然力。后来，出现了将自然人格化和社会化的复杂现象，人们由自然崇拜的人格化发展到相信天帝和天命，初步建立了以天帝为中心的天神体系。

对鬼神崇拜首先来自对祖先的崇拜，古时的人死后，他的子孙非常想念他，夜里做梦就会梦见他，因而认为人在死后还有灵魂存在，并且认为祖先的灵魂能够行使神的职能和后代交流。所以子孙便以陪葬、祭祀等方式安慰先灵，祈求祖先保护自己。

第十六章 璀璨耀眼的古代文学

古代文学的发展经历了先秦两汉、魏晋南北朝、隋唐五代、宋代、辽金元、明代、清代这七个历史阶段，主要以汉民族文学为主。在古代文学中，包括了诗歌、散文、戏曲、小说，等等，充分显示了中国历史与文化的博大精深。

《礼记》是一本什么书

《礼记》是战国至秦汉间讲礼文章的选集，为儒家经典之一。《礼记》是西汉武宣时代礼学家戴圣编定的四十九篇本，是先秦儒家学术论文汇编，非一人一时所著。它包含了从孔子直到孟、荀各家各派的论著，其中皆为孔子七十子后学所记，内容相当庞杂。经过学者们长期研究，较普遍地认为这些篇章大多数写就于春秋战国时代，文中反映的基本内容多系先秦古制，其中录有一些孔子言论或其弟子对孔子思想的发挥，即使有个别篇章是秦汉儒生所撰，其基本内容也都是对先秦古制的追记。

《礼记》的内容主要是记载和论述先秦的礼制、礼仪，解释仪礼，记录孔子和弟子等的问答，记述修身做人的准则。实际上，这部九万字左右的著作内容广博，门类杂多，涉及政治、法律、道德、哲学、历史、祭祀、文艺、日常生活、历法、地理等诸多方面，包罗万象，集中体现了先秦儒家的政治、哲学和伦理思想，是研究先秦社会的重要资料。

苏秦和张仪谁更厉害

以成败论英雄，张仪厉害；以城府论，张仪厉害；以巧舌如簧论，苏秦厉害。两个人都是鬼谷子的学生，苏秦先出合六国而攻秦，但是六国各怀鬼胎，不能合作，最终还是以兵败告终。

《史记》记载苏秦是东周洛阳人，曾跟随齐国的鬼谷先生学习，后出游数岁，一无所获而归，遭到家人的讥笑。于是他发愤用功，得周书《阴符》后认真研读，领会出如何方能投人主之所好的奥秘。他先去游说周显王、秦惠王和赵肃侯，但都未成功。接着又到燕国去见燕文侯。文侯接受了他的合纵主张，并资助他车马金帛，使他能到赵、韩、魏、齐、楚几国去游说。六国经过他的劝说而联合起来，苏秦成为纵约长，“并相六国”。

张仪是魏国贵族后裔，学纵横之术，主要活动应在苏秦之前，是战国时期著名的政治家、外交家和谋略家。秦惠文君九年，张仪由赵国西到秦国，凭借出众的才智，被秦惠王任为客卿，筹划谋略攻伐之事。次年，秦国仿效三晋的官僚机构开始设置相位，称相邦或相国，张仪出任此职。他是秦国置相后的第一任相国，位居百官之首，参与军政要务及外交活动，从此开始了他的政治、外交和军事生涯。张仪拜相后，积极为秦国谋划。他采用连横术迫使韩、魏太子来秦朝拜，并与公子华攻取魏国蒲阳。又游说魏惠王，不用一兵一卒，使得魏国把上郡15县，包括少梁一起献给秦国。

《左传》是谁写的

《左传》原名为《左氏春秋》，汉代改称《春秋左氏传》，简称《左传》。它是我国现存最早的较为完备的编年体史书，相传是春秋末年左丘明为解释孔子的《春秋》而作。它起自鲁隐公元年，迄于鲁哀公二十七年，以《春秋》为本，通过记述春秋时期的具体史实来说明《春秋》的纲目，是儒家重要

经典之一。西汉时称之为《左氏春秋》，东汉以后改称为《春秋左氏传》，简称《左传》，是我国古代记述春秋时期周王与各诸侯国事迹的编年体史书。《左传》不仅记事详备可靠，是研究春秋历史最重要的典籍，而且文笔精练，描写生动，在文学史上也有极高的价值。然而这样一部史学和文学的名著，其作者究竟是谁，历来众说纷纭，莫衷一是。

《左传》的作者是谁，至今都是未解之谜。西汉史学家司马迁、班固等人都认为《左传》是左丘明所写。《左传》最初的传诵出于左丘明，他是一个双目失明、博闻强记的瞽史，后来其书又经过传习者的补充修订。有一些人认为，《左传》系孔子的弟子子夏所著。然而至今，并没有什么确凿之证据表明《左传》确为某人所作，从传统之说，以左丘明为《左传》作者。

通假字和假借字是一回事吗

假借，简单说来就是同音替代。口语里的词语，没有相应的文字对应，于是就找一个和它发音相同的字来表示其含义。如“自”本来是“鼻”的象形字，后来借作“自己”的“自”。

古人分析汉字形体的构造而归纳出来的六种条例，即六书，有象形、指事、会意、形声、转注、假借。其中前四种是造字方法，后两种是用字方法。因为假借没有造出新字，所以它的形体构造不能超出象形、指事、会意、形声四种形体构造的范围。

而汉字通假是指古代书面语中用音同音近的字代替本字的用字现象。

通假字是本字音同音近的替代字，通假义是指与字形所表示的意义无关的被通假作他字的意义。通假与假借有相同点，也有不同点。通假与假借相同的是，都属音同音近借用，都把汉字作为记音符号。通假与假借不同的是，假借是借用一个音同音近的字来书写未造字词，特点是“本无其字”。通假则是已有本字却用另一个音同音近的字来代替，特点是“本有其字”。另外，假借字对所借字形往往是长期的甚至永久的占用。通假则是暂时的、偶尔的替代，字词关系确定后，一般就不再用通假。

黄梅戏是哪里的曲种

黄梅戏是安徽省的主要地方戏曲剧种。黄梅戏原名“黄梅调” 或“采茶戏”，与京剧、豫剧、评剧、越剧并称我国五大剧种五大剧。它发源于湖北、安徽、江西三省交界处黄梅多云山，与鄂东和赣东北的采茶戏同出一源。其最初形式是湖北黄梅一带的采茶歌，与当地民间艺术相结合，用当地语言歌唱、说白，形成了自己的特点，被称为“怀腔”或“黄梅调”。

后来与皖、鄂、赣三省间的黄梅采茶调、江西调、桐城调、凤阳歌一起，受当地戏曲（青阳腔、徽调）演出的影响，与莲湘、高跷、旱船等民间艺术结合，逐渐形成了一些小戏。

这些小戏进一步发展，又从一种叫“罗汉桩”的曲艺形式和青阳腔与徽调中吸收了演出内容与表现形式，于是产生了故事完整的本戏。从小戏到本戏还有一种过渡形式，老艺人称之为“串戏”。“串戏”也就是各自独立而又彼此关联着的一组小戏，有的以事“串”，有的则以人“串”。“串戏”的情节比小戏丰富，出场的人物也突破了小丑、小旦、小生的“三小”范围。其中一些年龄大的人物需要用正旦、老生、老丑来扮演。这就为本戏的产生创造了条件。1920年的《宿松县志》上记载有“邑境西南，与黄梅接壤，梅俗好演采茶小戏，也称黄梅戏”，第一次正式提出“黄梅戏”这个名称。

“成也萧何，败也萧何”的典故出自谁

“成也萧何，败也萧何”——这是韩信临死前的慨叹。韩信年轻时带剑投奔项梁，默默无闻；后投奔项羽，也只做个郎中。他多次献策以求重用，项羽都未采纳。

刘邦入蜀时，韩信弃楚而投汉，依然默默无闻。他只任迎宾小吏，却因犯法被处斩刑，刀口下出狂言，惊动滕公夏侯婴，荐为治粟都尉。后来，萧何发现了韩信这个奇才，但韩信仍未获重用。军至南郑，韩信自觉出头无日，便随众将逃亡。萧何未及请示，便月下追韩信。

后来，韩信运筹帷幄，逐鹿中原，为刘汉王朝打下半壁江山，封王列侯。

有人告他谋反，刘邦削了他的兵权。汉十年，刘邦亲征陈口。韩信称病未出，却暗中派人与陈联络。韩信家臣告密后，坐镇京城的吕后想召见韩信，又怕他拥兵不肯就范，就同萧何商议计策。毕竟萧何老谋深算，他派人传旨韩信，声称陈口已经被捉拿斩杀了，列侯、群臣都要进宫朝贺。萧何欺骗韩信道："你尽管有病在身，也得勉强进宫朝贺，以免皇上生疑。"

可怜韩信聪明一世，糊涂一时。一踏进宫门，即被吕后预伏的刀斧手劫持捆绑，架至长乐宫悬钟室，身首异处了。这是第二次临刑了，他喟叹道："我后悔没有采纳蒯通的计谋，竟被妇人小子所欺骗，这难道不是天意吗？"于是吕后诛杀了韩信一家三族。这就是败也萧何。

刘勰是如何借沈约出名的

《文心雕龙》是中国文学理论批评史上的巨著。《文心雕龙》的作者刘勰是我国南北朝时期著名的文艺批评家。他出身贫寒，好学上进，年轻时就下苦功写成了一部文艺理论著作，可是一直没有机会得到名人的指教。后来，他几次求见当时的大文学家沈约，都被拒之门外。在无可奈何的情况下，他乔装打扮成一个卖书郎，带着一个大包裹，整天在沈约家门前盘桓，等待时机。

有一天，刘勰正好瞧见沈约乘车回家，连忙迎上去，放开嗓子高声喊道："卖书！卖书！都是古装珍本哟！"沈约是个书迷，听说卖好书，便立即吩咐家人停车，想看个究竟。刘勰乘机呈上自己的作品，说："沈大人，这里哪有什么珍本，只因小人写了一部书，一直得不到大人的指教，才化装成卖书郎在此等候。"沈约听后，不仅没有生气，还把刘勰请到家里。

沈约读完刘勰的作品后，发现这是一部很有价值的书。他对刘勰热情地鼓励一番，又提出许多中肯的意见。刘勰按沈约的意见将文稿认真做了修改。这便是后来在我国文学史上享有很高声誉的名著《文心雕龙》。

《文心雕龙》是一本什么样的书

《文心雕龙》是中国古代第一部有严密体系的文学著作。《文心雕龙》全书以孔子美学思想为基础，兼采道家，全面总结了齐梁以前的美学成果，细致地探索和论述了语言文学的审美本质及其创造、鉴赏的美学规律。它提出“辞约而旨丰，事近而喻远”，“隐之为体义主文外”，“文外之重旨”，“使玩之者无穷，味之者不厌”等说法。在文学史观上，它认为文学的发展变化终归要受到时代及社会政治生活的影响。它要求作家要大胆地创新：“日新其业”，“趋时必果，乘机无怯”，但又强调任何“变”或创新都离不开“通”，即继承。《文心雕龙》还论述了在创作中，主观的“情”和客观的“景”是互相影响、互相转化的，即“情以物兴”和“物以情观”，“情以物迁，辞以情发”，“登山则情满于山，观海则意溢于海”。它认为作家观察外物，只有带着深挚的情感，并使外物染上强烈的感情色彩，才会在艺术表现上有精巧的文采。

作者刘勰，是南北朝文学理论批评家，他的主要著作《文心雕龙》是部“体大思精”“深得文理”的文学理论批评的巨著。它初步建立了文学史的观念，总结了文学创作的经验教训，建立了文学批评的方法论。

如何理解“陋室”不“陋”

《陋室铭》写的是“陋室”，其实“陋室”不陋。作者先用新颖的、容易被人们理解的比喻写道：“山不在高，有仙则名；水不在深，有龙则灵。”以此引入正题：“斯是陋室，惟吾德馨。”这就是说，房子虽然简陋，但我的德行却是高尚的。“惟吾德馨”与结尾“孔子云：‘何陋之有？’”相呼应，点出文章的灵魂。孔子以“君子”自居，作者以“品德好”自居。诸葛亮、扬子云也都是品行高尚的人。诸葛亮身居茅屋而知天下三分；扬子云在简陋的亭子里写出了《太玄经》。在作者看来，君子连同他们居住过的“陋室”同样名闻于天下。所以，只要德行高尚，虽身居“陋室”，又“何陋之有”呢？这就是“陋室”不“陋”的深刻内涵。

《汉书》在史学上有着什么样的地位

《汉书》是我国第一部纪传体断代史，作者是东汉文学家、史学家班固。

《汉书》，又称《前汉书》，它开创了中国断代纪传表志体史书，奠定了历朝历代撰修正史的编例，是继《史记》之后中国古代又一部重要的史书，与《史记》《后汉书》《三国志》并称为“前四史”。全书主要记述了上起西汉的汉高祖元年（公元前206年），下至新朝的王莽地皇四年（公元23年），共230年的史事。全书包括纪十二篇，表八篇，志十篇，传七十篇，共一百篇。后人划分为一百二十卷，共八十万字。《汉书》以十志为主干，展开多种专史的撰述，为古代学术开辟了新领域。它还第一次创立了《古今人表》，专门收录从传说时代的太昊到秦朝的吴广等人物，区分为九等并加以评价。它还创立了《百官公卿表》（属《汉书》首创），它为封建政权提供了组织章程，且开了正史记述职官制度之先河。

《史记》都记载了些什么

“史家之绝唱，无韵之离骚”是鲁迅先生对《史记》的赞誉。《史记》最初没有固定书名，或称“太史公书”，或称“太史公记”，也省称“太史公”。“史记”本来是古代史书的通称，从三国时期开始，“史记”由史书的通称逐渐成为“太史公书”的专称。

《史记》是我国西汉著名史学家司马迁撰写的一部纪传体史书。《史记》是一部纪传体通史，全书共一百三十篇，有十二本纪、十表、八书、三十世家、七十列传，五十二万六千五百一十五字。其中的本纪和列传是主体。“本纪”是全书的提纲，按年月时间记述帝王的言行政绩。“表”用表格来简列世系、人物和史事。“书”则记述制度发展，涉及礼乐制度、天文兵律、社会经济、河渠地理等诸方面内容。“世家”记述子孙世袭的王侯封国史迹和特别重要的人物事迹。“列传”是帝王诸侯外其他各方面代表人物的生平事迹和少数民族的传记。书中记载了上自上古传说中的黄帝时代，下至汉武帝元狩元年间共三千多年的历史。

《论语》是孔子自己写的吗

《论语》是我国最早的语录体散文，也是儒家学派的经典著作之一，由孔子的弟子及其再传弟子编撰而成。它以语录体和对话文体为主，记录了孔子及其弟子的言行，集中体现了孔子的政治主张、论理思想、道德观念及教育原则等。《论语》的语言简洁精炼，含义深刻。

众所周知，《论语》的核心思想是“仁”，是孔子及其弟子言行的整理。书中一方面倡导爱人、匹夫不可夺志，提倡独立的人格精神；另一方面又要求以仁为己任，见利思义，见义勇为，把社会责任放在第一位，提出了一种把个人人格与社会责任、社会义务相统一的人生观。它融政治、道德与教育于一体，这些思想对中国教育和文化的发展有深远影响。在人我关系上，它提出“己所不欲，勿施于人”，“己欲立而立人，己欲达而达人”，赞成推己及人的原则。它还特别强调“为仁由己”，提倡启发每个人的自觉道德精神，提出了不少重要的修养方法，并且论证了道德思想与礼仪规范的关系，要求人们仁礼兼备、文质彬彬。

《论语》是语录体著作，它通过人物的对话而将道理说明，许多句子里都闪烁着智慧的光辉，耐人寻味，诸如“三人行，必有我师焉”“择其善者而从之，其不善者而改之”等都成为如今的至理名言。

《四库全书》只是《永乐大典》辑佚吗

乾隆三十七年（公元1772年）十一月，安徽学政朱筠提出《永乐大典》的辑佚问题，得到乾隆皇帝的认可，接着便诏令将所辑佚书与“各省所采及武英殿所有官刻诸书”汇编在一起，名曰《四库全书》。这样，由《永乐大典》的辑佚便引出了编纂《四库全书》的浩大工程，这也是编纂《四库全书》的直接原因。

提起《永乐大典》，自清入关以来，并未有人见过这部巨书的整套。康熙曾多方寻找，始终未获。这一次为编纂《四库全书》，乾隆下了大决心找它，任用纪晓岚作为总纂，当然是更希望早日能够得到了。

一日，一个姓朱的翰林跟纪晓岚开玩笑说：“看来《永乐大典》大概是李自成攻占京城的时候，被他垫了马蹄子了！”

著名书法家、被称为淡墨探花的王文治，则郑重其事地向纪昀建议：“事

到如今，我看你不妨斋戒三日，祈求神明来指点指点，也许会有奇迹出现。”

这建议不过是王文治在开纪晓岚的玩笑。要让这位日食数斤肉的纪昀斋戒三日，那简直是一种惩罚。但没有想到，纪晓岚果然一本正经地斋戒了三日。说也奇怪，就在纪晓岚斋戒后不到两天，宫中的小太监在内廷继续寻找的时候，爬到“敬一亭”的顶架上，终于发现了尘封三百余年的一大批《永乐大典》的抄本。

《三国演义》是一本什么体裁的小说

章回小说是我国古代长篇小说主要的、甚至是唯一的体裁。而《三国演义》正是我国第一部长篇章回小说，也是历史演义小说的开山之作。

《三国演义》描写的是从东汉末年到西晋初年之间近一百年的历史风云，全书反映了三国时代的政治军事斗争，表现了三国时代各类社会矛盾的渗透与转化，概括了这一时代的历史巨变，塑造了一批叱咤风云的英雄人物。同时，它也描写了大大小小的战争，构思宏伟、手法多样，使我们对古代文化有了很多了解。其中对官渡之战、赤壁之战等战争的描写波澜起伏、跌宕跳跃，读来惊心动魄、荡气回肠、感人肺腑。书中宣扬的多是忠、孝、节、义，而描写义的内容最多，如其中“桃园三结义”“义释曹操”等都是“义”的经典代表。

为什么说《资治通鉴》才是第一部编年体通史

《春秋》虽是中国第一部编年体史书，但它只记载了春秋时鲁国自隐公元年到哀公十四年或十六年间，即公元前722年到公元前481年（或公元前479年）的历史大事。所以，《资治通鉴》才是我国第一部编年体通史。

《资治通鉴》简称《通鉴》，是我国第一部编年体通史，是我国古代著名历史学家司马光和他的助手刘攽、刘恕、范祖禹、司马康等人编纂的一部规模空前的编年体通史巨著。

《资治通鉴》的内容以政治、军事和民族关系为主，兼及经济、文化和历史人物评价，目的是通过对事关国家盛衰、民族兴亡的统治阶级政策的描述，以警示后人。

《资治通鉴》书名的由来，就是宋神宗认为该书“鉴于往事，有资于治道”，而钦赐此名的。由此可见，《资治通鉴》的得名，既是史家治史以资政自觉意识增强的表现，也是封建帝王利用史学为政治服务自觉意识增强的表现。

“春秋三传”是指哪三传

“春秋三传”是指《公羊传》《谷梁传》《左传》这三部作品。

《公羊传》是专门解释《春秋》的一部典籍，其起讫年代与《春秋》一致，即公元前722年至前481年。其释史十分简略，又叫作《春秋公羊传》《公羊春秋》，它着重阐释《春秋》所谓的“微言大义”，用问答的方式解经。

《谷梁传》是《谷梁春秋》的简称，它是一部对《春秋》的注解，是儒家经典之一。其作者相传是子夏的弟子，战国时鲁人谷梁赤。起初也为口头传授，至西汉时才成书。文体以语录体和对话文体为主，研究的是儒家思想从战国时期到汉朝时期的演变。

《左传》是《春秋左氏传》简称，是我国现存最早的、第一部较为完备的编年体史书。相传是春秋末年左丘明为解释孔子的《春秋》而作，也是儒家重要经典之一。它以《春秋》为本，通过记述春秋时期的具体史实来说明《春秋》的纲目。

《永乐大典》有着怎样的地位

《永乐大典》是一部类书，它编纂于明朝永乐年间，历时六年（公元1403~1408年）编修完成。它保存了14世纪以前中国历史地理、文学艺术、哲

学宗教和其他百科文献，与法国狄德罗编纂的百科全书以及英国的《大英百科全书》相比，都要早三百多年，堪称世界文化遗产的珍品，也是中国最著名的一部大型古代典籍。

《永乐大典》共计有22877卷、目录60卷，分装成10,095册，全书字数约3亿7千万字，其规模远远超过了前代编纂的所有类书。即使是清代编纂的规模最大的类书《古今图书集成》也只有1万卷、1亿6千万字，不到《永乐大典》的一半。《永乐大典》的规模更是西方同时代的典籍所望尘莫及的。

据粗略统计，《永乐大典》采择和保存的古代典籍有七八千种之多，数量是前代《艺文类聚》《太平御览》《册府元龟》等书的五六倍。即便就是清代编纂的大型丛书《四库全书》，收书也不过三千多种。

四大名著都写了些什么

《西游记》《红楼梦》《水浒传》《三国演义》这四部作品被称为我国的四大名著。

《西游记》描写的是孙悟空、猪八戒、沙和尚保护唐僧西天取经、历经九九八十一难的传奇历险故事。作者通过故事对明朝中期社会经济虽繁荣，但政治日渐败坏，百姓生活困苦等不合理的现象提出批评。

《红楼梦》是章回体长篇小说，它原名为《石头记》《情僧录》《风月宝鉴》《金陵十二钗》等，作者是曹雪芹，续作是由高鹗完成。全书是以贾、史、王、薛四大家族为背景，故事情节由主次两条矛盾线索构成。

《水浒传》又名《忠义水浒传》，一般简称《水浒》，作于元末明初，是中国历史上第一部用白话文写成的章回小说。《水浒传》取材于北宋末年宋江起义的故事，全书的艺术成就突出地表现在对英雄人物的塑造上。

《三国演义》全名《三国志通俗演义》，作者罗贯中。整部小说描写了东汉末年和整个三国时代以及西晋初期以曹操、刘备、孙权为首的魏、蜀、吴三个政治、军事集团之间的矛盾和斗争。

《西厢记》为何能“天下夺魁”

元末明初，《西厢记》已被誉为“天下夺魁”，而且被尊为“春秋”，称“关氏春秋”或“崔氏春秋”。至于为什么叫“春秋”，说法纷纭。其实意思很明白，无非是想把戏曲“小道”和正统经书并列。孔子作的《春秋》在汉代就被列为“五经”之一。现在《西厢》居然也称“春秋”，不但是抬高身价，也含有反封建正统之意。明清戏曲家对《西厢》推崇备至。

王世贞说：“北曲固当以《西厢》压卷。”（《曲藻》）王骥德说：“实甫《西厢》，千古绝技。”（《曲律》）张琦说：“今丽曲之最胜者，以王实甫《西厢记》压卷。”（《衡曲麈谈》）清代李渔说王实甫“才人如天”（《闲情偶寄》）。至金圣叹那就更加赞到极端，说作者是“天地现身”（《金批第六才子书》）。还有许多剧作在不同程度上受《西厢记》的影响，元剧如郑德辉的《梅香》《倩女离魂》，李好古的《张羽煮海》，白仁甫的《东墙记》，明人刘兑的《娇红记》杂剧，孟称舜的《娇红记》传奇等。明初周宪王有《金环记》，据《剧品》的作者祁彪佳说，“刻意拟西厢”，“便不及西厢远矣”。足见《西厢记》对戏剧创作影响之深。

四大类书分别是哪四部

中国古代四大类书是指《太平御览》《文苑英华》《全唐文》《册府元龟》这四部著作。

《太平御览》原名《太平类编》，旋因赵光义欲每天阅读此部书，故易名为《太平御览》。全书分为天、时序、地、皇王、偏霸、皇亲、卅郡、居处、封建等55部，部下分目。每个子目下的资料，都辑录自北齐《修文殿御览》、唐《艺文类聚》《文思博要》等类书。

《文苑英华》于南宋孝宗时经周必大、胡柯、彭叔夏校订后刊行，今存者即此校定本。《文苑英华》是大型诗文总集，收录上自南朝梁代,下至五代。作者近两千两百人，作品近两万篇，其中唐人作品占十分之九。

《全唐文》是有唐一代（包括五代）文章的总集，也是迄今唯一最大的唐

文总集。它汇集了唐朝及五代的文章，为学者查阅使用这些资料提供了方便。但该书在编纂、考订上还有不少缺点，包括文章漏收、误收、重出、作者弄错、题目和正文的讹脱、小传记事不确、采用的书不注出处等等。

《册府元龟》全书取材以正史为主，间及经书、子书，小说、杂书一律不收；类目以人物、事类为中心，不及其余；专收上古—五代的君臣事迹，尤重唐、五代。全书分帝王、将帅、学校、刑法等31部。每部前有“总序”，门前有“小序”，属概述性质，对于了解有关内容有所帮助。

《山海经》里都写了些什么

《山海经》是先秦古籍，是一部富于神话传说的最古老的地理书。它主要记述古代地理、物产、神话、巫术、宗教等，也包括古史、医药、民俗、民族等方面的内容。除此之外，《山海经》还以流水账方式记载了一些奇怪的事件，对这些事件至今仍然存在较大的争论。《山海经》内容包括“山经”和“海经”，总共十八卷。在《山海经》中较有神话故事色彩的，则要算“海外四经”中所记载的三则鱼故事。

一是龙鱼的传说，书中说，沃野北面有一种龙鱼，能生活在水中，也能栖息在丘陵上。龙鱼样子像鲤鱼，但长着一只角。由于龙鱼水陆两栖，样子奇特，于是有神人乘上龙鱼去遨游九州。据传，古代黄帝就骑着龙鱼上天去见西王母。龙鱼的故事实为后来鱼龙之变和鲤鱼跳龙门故事的雏形。

二是人鱼。“海内北经”中记载大海中有一种鲮鱼，长着一副人的面孔，有手有足，鱼的身子，其实就是人鱼。这是后人广为传播的东海美人鱼故事的原生形态。

三是鱼妇。传说海上有一种鱼，半边身子呈枯萎状，一半是人的形状，一半是鱼的形状，名为鱼妇。鱼妇是颛顼死后复苏变化而成。颛顼是少昊之子，在他死去的时候，刚巧大风从北面吹来，海水被风吹得奔流而出，蛇变成了鱼。已经死去的颛顼便趁着蛇即将变成鱼而未定型的时候，托体到鱼的躯体中，因此死而复生。后来人们就把这种和颛顼结合在一起的鱼叫作鱼妇。

何为“乐府双璧”

“乐府双璧” 即为《木兰诗》和《孔雀东南飞》的喻称。

《木兰诗》又名《木兰辞》，是北朝民歌，也是我国古典诗歌中不可多得的优秀叙事长诗之一，选自宋代郭茂倩编的《乐府诗集》，长达三百余字。

《孔雀东南飞》又名《古诗为焦仲卿妻作》，是古乐府民歌的代表作之一，也是保存下来的最早的一首长篇叙事诗。全诗一千七百多字，它通过焦仲卿、刘兰芝的婚姻悲剧，有力地揭露了封建礼教、封建家长制的罪恶，同时热烈歌颂了兰芝夫妇为了忠于爱情宁死不屈地反抗封建恶势力的斗争精神。

“三言二拍”是一个人写的吗

“三言二拍”是明代五本著名传奇短篇小说集及拟话本集的合称。“三言”是明代冯梦龙编辑、加工的三部短篇小说集：《喻世明言》《警世通言》《醒世恒言》。因为书名都有一个“言”字，就统称“三言”。“二拍”是明代凌濛初在“三言”的直接影响下写成的两部短篇小说集：《初刻拍案惊奇 》《二刻拍案惊奇》。 “二拍”也是取两部书名中的“拍”字而得名。

由于“三言二拍”书中的性描写，故五本书长期被统治者列为禁书。它的语言通俗易懂，故事曲折生动，描写准确有力，是思想性和艺术性的完美结合，在古今中外备受瞩目。

《窦娥冤》是个什么样的故事

《窦娥冤》是关汉卿写的元杂剧，也是元杂剧四大悲剧之一。窦娥既是一个孤女、童养媳，又是寡妇、死囚。她三岁丧母，七岁被卖作童养媳，十七岁结婚，不到两年又夫死守寡。窦娥是一个本分善良的普通妇女，丈夫死后，她

忍受着精神的痛苦和折磨，尽孝守节。张驴儿父子闯进了她的生活后，她坚决地拒绝了张驴儿的无理要求。面对张驴儿的诬陷和官员的威胁，她毫无惧色，并且天真地相信官府是“明如镜，清如水”的。

面对严刑拷打，她据理力争，即使“捱千般打拷，万种凌逼，一杖下，一道血，一层皮”，昏死三次，但仍不肯屈服。直到桃杌要拷打她的婆婆时，她才含恨屈招。最后押赴刑场时，她才对统治阶级完全绝望。她在临刑前发下了三桩誓愿：血溅白练、六月飞雪、楚州大旱三年。而这三桩誓愿都得到了实现。为了报仇申冤，窦娥的鬼魂还继续进行斗争。所以说窦娥一生坎坷，却被诬陷杀死，她真的是冤啊！所以现代形容冤屈深就会比作窦娥。

《儒林外史》主要写的是哪个时期的士人

《儒林外史》是由清代吴敬梓创作的长篇小说（也称章回小说）。全书共五十六回（也有人认为最后一回非吴所作），约四十万字，描写了近二百个人物。小说假托明代，实际描写了康乾时期科举制度下读书人的功名和生活。虽然作者在书中批判了黑暗的现实，却他把理想寄托在“品学兼优”的士大夫身上，宣扬古礼古乐，看不到改变儒林和社会的真正出路。全书由许多个生动的故事连起来，这些故事都是以真人真事为原型塑造的。《儒林外史》不仅直接影响了近代谴责小说，而且对现代讽刺文学也有深刻的启发。

元代四大爱情悲剧是指哪几部杂剧

王实甫的《西厢记》、关汉卿的《拜月亭》、白朴的《墙头马上》、郑光祖的《倩女离魂》，合称为元杂剧的四大爱情剧。

《西厢记》全名《崔莺莺待月西厢记》，写相府小姐崔莺莺在普救寺遇书生张生，二人一见倾心。适遇孙飞虎兵围普救寺，崔母声言能解兵围者即以莺莺许之。张生仗义相救，计退贼军。事后崔母嫌张生出身寒苦，弃约赖婚。在侍女红娘的热情帮助下，张生和莺莺私下结合。在既成事实面前，崔母虽无可奈何，却又强迫张生上京应试。

《拜月亭》写王瑞兰和蒋世隆于患难中相遇，由相识而定婚。瑞兰父强行拆散了这对新婚三月的夫妻。瑞兰回家后，私下怨父思夫，但却有口难言，只有在夜晚独自对月祷告，一愿父改意，二愿夫平安。作品歌颂了青年人忠贞的爱情，对封建礼教和封建势力进行了批判。《拜月亭》全名《闺怨佳人拜月亭》，有《元刻古今杂剧三十种》本、《元人杂剧全集》本。

《墙头马上》写总管李世隆之女李千金与尚书裴行俭之子裴少俊相爱的故事。二人私自结合、生子，在后花园匿居七年。后事情被裴父裴尚书发觉，二人被迫离散。后裴少俊赴考得官，裴父向李赔礼，裴、李终于团圆。

《倩女离魂》写少女张倩女、书生王文举本“指腹为婚”。其后张母反悔，被迫以兄妹关系分离。但倩女依然爱恋文举，相思成疾，魂离肉体，随同文举一起上京赶考，而肉体仍在家卧病不起。及文举得官，和她一起归来，倩女魂与肉体合一，病亦痊愈，构成喜剧结局。

项羽的哪个弱点是最致命的

项羽，自然是一位英雄。他天生神力，“吴中子弟皆惮之”，志向博大高远。有一天，始皇周游会稽，项羽脱口而出：“这个人可以取而代之呀！”他的叔叔项梁因此对他惊奇不已。之后他起兵反秦，众人纷纷响应。他破釜沉舟，救赵破秦，让诸侯“莫敢仰视”。后自封西楚霸王，众王反叛，更见其骁勇。他很讲信义，只因允诺了项伯“善遇”刘邦的进言，他不顾亚父“示之者三”，在鸿门宴上放走了罗网中的刘邦。

当兵败乌江时，他拒绝登上乌江亭长的救生船，面对身后的丛林干戈，他笑对死亡，气概何其豪迈。真正的勇士，是无法被震慑的。有人说：项羽最大的失误，就是在鸿门宴上未听从谋士范增之言，以至放“虎”归山，招致最后的失败。其实，项羽放走刘邦是不能用对错简单定论的。项羽的性格弱点贯穿了他一生，他似乎无意加以改变。这对一个有着远大抱负和理想的英雄来说，是不可思议的。

司马迁为何将项羽列入“本纪”

《史记》中的人物传记分三类：本纪、世家、列传。这是按人物的地位和影响划分的。帝王的行事关系到全国的政局，对后代政治也有很大影响，是立国之本，故其传记称“本纪”。《史记》中有十二篇“本纪”。王侯是一个地区的实际统治者，世代保有其国，对全国政局有一定的影响，故其传记称“世家”。《史记》中有三十篇“世家”。列传则是为人臣及各方面的代表人物立传，如《滑稽列传》《游侠列传》等。《史记》有“列传”七十篇。

项羽，他并未统一天下称帝，但作者高度评价了他在反秦斗争中的领导作用，说：“三年，遂将五诸侯灭秦，分裂天下而封王侯，政由羽出，号为‘霸王’。位虽不终，近古以来未尝有也。”所以将他列入本纪，可算一个特例。陈涉则是又一个特例，他出身低微，是所谓“瓮牖绳枢之子，隶之人”，起义后虽自立为王，但为时仅六个月。之所以列入世家，是因为他在秦王朝的严密统治下首先发难，的确是非常之功。司马迁在这篇传记的最后写道：“陈胜虽已死，其所置遣侯王将相卒亡秦，由涉首事也。”尤其意味深长的是，他在传后全文引用了贾谊的《过秦论》来代替自己下赞文。这种不寻常的做法，更足以证明司马迁所看重的是功业，而不以成败论英雄。

第十七章 绵延不绝的华夏历史

中国是世界上文明发达最早的国家之一，有将近四千年的有文字可考的历史。中国古代史经历了以下几个阶段：原始社会、奴隶社会（170万年前—公元前476年）和封建社会。在本章，我们就为你呈现出闪耀着熠熠之光的历史长河。

“丝绸之路”经过哪些地区

19世纪末，德国地质学家李希霍芬将张骞出塞所开辟的东西大道誉为“丝绸之路”。德国人胡特森在多年研究的基础上，撰写成专著《丝路》。从此，丝绸之路这一称谓得到世界的承认。

丝绸之路，概括地讲，是自古以来，从东亚开始，经中亚、西亚进而连接欧洲及北非的这条东西方交通线路的总称。

丝绸之路，在世界史上有重大的意义。它是亚欧大陆的交通动脉，是中国、印度、希腊三种主要文化交汇的桥梁。吐鲁番，就是丝绸之路上的一颗璀璨的明珠。

丝绸之路有广义与狭义之分。广义丝路是古代中西方商路的统称；狭义丝路仅指汉唐时期的沙漠绿洲丝路。丝路兴衰、起始时间史学界尚无定论，但至迟在公元前5世纪中国丝绸已从陆路传入波斯，再转贩至罗马帝国。

汉武帝刘彻（前158—前87）于建元二年（公元前139年）派张骞（前164—前114）出使西域，“凿空”丝路。元狩四年（公元前119年）他再度出使西域，其副使分赴大宛（今费尔干纳）、康居（今阿姆、锡尔两河流域）、大月氏（今阿富汗中西部）、大夏（今阿富汗北部）、安息（今伊朗）、身毒（今印度）、于阗（今和田）、扜弥（今于田东）等地，从此开通丝路。

新莽时期（公元9～23年）丝路中断。东汉班超（公元32～102年）在重开丝路中功绩卓著，曾派甘英使大秦（罗马帝国），至条支（今伊拉克）遇西海（今波斯湾）而返，这是汉代中国官员沿丝路西行最远者。

隋唐（589～896年）时期丝路空前繁荣，胡商云集东都洛阳和西京长安，定居者数以万计。唐中叶战乱频繁，丝路被阻，后虽有恢复，规模远不如前，海上丝路逐渐取而代之。

大约公元前4世纪，中原群雄割据，蜀地（今川西平原）与身毒间开辟了一条丝路，延续两个多世纪尚未被中原人所知，所以有人称它为“秘密丝路”。

丝绸之路的开辟是人类文明史上的一个伟大创举，也是古代东西方最长的国际交通路线，它是丝路沿线多民族的共同创造，所以又称之为友谊之路。

丝绸之路的开辟大大促进了东西方经济、文化、宗教、语言的交流和融汇，对推动科学技术进步、文化传播、物种引进，各民族的思想、感情和政治交流以及创造人类新文明，均作出了重大贡献。

武则天为何给自己立“无字碑”

武则天（624—705），名曌，并州文水(今山西文水东)人。14岁时被唐太宗挑入宫选为才人，后被逼削发为尼。后被高宗接回宫中，累迁为皇后。她与高宗被后人并称为“二圣”。后来，她接连废掉唐中宗、唐睿宗，自称圣神皇帝，改国号为周，改元天授，史称武周。唐中宗为其上尊号为则天大圣帝，后人因此称她为“武则天”。令人奇怪的是这位打碎封建时代的桎梏，一跃登上皇帝宝座，生前唯我独尊，治国安邦的女豪杰，在死后，她的碑上却一个字都没有留下，耐人寻味。关于无字碑的说法，至今有这样几种说法。

一说武则天认为自己功高德大，不是文字所能表达的。武则天是中国历史上唯一的、杰出的女皇帝。她在位期间在政治上打击了豪门世族，并通过发展科举制度，使得大量人才进入政治舞台，抑制了豪门垄断；她奖励农桑、兴修水利，减轻徭役并整顿均田制。她知人善任，破格用人，鼓励各级官吏举荐人才，并虚心纳谏，使得政治清明，社会安定，人民安居乐业。

二说武则天立“无字碑”是因为自知罪孽重大，感到还是不写碑文为好。此说提出的主要依据是：一是武则天以阿谀奉承的手段取得信任，从地位较低的“才人”，爬到掌握大权的皇后，最终废唐改周，自立为帝，建立了武周政权；二是武则天培植自己的亲信，建立宫廷奸党集团，并打着李唐“朝廷”的旗号，实行告密和滥刑的恐怖政策，铲除异己。

第三种说法认为，武则天一生聪颖机警，常做惊人之举，立无字之碑是聪明之举，况且武则天留有遗言：“己之功过，留待后人评说”，功过是非让后人去评论，这是最好的办法。因为武则天有可以肯定的地方，也有应该否定的地方。

郑和下西洋有什么目的

从某种意义上来说，郑和下西洋的行为是一种国家行为。郑和船队是一支强大的战略力量。明政府派遣郑和船队下西洋显然是从当时国家利益(包括皇帝的意志)和国家需要出发。郑和为什么要下西洋，主要有这几个方面的说法。

第一种说法是明朝皇帝采取了“内安华夏，外抚四夷，一视同仁，共享太平”的和平外交政策。永乐帝派遣郑和率领船队下西洋，通过各种手段，调解和缓和各国之间矛盾，维护海上交通安全，从而把中国的稳定与发展同周边联系起来，试图建立一个长期稳定的国际环境，从而提高明王朝的国际威望。所以从明朝派遣郑和的使命可以看出是实现和平的使命。

第二种说法是为了震慑倭寇，牵制蒙元势力，维护国家安全。当时，威胁明朝安全的主要来自于东部海上的倭寇以及北方的蒙元残余势力和西北的帖木儿帝国。朱棣时期，陆海两方面对明朝的安全构成了严重威胁，他改变了被动防御战略，主动出击，陆上方向实施迁都、亲征漠北，海上方向组建了郑和舟师，震慑和打击倭寇和反明势力，并从海上实施战略包抄，对西北方向实行战

略上的牵制，从而减轻明朝北部的压力。

第三种说法是郑和下西洋进行的贸易活动有政治行为的贸易，也存在经济行为的贸易。郑和下西洋所到之处，不仅进行海外贸易，还传播先进的中国文化。当时东南亚、南亚、非洲一些国家和地区社会发展比较落后，非常向往中华文明。朱棣派遣郑和下西洋还肩负了“宣教化于海外诸番国，导以礼仪，变其夷习”的使命。

此外还有一种说法是明成祖为了寻找下落不明的建文帝，不过这种说法没有依据，不足为信。

总之，不管怎么说，郑和下西洋是一次历史的创举，在中华五千年的历史上是举足轻重的。

秘密立储制是谁创立的

雍正元年(1723年)八月十七日，雍正帝召见总理事务大臣、满汉文武大臣、九卿于乾清宫西暖阁，宣布秘密立储方法。他将选定的继承人之名亲笔书写后密封，藏于匣内，然后置于乾清宫正中由顺治帝亲笔所写的“正大光明”匾额之后，以备不测。群臣对此没有异议，秘密立储制度遂正式确立。雍正帝于乾清宫密诏之外，另书内容相同之传位诏书放于圆明园内。

雍正帝密建太子，收到了立国本以固人心的政治效果，避免了历代皇子为争储位、储君与皇帝争权，以致储君骄纵、皇帝身心忧瘁等弊端。该制度减少了政治混乱，有利于政局稳定。乾隆帝登基后，认为此法甚好，于是继续实行。后来诸帝都相继采用这个方法。从雍正帝创立秘密立储制度到乾隆、嘉庆、道光、咸丰诸帝的继承来看，这一制度是成功的。

鉴真直到第几次才东渡成功

鉴真俗姓淳于，生于唐武则天垂拱四年（公元688年），逝于唐代宗宝应二年（公元763年）。他是扬州江阳县（今江苏省扬州）人，14岁时进扬州大云寺，从闻名天下的智满禅师受戒学禅门。他不断钻研佛教经义，对律宗有很深的研究。公元733年，他被誉为江淮一带的受戒大师，在佛徒中的地位很高，成为一方的宗首。

开元二十一年（公元733年），日本第九次遣唐使来到大唐。随团前来的日本留学僧荣睿、普照受日本圣武天皇之命，约请鉴真东渡。唐玄宗天宝元年（公元742年）冬十月，荣睿、普照来到扬州大明寺拜谒鉴真，表达日本仰慕之意，并说："佛法虽然流传到日本国，可是还没有传法受戒的高僧，请大和尚东游兴化。"鉴真问寺内诸僧，有谁愿意去。众僧因为听说路途太遥远，所以都不愿意去。鉴真知道后，为了普度天下众生，从此，就开始了东渡日本的准备。

此后鉴真先后六次东渡日本，前五次由于种种原因而失败，直到第六次才得以成行。公元754年，鉴真到达日本东京，先后为太上皇圣武天皇、皇太后、皇子及四百余位僧人受戒。756年，孝谦天皇任命鉴真为大僧都，统理日本僧佛事务。以后，鉴真在此受戒讲经，把律宗传至日本，成为日本律宗的始祖。

763年鉴真在日本招提寺内圆寂。寺内至今还保留着鉴真的坐像，这也是日本的国宝。这是鉴真的弟子忍基和思托用中国的干漆夹法为他塑的。鉴真在日本的10年间，为中日文化交流作出了巨大的贡献。

文字是仓颉发明的吗

谁最先发明了文字？不同的民族对此有不同的传说，不同的文字也有不同的传说。先秦认为是圣人仓颉发明了汉字，"象形派"认为是"劳动人民"，"汉字发明说"则认为是女娲和伏羲。

先秦说是仓颉发明了汉字是有一定道理的。但公正地说，仓颉只是创造了许多象形字，但不是所有的象形字。仓颉是部分象形字的创造者，但不能代表他就是文字发明人。因为在仓颉以前就有字。

"汉字发明说"认为原始汉字是女娲和伏羲首创的，但仅仅说是伏羲最先发明了文字还不够准确。正确地说，文字的首创者应该是华胥氏女娲和伏羲氏太昊，因为女娲和伏羲是夫妻，所以他们共同参与了文字的发明活动。

对于象形派所说的“文字是劳动人民发明的”这一说法，是很难被认同的，因为劳动人民所包含的内容实在太广泛。文字的发明是个历史性课题，而劳动人民却是不分先后的。

由此可见，谁最先发明了文字确实是一个难以定论的问题。

大篆和小篆有何不同

中国的文字纷繁复杂，其形式也随着时代的变迁而不断地发生着变化。篆书就是文字演变过程中的一种字体形式。今天的书法界，一般把篆书分为大篆和小篆，为什么要这样分呢?

首先，篆书本身有狭义和广义之分。广义的篆书是指隶书以前的所有书体及其延属，如甲骨文、金文、石鼓文、六国古文、小篆、缪篆、叠篆等；而狭义上则把篆书直接分为“大篆”和“小篆”。

“大篆”最早见于汉代著作，与“小篆”对称。广义指“小篆”以前的文字和书体，包括甲骨文、钟鼎文、籀文和六国文字等；狭义专指周宣王太史籀厘定的文字，即“籀文”。“大篆”的代表作品有《石鼓文》和《秦公簋》铭文等。

小篆笔划圆转流畅，较大篆整齐，为秦朝丞相李斯所创。秦始皇灭六国，统一华夏，其疆域广而国事多，文书日繁，甚感原有文字繁杂，不便应用。再加之，原有秦、楚、齐、燕、赵、魏、韩七国，都有自己的文字，因此就导致了当时的文字制度极为混乱。因此，秦始皇命臣工创新体文字。于是，丞相李斯作《仓颉篇》，中车府令赵高作《爰历篇》，太史令胡毋敬作《博学篇》，皆就大篆省改、简化而成。小篆又名玉筋篆，取其具有笔致遒健之意而名之。

为什么说甲骨文是汉字之祖

甲骨文是我国最古老的可识文字，被今天的人称作是汉字的鼻祖。据统计，现已发现的甲骨文有十五万片以上，不重复的字约有四千五百多个，可识

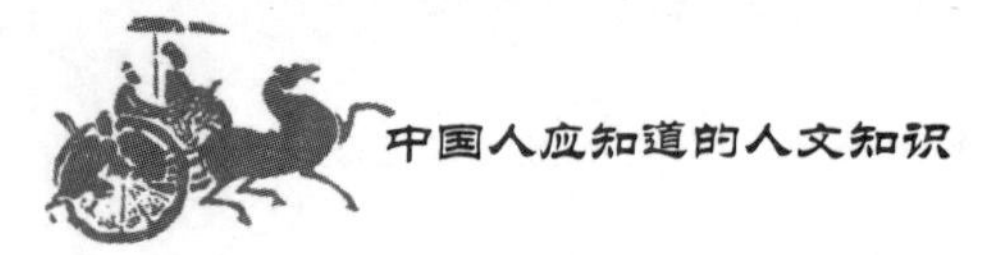

的约有一千五百字。

甲骨文绝大多数是用刀刻的，有的刻好后填朱，也有少数甲骨以朱墨所写而未刻。这说明甲骨文一般是直接刻字，但也有的是先写后刻。由此可见甲骨文的线条不仅含有刀法而且还包含笔意。对于文字而言笔意是不容忽视的。

甲骨文已具备“六书”（象形、会意、指事、假借、转注、形声）的汉字构造法则。甲骨文已包含着书法艺术的诸多因素，从其点画、结字、行气、章法来看，浑然一体又富于变化，体现了商代人的艺术技巧和艺术素养。

“金文”是一种什么文字

钟鼎文是指铸刻在殷周青铜器上的铭文。商周是青铜的时代，青铜器中的礼器以鼎为代表，乐器以钟为代表，“钟鼎”是青铜器的代名词。所谓青铜，就是铜和锡的合金。但是，钟鼎文还有一个名称是金文。那么，金文这个名称是如何来的呢?

中国在夏代就已进入青铜时代，铜的冶炼和铜器的制造技术十分发达。因为周以前把铜也叫金，所以铜器上的铭文就叫作“金文”或“吉金文字”。又因为这类铜器以钟鼎上的字数最多，所以过去又叫作“钟鼎文”。金文应用的年代，上自商代的早期，下至秦灭六国，约一千两百年。金文的字数，据容庚《金文编》记载，共计3722个，其中可以识别的字有2420个。

你知道多少汉字之“最”

中国的汉字可谓是博大精深，其之最也是数不胜数，难以一一道出。下面对一些常见的汉字之最作了罗列。

汉字中笔画数最少的是“一”和“乙”，只有一笔；最多的是“齉”（音nàng），共三十六笔。

现代通用汉字中，九笔的字最多，约占总数的11．1%，其次是十笔和八

笔的字。

汉字中形声字最多，我国古代《说文解字》收字9395个，形声字占82%。

现代通用的汉字中，左右结构的字最多，约占总数的60%~67%。

汉字文章中出现最多的是“的”字，大约每二十五个字就要遇到一个。

组成汉字的“零件”叫“部首”，最常用的部首是“口”，平均每一百个不同的汉字，就可能出现二十个左右的“口”。

读音最多的字是“那”字，共有八种不同的读音。

汉字中同音字最多的是“yi”，《现代汉语词典》中读此音的字共103个，《辞海》中读这个音的字共195个。

汉字是如何发展演变的

汉字是世界上使用时间最久、范围最广、人数最多的文字之一。汉字的创制和应用不仅推进了中华文化的发展，而且对世界文化的发展产生了深远的影响。那么，汉字最初到底是如何产生的呢?

据考证，大约在距今六千年以前，在半坡遗址等地方已经出现刻划符号，共达五十多种。它们整齐规范，并且有一定的规律性，具备了简单文字的特征。学者们认为这可能是历史上最早的汉字。

汉字真正形成系统的文字是在公元前16世纪的商朝。经考古证实，在商朝早期，中国文明已发展到相当高的水平，其主要特征之一就是甲骨文的出现。甲骨文是刻在龟甲和兽骨上的古老文字。

目前，考古学者共发掘甲骨十六万余片。其中有的完整，有的只是没有文字记载的碎块。据统计，所有这些甲骨上的各种文字总计为四千多个，其中经过学者们考证研究的约有三千个，在三千余字里面，学者们释读一致的是一千多字。其余的或者不可释读，或者学者们分歧严重。尽管如此，通过这一千多字，人们已经可以大致了解有关商朝政治、经济、文化等各个方面的情况了。此后，汉字又经历了铜铭文（金文）、小篆、隶书、楷书等形式，并一直沿用至今。

汉字产生以后，对周边国家也产生了深刻的影响，如日本、越南、朝鲜等国家的文字都是在汉字的基础上创制的。

“稷下学宫”在哪里

稷下学宫，又称稷下之学，是战国时期田齐的官办高等学府，最早创建于齐桓公时代。稷下是齐国国都城门，位于齐国国都临淄稷门附近。

稷下学宫实行“不任职而论国事”“不治而议论”“无官守，无言责”的办学方针，其学术氛围浓厚，思想自由，各个学派并存。人们称稷下学宫的学者为稷下先生，追随他们的门徒，被誉为稷下学士。

稷下学宫最有名的两个人是孟子和荀子。两人都曾在稷下学宫任职。荀子在齐襄王时期曾三为“祭酒”。

至齐襄王的儿子齐王建即位，稷下学宫未能得到进一步发展，并随着齐的灭亡而消失。

“孝廉”是官名吗

孝廉是汉武帝时设立的察举考试，是选拔以及任用官员的一种考试科目。孝廉是“孝顺亲长、廉能正直”的意思。后代，“孝廉”这个称呼，也变成明朝、清朝对举人的雅称。

孝廉是察举制常科中最主要、最重要的科目。汉武帝采纳董仲舒的建议，于元光元年（前134年）下诏郡国每年察举孝者、廉者各一人。不久，这种察举就通称为举孝廉，并成为汉代察举制中最为重要的岁举科目，“名公巨卿多出之”，是汉代政府官员的重要来源。

孝廉举至中央后，按制度并不立即授以实职，而是入郎署为郎官，承担宫廷宿卫，目的是使之“观大臣之能”，熟悉朝廷行政事务。然后经选拔，根据品第结果以任命不同的职位，如地方的县令、长、相，或中央的有关官职。一般情况下，举孝廉者都能被授予大小不一的官职。汉顺帝阳嘉元年（132年），根据尚书令左雄的建议，规定应孝廉举者必须年满四十岁，同时又制定

了“诸生试家法、文吏课笺奏”这一重要制度，即中央对儒生出身的孝廉，要考试经术，文吏出身的则考试笺奏。

从此以后，岁举这一途径就出现了正规的考试之法，孝廉科因而也由一种地方长官的推荐制度，开始向中央考试制度过渡。

“贡生”这一称呼是怎么来的

在科举时代，政府时常挑选一些府、州、县秀才中成绩或资格优异者，升入京师的国子监读书，并把这些秀才称作是“贡生”。为什么要这样称呼呢？

因为，“贡”就是贡献的意思，而“生”就是指秀才，合起来就是“把人才贡献给皇帝”。

贡生相当于举人副榜。贡生也分好几种等级：每一年或两三年由地方选送年资长久的廪生入国子监读书的，称为岁贡；每逢国家庆典进贡的生员，称为恩贡；每三年各省学政就本省生员择优报送国子监的，称为优贡；每十二年各省学政考选本省生员择优报送中央参加朝考合格的，称为拔贡；乡试取入副榜直接送往国子监的，称为副贡。

为什么古人以“汗青”指代史册

文天祥写过“人生自古谁无死，留取丹心照汗青”的名句，其中“汗青”一词代指史册。那么，你知道古人为何要把史册叫作“汗青”吗？

纸张还没有问世之前，古人著书写字都在竹简或绢帛上。汉代刘向的《别录》说：“杀青者，以火炙简令汗，取其青易书，复不蠹，谓之杀青，亦谓汗简。”意思就是把青色的竹子除去水分之后，就可以在上面写字，并把这种竹子叫作“汗简”。因为竹子是绿色的，所以古人也把它称作“汗青”。

造纸术发明之前，史书是用简牍韦编成册的，所以古人就用“汗青”来指代“史册”。

“西汉东汉”“北宋南宋”等命名的根据是什么

了解中国历史的人都知道，汉朝分为“西汉”和“东汉”，宋朝分为“南宋”和“北宋”。为什么要这样分呢?

其实，所谓的西、东、北、南的朝代划分是后世史学家加上的，在当时汉朝和宋朝都不存在这样的叫法，只是统一地称为汉和宋。这种划分是史学家为了区分不同的历史时期而人为地强加上去。

之所以把汉朝先西后东地划分，是因为最先用“汉”这个字作国号的是刘邦。后来刘邦建立的汉朝灭亡了，经过几年后，刘邦的后裔刘秀重新建立国家。为了表示他的正统身份，他的国家国号也是汉。但是史学家在研究时为了区分刘邦建立的汉朝和刘秀建立的汉朝就根据两个王朝首都的方位来加上区别的字，因为长安在洛阳的西面，故刘邦的汉朝就叫西汉，洛阳在长安东面，所以刘秀的汉朝就叫东汉。

同样的道理，宋朝未丢掉北方国土时，其首都开封在南宋首都杭州的北部，所以史学家就多加个北字，而丢掉北方国土后的宋朝就称南宋了。

世界上第一座浮桥是如何诞生的

在宋初统一战争中，太祖赵匡胤面对南方实力相对弱小的南唐、后蜀等国家，希望尽早完成统一大业。但是，南方诸国拥有长江天堑作为天然屏障。那么，在当时统一战争中，宋朝的北方军队是如何克服不习水战这一重大障碍，跨越长江天堑的呢?

宋太祖的统一大业就是从荆南、湖南这两个濒临长江、势力弱小的割据政权开始的。乾德元年（公元963年）正月，宋太祖以帮助湖南政权周保权平叛为名，派遣大军向南进发。在进军过程中，宋军提出向荆南统治者高继冲借道的请求。高继冲自知力弱，只得勉强同意。

宋朝军队在进攻实力相对强大的南唐时，再次遇到要突破长江天堑的难题。这时宋朝虽拥有一定数量的水军，但仍不能对南唐形成优势。

此时，南唐内部出现了奸细。一位名叫樊若水的落第举子希望投靠宋朝

求取富贵。为了给自己增加筹码，他就以钓鱼为名，乘小舟载丝绳往返在采石（今安徽马鞍山市南）附近的长江两岸十余次，测量江面宽窄。之后在开宝七年他来到东京，向宋太祖进谏在采石地区长江上建立浮桥，让宋军踏桥过江，直捣南唐都城金陵（今江苏南京）的计划。宋太祖对此大为赞叹，于是任命樊若水为赞善大夫。

当年十月，宋太祖以李煜抗命不朝为由，派遣大军讨伐南唐。宋朝军队连克南唐军队，进军采石。在这里，宋军开始搭建浮桥。十一月正是长江水少之时，这个地点也是樊若水选择的水面最窄、最浅之地，故而宋军浮桥搭建得很快。南唐军队看出宋军意图，多次进攻采石，但都被宋朝水军击回。此后三日，浮桥建成，这就是世界历史上第一座浮桥。

华夏为什么叫“中国”

1912年成立的“中华民国”简称“中国”，这个称谓正式成为中国国号。1949年10月1日，新中国成立时，定名为“中华人民共和国”也简称“中国”。那么中国这个名字最早是什么时候出现的呢？

“中国”一词最早是在考古发掘出的原始人的雕刻中发现的，后来也有《大雅·民劳》“惠此中国”。但《诗经》中的这个“中国”是指“京城”，并不是真正指整个国家。

“中国”一词被当作是国家的代称，是在东周。如《孟子·滕文公上》云：“陈良产地，悦周公仲尼之道，北学于中国”，又“兽蹄鸟迹之道，交于中国”……这些都说明：上古所谓“中国”，即后世所指“中原”。

“中国”一词的频繁使用，主要在周以后。《礼记·王制》有云：“中国夷戎，五方之民，皆有性也……中国、蛮、夷、戎、狄，皆有病！”“中国”一词，是与蛮、夷、戎、狄对举而使用的。齐桓公救援邢国、卫国等国，被称作“救中国”，足见此时的“中国”，已经扩大到被认为是“诸夏”的国家。

古代的“中原”包括哪些地区

在中国古代的史料和典籍中，把今天的河南一带称作是“中原”。这个说法是怎么来的呢？难道古代的中国就仅仅是指河南吗？

其实，据史料记载，中原，有两层含义：一是指平原、原野，相对于边疆地区的对应区域的称呼即中土、中州；狭义上，指河南一带。

所以，河南只是狭义上的中原，而广义上，是指黄河中下游一带大片地区，或指黄河流域。诸葛亮《出师表》中：“当奖率三千，北定中原”，这里的“中原”就指黄河流域。

古人常将“中国”“中州”用作中原的同义语。一般认为，古代中原就是指黄河中下游地区，华夏族部落集中分布的区域，中心是古豫州。

后来，随着华夏民族的大融合，以及华夏文化、周文化的扩展，“中国”指代的范围而有所扩展。居住在黄河中下游地区、文化较先进的华夏族自视文明，自称中国，以区别于四夷。一些夏、商时期尚属夷蛮狄的周边地区，随着华夏文化的传播、成康之世的分封，也纳入中原文化区。实际上两周时期的中原地区除了今河南省外，主要还包括陕西、山西、河北、山东等省的部分地区。

“九州”分别指哪些地方

在我国古代，把中国大地划分为“九州”，那么古人是如何划分九州的呢？它们到底是哪九州呢？

“九州”之称来源于大禹治水的传说，是大禹把中华大地划分成冀州、青州、豫州、扬州、徐州、梁州、雍州、兖州、荆州这九州。

然而，一些古文献所记九州的名称并不一致。正是由于九州名称不一致，才使后人产生大禹究竟有没有划定九州的疑问。

近现代疑古派学者顾颉刚、童书业所著的《九州之戎与戎禹》和《鲧禹的传说》，从论证大禹的天神性和神职出发，进一步肯定屈原的怀疑。他们认为大禹只是神话中的人物，是主管山川田土的神，不可能治水，更不可能划定九

州，“无论如何，遍治四方名山一事，在禹的时代决计不是人力所能的”。进而考证《禹贡》中提到的地名、山川名，都是战国时代才出现的。《禹贡》作于战国时代，因此禹划九州的事，纯属后世附会，只是神话。

“扶桑国”是指日本吗

自从《梁书》中记载了有关“扶桑国”的事情，就产生了扶桑国究竟在哪里的争论。那历史上的“扶桑国”究竟在哪里呢?

现在一些学者主张扶桑国是指美洲墨西哥，有以下两方面的原因。

第一，从地理位置看，《梁书》载：“扶桑在大汉国东二万余里”，这也就是说“扶桑国”在日本东北方向三万二千里之外，东离我国有三万四千里之遥。从地理上观察，“扶桑国”非美洲莫属。

第二，依照《梁书》所述，扶桑国“其土多扶桑木”，同时还列举了扶桑木的三个特征：“扶桑叶似桐，而初生如笋。国人食之，实如梨而赤。绩其皮可为布，以为衣，亦以为棉。”棉花是当时墨西哥地区的特产植物之一，同时棉花又具备了扶桑木的特征，我国直到唐代才引进。所以，当时到那里的中国人，从未见过这种作物，大为赞赏，便以古代传说的神木“扶桑”称之，并称其地为“扶桑国”。

但多数学者认为“扶桑”就是指日本。据《隋书》载：公元607年，倭国（日本）国王在给隋炀帝的图书中就有“日出处天子致书，日没处天子无恙”的说法。后人在诗文中也多把“扶桑”用于代指日本。

炎帝和黄帝是历史上真实存在的人物吗

炎帝和黄帝同为中华历史上的传说人物，中国人也自豪地称自己为“炎黄子孙”。那么，在中国历史上到底有没有这两个人呢?

炎帝与黄帝是华夏族的始祖。《国语》里记载，黄帝生于姬水（今陕西武功县漆水河），炎帝生于姜水（今陕西宝鸡市清姜河）。这是中国历史最早记载炎帝、黄帝诞生地的史料。因此，他们是起源于陕西省中部渭河流域的两个血缘关系相近的部落首领。后来，两个部落争夺领地，展开阪泉之战，黄帝败给了炎帝，两个部落渐渐融合成华夏族，华夏族在汉朝以后称为汉人，唐朝以后又称为唐人。炎帝和黄帝也是中国文化、技术的始祖，传说他们以及他们的臣子、后代几乎创造了上古所有重要的发明。

炎帝和皇帝是确有其人的，只不过这样两个先族的首领没有传说中那么神奇罢了。因为在古老的华夏族逐渐形成和中华民族走向繁荣文明的过程中，炎黄二帝发挥了重要的作用，所以有关炎黄二帝的神话传说就多了起来，这两人也就渐渐被神化了。

第十八章 优雅动人的古代音乐

中国音乐有着悠久的历史。由云南元谋等地发现的古猿人化石可知，大约从100万年以前起，远古的人类就已经在中国的土地上劳动、生息、繁衍。当最早的人类开始制造原始的工具和进行集体劳动的时候，原始的音乐便在他们的劳动节奏和劳动呼声中萌发了幼芽。在漫长的岁月中，随着社会生产力的缓慢发展，原始的音乐也逐渐地成长起来。

什么人才能享受“磬”带来的美妙音乐

有一种乐器，它是历代帝王身份的象征，是一种打击乐器，最早是用石头制成的，这种乐器就是磬。甲古文中的“磬”字左半边像悬石，右半边像手执槌敲击。磬起源于某种片状石制劳动工具，其形在后来有多种变化，质地也从原始的石制进一步发展到玉制、铜制。中国古代的石质打击乐器，为“八音”中的“石”音。磬是中国最古老的民族乐器，历史非常悠久，在远古母系氏族社会，磬曾被称为“石”和“鸣球”。

磬，最早用于先民的乐舞活动，后来用于历代帝王、上层统治者的殿堂宴享、宗宙祭祀、朝聘礼仪活动中的乐队演奏，后来成为象征其身份地位的“礼器”。“磬”在商代时就已经广泛流传了，它造型古朴，制作精美，为王室宫廷乐队所用。现在我们看到的磬的形状是在汉代形成的，其上下均为倨矩形。

“箜篌”是种什么乐器

箜篌是十分古老的弹弦乐器，最初人们称它为“坎侯”或“空侯”。这种乐器除在古代宫廷雅乐中使用外，在民间也广泛流传。箜篌的历史十分久远，据考证，箜篌流传至今已有两千多年了。到了中国盛唐时期，伴随着经济的迅速发展，箜篌的演奏艺术也达到了相当高的水平。也就是在这个时期，箜篌先后传入日本、朝鲜等邻国。在日本奈良东大寺的寺院中，至今还保存着两架唐代箜篌残品。但是，这种古老的乐器从14世纪后期便不再流行，以致慢慢消失了，人们只能在以前的壁画和浮雕上看到一些箜篌的图样。现在，一些研究学者为了重新让人们见到箜篌这种古老的乐器，在20世纪50年代的时候，根据壁画和浮雕研制出了几种箜篌。现在我们看见的箜篌都是从那个时代发展过来的。箜篌大多用于独奏、重奏和为歌舞伴奏，并在大型民族管弦乐队中应用。

“编钟”是用来表示时间的吗

我们常常在一些古装电视剧里看到一些乐师在敲打着一种能发出响声的乐器，这就是编钟。编钟是我国古代的一种打击乐器，它是用青铜铸成的，大小不同的扁圆钟按照音调高低的次序排列起来，悬挂在一个巨大的钟架上，用丁字形的木槌和长形的棒分别敲打铜钟，能发出不同的乐音，演奏出美妙的乐曲。根据文献记载，编钟在西周时就有了，不过那时的编钟多为三枚一套。后来随着时代的发展，每套编钟的个数也在不断增加。古代的编钟多用于宫廷的演奏，在民间很少流传。每逢征战、朝见或祭祀等活动时，都要演奏编钟。所以到现在我们也只能在博物馆看到编钟。

伏羲有着哪些关于音乐的传说

中国古代音乐的起源要追溯到新石器时代。当时有个人叫伏羲，他是中华民族的人文始祖，也是我国古籍中记载的最早的王。他结束了“结绳记事”的

历史后，结绳为网，用来打猎捕鱼。据说伏羲是人首蛇身，曾在母胎中孕育了十二年。后来他又发明了瑟，于是用瑟来演奏曲子，创作了《驾辨》。他还有一个五十弦的琴，由于音调过于悲伤，当时黄帝听了便将其琴断去一半，改为二十五弦。在黄帝时代有一位名叫伶伦的音乐家，他进入西方昆仑山内采竹为笛，当时恰有五只凤凰在空中飞鸣，于是用它们的声音合成一种定律。还有一个传说中的音乐家那就是神农，神农除了教人耕作外还发明了五弦琴，这些虽然是传说中的人物，但都给中国古代音乐带来了神秘的色彩。

为什么说琵琶是弹拨乐器之王

弹拨乐器就是用手指或拨子拨弦而发出声音的乐器。弹拨乐器的历史悠久，种类形制繁多，是极富特色的一类弦乐器。而最早的弹拨乐器应该是琵琶了。琵琶是东亚传统弹拨乐器，至今已经有两千多年的历史，最早出现在秦朝时期。在唐朝以前，琵琶也是汉语里对所有鲁特琴族弹拨乐器的总称。琵琶被誉为“民乐之王”“弹拨乐器之王”，也就是说它在弹拨乐器中居于首座的地位。琵和琶原是两种弹奏手法的名称，琵是右手向前弹，琶是右手向后弹，“琵琶”这个名字便由此而来。琵琶是我国历史悠久的主要弹拨乐器，也是民乐中表现力最为丰富的乐器。

“高山流水”是谁创作的

不知道“琴仙”没关系，但是你一定知道“高山流水”是谁作的曲子，没错，他就是春秋时著名的琴师伯牙。伯牙是春秋战国时期晋国的上大夫，他是弹古琴的高手，所以大家尊他为“琴仙”。荀子曾说过，伯牙弹琴的时候，马儿听了都不走路，斜躺着听伯牙弹琴，可见伯牙弹琴的技艺高超。其实伯牙也是跟老师学的，开始伯牙学了三年的琴，但是没有什么成果，后来他的老师把他带到东海蓬莱山去听海水澎湃和群鸟悲鸣之音，这时，伯牙就有了感悟，于是作成《水仙操》。现在的琴曲《高山》《流水》和《水仙操》都是传说中伯牙的作品。有关伯牙与钟子期的故事大家也有所耳闻，后人以伯牙摔琴谢知音的故事为题材还创作了琴歌《伯牙吊子期》。后来“知音”一词也因此被后人传诵。

中国最早的弦乐器是什么

中国最早的弦乐器是瑟，它的形状似琴，有25根弦，弦的粗细不同。每弦瑟有一柱，按五声音阶定弦。最早的瑟有五十弦，故又称“五十弦”。瑟的起源十分久远，传说在夏代已经有瑟了，文献记载“庖羲氏”作瑟。古代瑟的形状大体相同，甲骨文中的“乐” 字,上面就是“丝”字，下面是一个“木”字，所以瑟还需要用弦，那么瑟的产生应该在蚕丝出现之后。《诗经》上说“窈窕淑女，琴瑟友之”，“我有嘉宾，鼓瑟鼓琴”，看来瑟在那个时候已经很流行了。

瑟是我国最早的弹弦乐器之一，在先秦的时候盛行，到了汉代流行很广，南北朝时常用于相和歌伴奏，到了隋唐时期瑟多用于清乐，之后在一些朝代中瑟只用于宫廷雅乐和丁祭音乐。后来经过战乱，再加上演奏的人比较少，到了南北朝时期古瑟就失传了。到了唐朝，一些乐师根据历史文献的记载又制成了瑟和瑟的谱，被历代宫廷所用，但是与以前的瑟相比有了很大的差异。而如今，民族音乐得到了重视，自然乐器“瑟”也得到了重视。

哪个宫廷乐师天下闻名

杜甫写过一首诗，名字叫《江南逢李龟年》，这其中的李龟年就是唐代著名的宫廷乐师。李龟年喜欢唱歌，还擅吹筚篥，擅奏羯鼓，也长于作曲，他和李彭年、李鹤年兄弟创作的《渭川曲》特别受唐玄宗的赏识。李龟年的人缘也挺好，大诗人杜甫和他是好朋友，唐玄宗待李龟年也很好，但是“安史之乱”后，唐宫中的乐人四处逃散，流落异乡，李龟年也流落到了民间。在“安史之乱”中李龟年一家也受到牵连，因哥哥投降匈奴，弟弟“奸乱后宫”，导致他的全家被处死。才华横溢的音乐家李延年只落得身首异处的悲惨下场。李龟年

在他的流浪生涯中，一直靠老本行音乐来维持自己的生活。一次他被邀请到湘中的宴会时，唱了一首王维的《伊川歌》后突然昏倒，因为这首歌是李龟年经常为唐明皇唱的歌，这让他想起了那个时候的生活，复杂的心情和对过去的思念使他昏倒，四天后才苏醒过来。但是李龟年心里还是很郁闷，最后，著名的音乐家就这样郁郁而死。

“师旷之聪”指的是什么

师旷是春秋时期著名的乐师。其实师旷并不是天生没有眼睛，只是因为不想让外界事物打扰，于是自剜双目，所以大家称他为盲臣、瞑臣。师旷是晋国有名的乐师，也是个博学多才的人。他精通音律，辨音力极强，能用琴声表现出他所听到的大自然界中优美的声音，如鸟的叫声、水流动的声音，因此以“师旷之聪”闻名于后世。

有一次宫廷里在演奏大钟这样的乐器，这个乐器是晋平公铸造的，晋平公听到有人在用自己铸造的乐器演奏音乐很是洋洋得意。这时师旷听出了眉目，认为晋平公铸造的大钟音调不准，于是就直言不讳地告诉晋平公，晋平公却不以为然，但是后来经过卫国乐师师涓证实，果真如此。

在后世的传说中，师旷被演化成音乐之神、顺风耳的原型以及瞎子算命的祖师等。师旷有非凡的音乐才华，但却比较保守，晋平公喜欢新声，曾听师涓演奏新曲，师旷当场攻击是“靡靡之音”“亡国之音”。师旷认为可以通过音乐来传播德行。《阳春》《白雪》《玄默》等就是他的作品。

《霓裳羽衣曲》是唐玄宗创作的吗

唐明皇李隆基是古代著名的皇帝音乐家，《霓裳羽衣曲》就是他的经典之作。据说李隆基作的这个曲子是有来历的。第一种说法是，有一天李隆基在爬山的时候看到了传说中的仙山，于是得到了灵感，后来回到宫中经过一些幻想，然后创作出了这首曲子；第二种说法是说当时有一个曲子叫《婆罗门

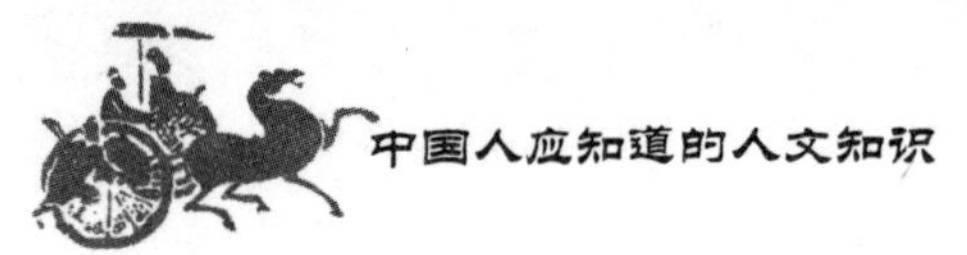

曲》，是从西域传过来的，后来李隆基将其改编成此曲。但是不管怎么说，这首曲子也确实是李隆基所作，李隆基作好这首曲子后很得意，还让宫女们在宫中表演。《霓裳羽衣曲》在开元、天宝年间曾盛行一时。天宝乱之后，宫廷就没有再演出，该曲渐渐失传。后来到了五代时，南唐后主李煜不知道从哪获得了残谱，于是让昭惠后周娥皇与乐师曹生按谱寻声，补缀成曲，并曾一度整理排演，但已没有当时的味道了。

木鱼是一种什么乐器

木鱼，我们在寺庙里看到过，敲木鱼诵经是佛家的习惯。其实木鱼是一种乐器，它是打击乐器的一种，是佛教“梵吹”的伴奏乐器。这种乐器并非只有在寺庙或佛堂里能见到，早在明清时期，木鱼就已经用于宫廷音乐、昆曲以及民间音乐的演奏。至于为什么后来它成了佛家的伴奏乐器，这还有个传说。

据说在汉朝时期，皇帝派两名僧侣去西天取经。经历千辛万苦后，在返回的途中乘船渡海时，突然风浪大作，一条恶鱼扑来了，将船头上的经书全部吃掉。于是这两名僧侣跳海与大鱼搏斗，这条大鱼也不是他们的对手，三下五除二就被这两名僧侣杀了，然后他们把鱼拖到了岸边。这时海面上风平浪静，只看到鱼的身躯化为污水流入大海，剩下鱼头摆在船头上，但是没有经书。这两位僧侣为了讨还经卷就敲那个鱼头，鱼头经不起他们天天敲，后来就碎了，他们便照着模样用木头做了个鱼头，天天敲打，后来这种做法一直流传在佛家。

最早有“木鱼”这个名字是唐代高僧怀海禅师所撰《敕修清规》之中的一句话：“木鱼，相传云，鱼昼夜常醒，刻木像形击之，所以警昏惰也。”木鱼一开始是为了让那些僧侣们警示要昼夜不忘修行，最早的木鱼不是鱼的形状，只是一个简单的木块，后来才在佛教中成为伴奏的乐器，就这样一步一步地流传至今。

什么是“六代乐舞”

六代乐舞又称“六乐”或“六舞”，它是中国奴隶制时期歌颂帝王的宫

廷乐舞。“六舞”指的是我国古代六个时期的舞，分别是黄帝时期的《云门大卷》、唐尧时期的《大咸》、虞舜时期的《韶》、夏禹时期的《大夏》、商汤时期的《大蠖》以及周武王时期的《大武》。“六舞”主要用于周代宫廷祭祀礼仪。周初，武王伐纣成功后，为了建立和巩固新的政治秩序，让周公旦“制礼作乐”，制定了一整套形式丰富、内容充实的礼乐制度。其中“六舞”和“六小舞”是这一制度的重要支柱。周朝处于奴隶社会的末期，所以一些统治者把音乐看作统治国家的工具，于是出现了乐舞的僵硬化，但是“六代乐舞”的出现对现代的音乐教育事业却有着很深的影响。

 “歌舞戏”是什么时候出现的

歌舞戏出现在中国南北朝时期，隋唐以后在民间常能看到。据史料记载，它是在继承前代歌舞、百戏艺术的基础上发展起来的一种戏曲。这种戏曲常伴有故事情节，人物不多，有少数角色扮演，边唱边跳，可以说是现代戏曲的雏形。歌舞戏的名称最早见于唐杜佑《通典》，属于“散乐”，剧目和内容的记载见于唐代数种著作。其中著名的歌舞戏有《大面》《踏摇娘》《拨头》三种，《踏摇娘》收录的最为完整，但这几首戏曲都没有剧词和曲谱。歌舞戏对后世来说，是宋杂剧、金院本和宋南戏的先声，是中国戏曲艺术走向成熟的基石，在戏曲史和音乐史上均占有重要地位。歌舞戏从北齐到唐代，一些角色的扮演并不是一成不变的，女的可以演男的，男的也可以演女的。当时歌舞戏的道具已经很完善了，如历史悠久的面具也已经应用在歌舞戏中，如《踏摇娘》中的丈夫，《拨头》中的遭丧者，都是戴着面具来演的。

 “山歌”只能在山里唱吗

山歌，是中国民歌的基本体裁之一，流传分布极广，蕴藏也极为丰富，主要集中分布在高原、内地、山乡、渔村及少数民族地区，是一些人们在行路、砍柴、放牧、割草或民间歌会上为了使自己在劳作的时候不孤单而唱的节奏自

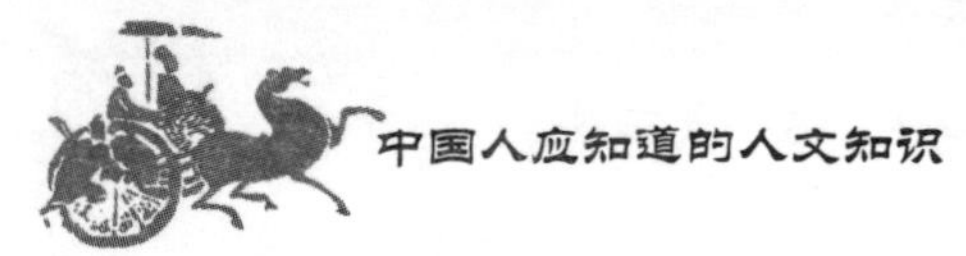

由、旋律悠长的民歌。一些游牧民传唱的牧歌、赞歌，一些渔民捕鱼时唱的渔歌，都属于山歌，而并非只有在山中唱的歌才是山歌。山歌唱起来朗朗上口，又容易记。明代的冯梦龙采集编纂了《山歌》，在编辑体例上打破了前人单纯按体裁分类的惯例，而是以内容为主，兼顾体裁并辅以必要的评注；表现方法上大量采用比兴手法；其语言颇具特色，接近口语，多用双关语，谚语、歇后语也多有应用。这部山歌集具有较浓的生活气息。

“三弦”的制作有哪些讲究

“三弦”属于弹拨乐器的一种，它普遍用于民族器乐、戏曲音乐和说唱音乐中。看过“三弦”的人应该知道它的构造，明显地可以看出它的两面蒙皮是用蟒皮或者是青花白地制造的。用蛇皮制造的乐器有很多，如二胡。指板的工艺直接关系到“三弦”的发音和使用，其长度决定有效弦长；宽度影响到演奏技巧的发挥；厚度涉及变形问题。山口至下端的凹形槽，关系到演奏时的力度变化，并能防止出沙音。琴头只是用来装饰的，上部多为扁铲形，顶端较宽并向后呈弧形弯曲，其上雕刻花纹或镶嵌骨饰，也有上部为如意形、雕饰大顶花，下部中间开有长方形通底弦槽，弦轴呈圆锥体，用红木、花梨等比琴杆稍硬的木料制成。“三弦”是在公元前214年用带柄的小摇鼓改造的，到了宋元时期才得以广泛流传。

“信天游”有哪些特色

“信天游”是一种民歌形式，主要流传在我国西北广大地区，是陕北民歌，陕北人叫它“信天游”或是“顺天游”“小曲子”。“信天游”是陕北劳动人民精神、思想、感情的结晶，是陕北劳动人民生活的直接反映。信天游是西北黄土高原上的传世巨著，这种民歌在歌唱时带着苍茫、恢宏而又深藏着凄然、悲壮的感情。人们生活在这样的高原上，交通不便利，地瘠民贫，于是那里的人们用这样的形式来表达心中的感情，这是典型的高原文化。这种调子在

内蒙古被叫做“爬山调”，歌词都是以七字格二二三式为基本句格式的上下句变文体，用比兴手法表现出浪漫主义。代表曲目有《王贵与李香香》《脚夫调》《兰花花》《走西口》等。

羌笛是哪里的乐器

羌笛是一种单簧气鸣乐器，它在我国有着很古老的历史，早在两千多年前，这种乐器就流行在四川北部阿坝藏羌自治州羌族居住之地。羌笛也被称为羌管，竖着吹奏，两管发出同样的音高，音色清脆高亢，并带有悲凉之感。有一句诗这样写的：“羌笛何须怨杨柳，春风不度玉门关。”这是羌笛表现力的最佳写照。羌笛与笛有很大的区别，是两个不同的概念。羌笛是双管四孔，在唐时，羌笛是边塞上常见的一种乐器，在很多边塞诗中都有描写。羌笛在汉代就已经流传很广了，但并没有出现在唐代的“十部乐”中，从这可以看出，羌笛只是当时少数民族或是军队中的兵士所用的一种自娱自乐的乐器。用羌笛演奏出来的声音给人一种虚幻迷离、动人心魄的感觉，羌族人民用它来抒发自己的喜怒哀乐，较为出名的曲目有《折柳词》《思乡曲》《莎郎曲》等。

中国古代的说唱音乐是什么样的

现在乐坛上流行的说唱音乐大多是来自于黑人音乐，其实我国的说唱音乐也有一段很长的历史了。中国的说唱音乐，最早可追溯到战国时期，有《荀子·成相篇》为证。此外，先秦两汉的诗词如汉乐府诗《陌上桑》《孔雀东南飞》等，也与说唱音乐有着密切联系。在《墨子》及刘向《列女传》中，也有对说唱表演形式的记述。但说唱音乐最有力的考证应该是在唐代。唐朝初期的皇上都比较开明，采取了一些休养生息的政策来发展生产力，人们在满足了物质上的生活后对精神生活也很向往。此时正盛行佛教，一些传教士为了让更多的人理解佛教，于是创作出一种新的表演艺术形式叫作“啭变”，这也就是说唱“变文”。“变文”的语言都是俗语，多以七字句为主，演出时作“唱”

词，所以“变文”，现在音乐界普遍认为它是说唱音乐产生的标志。

快板是如何发展而来的

“快板”是戏曲中拍子急速的调子，大多数在剧情紧张或人物心情激动时用之，是曲艺的一种，有些地区叫“顺口溜”“练子嘴”，在表演的时候用竹板打拍，节奏较快。“快板”这一名称出现较晚，早年叫作“数来宝”，是从宋代贫民演唱的“莲花落”演变发展成的。“数来宝”一开始是乞丐乞讨时演唱的，后来才成为一种艺术。旧时的艺人总想找个历史名人，奉为开山鼻祖，这样可以增添点光彩，“数来宝”的艺人当然也不例外。于是他们在历史上的乞丐中找到明太祖朱元璋，奉为祖师爷。传说朱元璋以前有过乞讨的生活，他乞讨的时候就是身上带着两个牛骨，然后敲打，因为以前他总是挨家挨户地上门要，他叫谁为爹、娘都会生病，于是才想出这个好办法，从此快板的形式一直流传到现在。因此可以说快板经过这样三个阶段：一是沿街乞讨演唱；二是“撂地”卖艺；三是舞台演出而发展到现在。

“绕梁三日”出自哪个典故

“余音绕梁，三日不绝”出自于《列子·汤问》中的一句话，而绕梁就是琴名。琴以“绕梁”命名，可见用这个琴弹奏出的曲子必然是余音不断的。据说“绕梁”是一位叫华元的人献给楚庄王的礼物，楚庄王自从得到“绕梁”以后，整天弹琴作乐，陶醉在琴乐之中，有一次竟然连续七天不上朝。这让当时的王妃樊姬感到焦虑，于是她规劝楚庄王说：“君王，您过于沉沦在音乐中了！过去，夏桀酷爱‘妹喜’之瑟，而招致了杀身之祸；纣王误听靡靡之音，而失去了江山社稷。现在，君王如此喜爱‘绕梁’之琴，七日不临朝，难道也想丧失国家吗？”楚庄王听到这话沉思了许久，最后他只得忍痛割爱，命人用铁如意去捶琴，千古名琴身碎为数段。从此，名琴“绕梁”绝响了。

“号钟”是某个编钟的名字吗

伯牙这个名字我们都熟悉，他是战国时期晋国的一个琴师，他与钟子期的故事已经传遍了大江南北，他曾经使用过一种琴，被誉为“四大名琴”之一，这个琴就是“号钟”。“号钟”是周代的名琴，这种琴音的声音洪亮，犹如钟声激荡，号角长鸣，让人听了有震耳欲聋之感。“号钟”不仅是伯牙的喜爱之物，还是帝王爱不释手的乐器，后来“号钟”传到齐桓公的手中，齐桓公对它也很珍惜。齐桓公是齐国的贤明君主，通晓音律。当时，他收藏了许多名琴，尤其对“号钟”情有独钟。他曾令部下敲起牛角，唱歌助乐，自己则奏“号钟”与之呼应。牛角声声，歌声凄切，“号钟”奏出的悲凉的旋律，使两旁的侍者个个感动得泪流满面。

“广陵散”是谁创作的

《广陵散》是嵇康的作品，又名《广陵止息》，是古代的一首大型琴曲，我国著名的十大古曲之一。“广陵”是扬州的古称，“散”是操、引乐曲的意思。人们常将这首琴曲与琴曲《聂政刺韩王》联系起来，它讲的是战国时期聂政报杀父之仇的故事。而《广陵散》中的小标题也有关于“刺韩”“冲冠”“发怒”等内容，所以古来琴曲家即把《广陵散》与《聂政刺韩王》看作是异名同曲。《广陵散》的旋律激昂、慷慨，它是我国现存古琴曲中唯一的具有戈矛杀伐战斗气氛的乐曲，表达了对统治者的反抗和斗争精神，具有很高的思想性及艺术性。《广陵散》在清代很有名，新中国成立后由古琴家管平湖根据史料整理、打谱而成了现在我们听到的《广陵散》。

“国粹”京剧有着怎样的发展史

京剧是用“西皮”和“二黄”两种基本腔调组成的音乐素材，还融合了地方小曲调和昆曲曲牌。它盛行于二十世纪三四十年代，也就是在1840年前

后，当时被称为“国剧”。京剧的行当全面、表演成熟、气势宏美，且京剧的传统剧目大约是一千个，常表演的约有三四百个。京剧的题材多为一些历史上的事，或者是小说的话本，唱念做打是京剧表演的四种艺术手段，也是京剧表演的四项基本功。京剧在清朝初年就开始孕育了，到乾隆中叶后，昆曲逐渐衰落，而此时的京腔兴盛，进而取代昆曲一统京城舞台。当时由魏长生的戏班演出的《滚楼》轰动了全京城，他们的戏班也被称为“京城第一”，从此京剧便在北京形成。京剧也被叫作中国的“国粹”，到现在已有200年历史了。

“焦尾”是一张什么样的琴

蔡邕是东汉著名文学家、音乐家，他亲手制作过一张琴，后来成为了我国古代的四大名琴之一，这个琴就是“焦尾”。据说蔡邕曾在烈火中抢救出一段尚未烧完、敲之声音异常的梧桐木。后来他依据木头的长短、形状，制成一张七弦琴，用此琴弹出的曲子不凡。因琴尾尚留有焦痕，就取名为“焦尾”。“焦尾”以它悦耳的音色和特有的制法闻名四海。后来蔡邕惨遭杀害后，“焦尾”琴便保存在皇家内库中。到了南朝齐明帝时，当时有个有名的古琴高手王仲雄，齐明帝为了欣赏古琴高手王仲雄的超人琴艺，就拿出“焦尾”琴让王仲雄演奏。王仲雄连续弹奏了五日，并即兴创作了《懊恼曲》献给齐明帝。到了明朝，昆山人王逢年还收藏着蔡邕制造的“焦尾”琴。但现在此琴已成了历史的陈迹。

什么是“百戏”

在古代，民间的表演艺术一般统称为“百戏”，这一词产生于汉代。汉代称“角抵戏”，包括找鼎、寻橦、吞刀、吐火等各种杂技幻术，装扮人物的乐舞，装扮动物的“鱼龙曼延”及带有简单故事的“东海黄公”等，这在《汉文帝纂要》中有所记载。“百戏”中独有的就是说唱逗笑，南北朝时期“散乐”与“百戏”合称“散乐百戏”，涵盖面也更为广泛了。在唐和北宋时“百戏”

十分流行，每逢节日，民间就会举行歌舞百戏盛会。

到了元代以后，“百戏”的内容变得更加丰富多彩，但是“百戏”这个词却逐渐少用了。汉代有一幅画像就叫作《百戏》，它形象地刻画了“百戏”这一题材，其中展现了人的活泼、健美、技巧和勇敢，也可以看到其内容。之所以称为“百戏”，是因为这里会有很多人来表演，他们是一个大舞团，但又可以分成一人或几人的表演。如有一人头顶一木架，架上有三个幼童做各种表演的，还有男子挥舞着长长的衣袖，在地上放着的七个盘鼓之间跳舞唱歌的等，而这些带有滑稽性的表演能使人发笑。

“生旦净末丑”的命名是怎么来的

“生旦净末丑”是戏曲中角色的名字，但是角色的名字是怎么来的呢？关于戏曲角色名称的由来，也是众说纷纭的，大多数人的说法是：“生、旦、净、末、丑”是用“反喻”取名的。这也已经是很古老的传说了，早在杂剧、传奇流行的时代就有了。但是明代文学家祝枝山却说这是谬论，否定了此说法。在古印度的梵剧中有五个角色，和现在的“生旦净末丑”大致是相同的；在元代夏庭芝著的《青楼集》中也有明确地表示这五种角色的内容；元陶宗仪在《辍耕录》中将宋金杂剧院本中的这五种角色及表演称为“五花爨弄”。而这也无法证明戏曲中的五个角色和古印度梵剧中的五种角色是不是一样的，不过它们在艺术形式上却有着毋庸置疑的难解之缘。

“秧歌”一词出现在什么时候

秧歌舞的历史也有很久了，它是一种民间发展的舞，我们常常能在东北、陕北看到，有的人扮成猪八戒或是孙悟空踩着高跷在队伍中走来走去，颇有一番趣味。那这种秧歌舞有什么样的特点呢？秧歌舞的气氛很热闹，因为这里有搞笑的故事情节；规模也比较大，看过秧歌舞的人知道，他们的队伍都是成排成排的人一起表演的；秧歌舞者的着装鲜艳，因为秧歌舞一般是逢节日才跳的舞，所以服装色彩是很鲜艳的，这一方面能体现民族的风格，另一方面则是烘托喜庆的气氛。所以常能看到那些穿着红蓝黄绿、五彩缤纷服装的人在锣鼓的伴奏声中载歌载舞，以此来抒发自己愉悦的心情，表达对美好生活的憧憬。而这些扭秧歌的人并不是什么艺术家，而是普通的民众。

秧歌最早起源于古代劳动人民的劳动生活，人们到了收获的季节经常用这种歌舞来祭祀农神祈求丰收，或者用这种形式来颂歌、禳歌，后来这样的歌舞在发展过程中不断吸收农歌、菱歌、民间武术、杂技以及戏曲的技艺与形式，从而演变成现在的秧歌。“秧歌”一词是从清代才有的，后来一直延续到现在，现在秧歌已经在全国各地广泛流传了。

昆曲源自云南昆明吗

昆曲是戏曲的一种，它其实发源于14~15世纪江苏昆山的曲唱艺术体系，其中融合了唱念做表、舞蹈及武术的表演艺术，主要是由笛、三弦等伴奏，唱说语言是中州官话，现在一般的舞台形式上大多都是昆剧。元代出现的元杂剧在明代逐渐衰落，那时，南方的戏盛行，人们把南方的戏称为“传奇”，“传奇”独主剧坛，这其中又有杂剧的音乐，所以改名为昆剧。昆曲与起源于浙江的海盐腔、余姚腔和起源于江西的弋阳腔并称为明代四大声腔，同属南戏系统，至今也有六百年的历史了。昆曲在2001年被联合国教科文组织列为“人类口述和非物质遗产代表作”。而现在著名歌星王力宏的《在梅边》《花田错》当中也融进了大量的昆曲在里面，可见昆曲在现代也是很流行的。

第十九章 中国古代的天文历法

中国是世界上天文学起步最早、发展最快的国家之一，天文学也是我国古代最发达的四门自然科学之一。在中国历史上，天文学方面屡有革新的优良历法、令人惊羡的发明创造、卓有见识的宇宙观等，这些在世界天文学发展史上，无不占据重要的地位。

是谁给北斗星命名的

“北斗”一词的本义是指北方夜空中接近北极点的一个星组，其形状如舀水的斗勺，故名。它与位于低纬度（就赤道坐标系而言）上的“南斗”星相对应。“北斗”星的命名时代在新石器时代中晚期。在旧石器时代，人类还不会有专用的舀水器具。我们注意到斗是专用的舀水器具，与水的关系极为密切。而“五行”之“水”，正好位配北方。因此，“北斗”的命名，应当与“五行”观念和理论的出现在同一时期。

北斗的命名者，必须是中纬度（北纬30°~40°）地区的居民。因为对地近赤道的部族而言，北斗时隐时现，不能成为可靠的时间指示器。北斗的命名者，应当是农耕民族。因为北斗的斗柄能指示季节（北斗东指，天下皆春；北斗南指，天下皆夏；北斗西指，天下皆秋；北斗北指，天下皆冬）。北斗星命名的时候，可能已经出现了天子的概念。因为北斗绕北极旋转，这隐含着“帝王居中（居北极）”的概念。

夏历和农历有什么区别

由于夏历中提到了二十四节气，而二十四节气对农业生产有着重要的意义，所以今天的很多人就认为我们今天所说的“农历”就是夏历。其实这种说法是错误的。

因为二十四节气是根据太阳在黄道上的位置而决定的，隶属于太阳历的一部分内容。而农历则是一种阴阳历，平均历月等于一个朔望月，但设置闰月以使平均历年为一个回归年，设置二十四节气以反映季节的变化特征，所以又有阳历的成分。至今几乎全世界所有的华人及朝鲜、韩国和越南及早期的日本等国家，仍使用农历来推算传统节日，如春节、中秋节、端午节等节日。

古人为什么要事事看《黄历》

黄历，民间俗称为通书，相传是由黄帝创制的，因此得名《黄历》。其内容是用来指导农民耕种时机的，故又称为农民历。《黄历》是在中国农历基础上产生出来的，带有许多表示当天吉凶的一种历法。《黄历》的主要内容为二十四节气的日期表，每天的吉凶宜忌、生肖运程等。

早在秦汉时期，中国就已经有了比较完善的历法书籍。大约从宋朝开始，民间开始流通官印黄历，其主要反映的是“冲煞忌宜”的术数内容。元泰定五年（1328年），官印《黄历》高达三百多万本。

《黄历》所记述的术数内容常被批评为是迷信，因此在太平天国时期，信奉基督教的太平天国颁行的《黄历》就删去所有禁忌，只注明节气与礼拜天；清宣统年间颁布的《黄历》，也禁止刊载宜忌、冲煞、方位、流年、太岁。

魁星有着怎样的传说

魁星的故事是这样的：古代有一个秀才，名字已不可考，姑且就直接叫他魁星吧。此人聪慧过人，才高八斗，过目成诵，出口成章，可就是长相奇丑无比，所以屡屡面试时落第。他长得怎样呢？据说他本来就丑陋，又长了满脸麻子，一只脚还瘸了，走起路来一拐一拐的，但是他文章写得太好了，终于被乡试、会试步步录取，一次次高中榜首。到了殿试时，皇帝亲自面试他的文才，一看他的容貌和画着圈上殿的走路姿势，心中不悦，于是便问："你那脸是怎么搞的？"他回答："回圣上，这是'麻面映天象，捧摘星斗'。"皇帝觉得这人怪有趣的，又问："那么你的瘸腿呢？"他又回答："回圣上，这是'一脚跳龙门，独占鳌头'。"皇帝很欣赏他的机敏，又问："那朕问你一个问题，你要如实回答。你说，如今天下谁的文章写得最好？"他想了想说："天下文章属吾县，吾县文章属吾乡，吾乡文章属舍弟，舍弟请我改文章。"皇帝大喜，阅读完他的文章后，更是拍案叫绝："不愧天下第一！"于是钦点他为状元。

这个丑文人的才学、智慧和发奋，使他后来升天成为魁星——北斗七星的前四颗，主管功名禄位。"魁"字拆开来，一半是"鬼"，应魁星的面目丑陋，一半是"斗"，应魁星才高八斗、也应北斗星座。据说魁星手中的朱笔批你是什么你就是什么，文人中传的"任你文章高八斗，就怕朱笔不点头"就来源于此。

据说从此开始，皇宫正殿台阶正中的石板上雕有龙和鳌的图案，一只魁斗放在旁边，殿试完毕发榜时，应试者都聚到皇宫门前，进士们站在台阶下迎榜，状元则一手持魁斗，一脚站在鳌头上亮相，表示"一举夺魁，独占鳌头"。

什么是四象

古人把东、南、西、北四方每一方的七宿想象为四种动物形象，叫作"四象"。

“四象”（或作四相）在中国传统文化中指青龙、白虎、朱雀、玄武，分别代表东西南北四个方向。在二十八宿中，“四象”用来划分天上的星星，也称四神、四灵。春秋易传的天文阴阳学说中，是指四季的天然气象，分别称为少阳、太阳、少阴、太阴。

中国传统方位是以南方在上方，和现代以北方在上方不同，所以描述四象方位，又会说左青龙（东）、右白虎（西）、前朱雀（南）、后玄武（北）来表示，并与五行学在方位（东木西金，北水南火）上相呼应。“四象”的概念在古代的日本和朝鲜极度受重视，这些国家常以四圣、四圣兽称之。

值得注意的是，虽然近来国人受日本流行文化的影响，而开始习惯这种说法，但事实上中国历来对此“四象”并没有四圣的说法，一般所指的四圣乃伏羲、文王、周公和孔子等四个圣人。此外，“四象”也指风、雨、雷、电四种自然天候气象。

二十四节气是如何划分的

二十四节气是中国人祖先智慧的发现。先把二十四节气的名称按次序列下，分为四组，每组又分为前后两半。

立春，雨水，惊蛰，春分，清明，谷雨；

立夏，小满，芒种，夏至，小暑，大暑；

立秋，处暑，白露，秋分，寒露，霜降；

立冬，小雪，大雪，冬至，小寒，大寒。

这样一摆出，立刻就能看出前半四个立字后，紧跟着后半开始，又见“春夏秋冬”四个大字领头。这什么意思呢？不言而喻，这是说春夏秋冬四季从四个立为始，立起来就是开始嘛。后半的“春夏秋冬”配上两个“分”字，两个“至”字。分是什么意思？最简单的“分”，就是“一分为二”了，这就表明，在这里把一季“一分为两半”了。那另外两个“至”字呢？容易误解为“到头了”的意思，但要弄清楚是什么到头了。不要当作是一季到头了，而是太阳向北或向南走到头了，要回头走了。确切追究这个“至”字的本义的话，“至”是极的意思。比如，我们说“至少”，就是说不能再少了，少到

极点了。夏至就是说太阳向北走到极点了，要回头了，但夏季并没有完，而是刚刚到中点。冬至也是类似，太阳刚刚到极南点，开始转向北了，冬季过了一半了。

二十四节气是按太阳在天空走过的大圆的24个等分角度来定义的，不是按一年24个等分时间来定义的，所以时间间隔并不相等，按近似的天数说，有的近似15天，有的近似16天。所以一年的月怎样分才能既简明，又足够准确地表现二十四节气，使它们排列得有最简单的规律，让人容易记忆掌握，这是设计历法的重要任务。

传说中哪些人是文曲星转世

文曲星，星宿名之一。中国神话传说中，文曲星是主管文运的星宿，那些文章写得好而被朝廷录用为大官的人便是文曲星下凡。文曲星属癸水，是北斗星，主科甲功名。文曲与文昌同属为吉星，代表有文艺方面的才能或者爱好文学及艺术。文曲星不同于文昌星的是，此星带有桃花，若女命再逢巨门同宫，自甘堕落，水性杨花。文曲星喜与文昌星同宫，可对照充分发挥其才艺，若再遇武曲星同宫，主博学多能。不过要兼顾到父母宫的好坏，配合判断。

一般民间信仰、预言书及文学作品中，认为商相伊尹、王子财神比干、宋相范仲淹、开封府尹包拯（范包二人时代重叠）、文天祥和白蛇传男主角许仙的儿子许仕林等皆为文曲星转世。

一炷香、一盏茶到底是多久

我们时常在古典小说和古装影视剧中看到，古人喜欢用 “一炷香的工夫”来指代某个特定的时间段，那么“一炷香”究竟是多长时间呢?

实际上由于环境、风力、香的材料、香料干湿等诸多因素的影响，“一炷香”的燃烧时间并不完全相同，但一般约为一个小时。

古代除了用“一炷香”来计时，还喜欢用“一盏茶”来计时。那么，“一盏茶”又是多长时间呢？

喝一碗茶，以现代人的习惯来计算，夏天要十五分钟，冬天十分钟都用不了。古人把一昼夜分为十二个时辰，一个时辰有四刻，一刻有三盏茶。这样推算“一盏茶”约相当于现在的十分钟。

日晷的工作原理是什么

日晷，又称“日规”，是我国古代利用日影测得时刻的一种计时仪器。其原理就是利用太阳投射的影子来测定并划分时刻。

利用太阳投射的影子来测定时刻的装置又称“日规”，是我国古代利用日影测得时刻的一种计时仪器，通常由铜制的指针和石制的圆盘组成。铜制的指针叫作“晷针”，垂直地穿过圆盘中心，起着圭表中立竿的作用，因此，晷针又叫“表”，石制的圆盘叫作“晷面”，安放在石台上，呈南高北低，玉日晷使晷面平行于天赤道面。

这样，晷针的上端正好指向北天极，下端正好指向南天极。在晷面的正反两面刻画出12个大格，每个大格代表两个小时。当太阳光照在日晷上时，晷针的影子就会投向晷面，太阳由东向西移动，投向晷面的晷针影子也慢慢地由西向东移动。晷面的刻度是不均匀的。于是，移动着的晷针影子好像是现代钟表的指针，晷面则是钟表的表面，以此来显示时刻。早晨，影子投向盘面西端的卯时附近。接着，日影在逐渐变短的同时，向北（下）方移动。当太阳到达正南最高位置（上中天）时，针影位于正北（下）方，指示着当地的午时正时刻。午后，太阳西移，日影东斜，依次指向未、申、酉各个时辰。

阴历和阳历有什么区别

阴历全称“太阴历”或“纯阴历”。阴历根据月亮圆缺变化的周期，即朔望月制定的，因古人称月亮为“太阴”，所以称为“太阴历”，简称“阴

历”。阴历的主要特点是：历月的长短依据天象即月相来确定，大月30日，小月29日，历月的平均值大致与朔望月平均长度29.5306日相等。年的长短则只是历月的整数倍，与回归年无关。因此，阴历的月份也与四季寒暑无关。阴历的日期表示着一定的月相，即初一是朔，即新月；十五、十六或十七是满月，即望；初七、初八是上弦月；二十二、二十三是下弦月等，这对古人凭借月相判断日期是很方便的。而月相的变化又是人们最容易看见的天象，因此，各国的历法大都先有阴历后有阳历。但是，由于阴历与回归年无关，因此，就与农业生产和人们的日常生活不协调，后来便逐渐被淘汰。

阳历，亦称公历、太阳历、新历、西历，也称格里高利历。它是1582年，由罗马教皇格里高利十三世实行的历法。阳历是以地球环绕太阳一周的时间算作一年。它的长度为三百六十五天五小时四十八分四十六秒。由于它不是整数，为了把长短拉平，有的年份是三百六十六天，称为“闰年”；有的年份是三百六十五天，称为“平年”。由于这种历法是根据地球与太阳距离的位置而定，所以它的“二十四节气”是固定的：上半年的节气多在每月的6日、21日，下半年的节气多在每月的8日、23日，即使相差也不过一两天。

“九天”代表哪些意象

1.天之中央与八方

《楚辞·离骚》：“指九天以为正兮，夫唯灵脩之故也。”王逸注：“九天谓中央八方也。”汉扬雄在《太玄·太玄数》中说：“九天：一为中天，二为羡天，三为从天，四为更天，五为睟天，六为廓天，七为减天，八为沉天，九为成天。”

2.天空最高处

《孙子·形篇》：“善攻者，动于九天之上。”梅尧臣注：“九天，言高不可测。”唐李白《望庐山瀑布》诗之二：“飞流直下三千尺，疑是银河落九天。”明宋濂《文原》：“九天之属，其高不可窥；八柱之列，其厚不可测。”

仰仪是用来做什么的

仰仪是我国古代的一种天文观测仪器，由元朝天文学家郭守敬设计制造。

仰仪是采用直接投影方法的观测仪器，非常直观、方便。例如，当太阳光透过中心小孔时，在仰仪的内部球面上就会投影出太阳的映象，观测者便可以从网格中直接读出太阳的位置了。尤其在日全食时，它能测定日食发生的时刻，利用仰仪能清楚地观看日食的全过程，连同每一个时刻、日食的方位角、食分多少和日面亏损的位置、大小都能比较准确地测量出来。这架仪器甚至还能观测月球的位置和月食情况，被称为“日食观测工具的鼻祖。”

因此，仰仪是很受古代天文工作者喜爱的一种天文观测仪器。仰仪流传到朝鲜和日本后，取消了璇玑板，改成尖顶的晷针，从而成为纯粹的日晷，被称为仰釜日晷。

古人何时开始记载“流星”

中国古人对流星雨、流星的记载，也早于其他民族。古书《竹书纪年》中写道：“夏帝癸十五年，夜中星陨如雨。” 世界上天琴座流星雨最早、最详细的记录，见于中国的《左传》：“鲁庄公七年夏四月卯夜，恒星不见，夜中星陨如雨。”对于公元461年南北宋时代出现的一次令人惊心动魄的天琴座流星雨，《宋书·天文志》作了十分精彩的记述：“大明五年……三月，月掩轩辕。……有流星数千万，或长或短，或大或小，并西行，至晚而止。”

在中国古人《新唐书·天文志》的记录中，英仙座流星雨出现时的壮丽情景，真扣人心弦：“唐开元二年五月乙卯晦，有星西北流，或如瓮，或如斗，贯弱极，小者不可胜数，天星尽摇，至曙乃止。”

中国古代的流星雨纪事达180次之多，其中天琴座流星雨记录了大约10次，英仙座流星雨大约12次，狮子座流星雨大约7次。

浑仪有着怎样的构造

浑仪是我国古代的一种天文观测仪器。在古代，“浑”字含有圆球的意义。古人认为天是圆的，形状像蛋壳，出现在天上的星星是镶嵌在蛋壳上的弹丸，地球则是蛋黄，人们在这个蛋黄上测量日月星辰的位置。因此，把这种观测天体位置的仪器叫做“浑仪”。

最初，浑仪的结构很简单，只有三个圆环和一根金属轴。最外面的那个圆环固定在正南北方向上，叫作“子午环”；中间固定着的圆环平行于地球赤道面，叫作“赤道环”；最里面的圆环可以绕金属轴旋转，叫作“赤经环”；赤经环与金属轴相交于两点，一点指向北天极，另一点指向南天极。在赤经环面上装着一根望筒，可以绕赤经环中心转动，用望筒对准某颗星星，然后，根据赤道环和赤经环上的刻度来确定该星在天空中的位置。

后来，古人为了便于观测太阳、行星和月球等天体，在浑仪内又添置了几个圆环，也就是说环内再套环，使浑仪成为多种用途的天文观测仪器。

漏刻如何计时的

漏刻是古代的一种计时工具。漏刻的计时方法可分为两类：泄水型和受水型。漏刻是一种独立的计时系统，只借助水的运动。后来古人发现漏壶内的水多时，流水较快，水少时流水就慢，这样显然会影响计量时间的精度。于是在漏壶上再加一只漏壶，水从下面漏壶流出去的同时，上面漏壶的水即源源不断地补充给下面的漏壶，使下面漏壶内的水均匀地流入箭壶，从而获得比较精确的时间。

地动仪如何显示震情

公元132年，在京师（河南洛阳）盛传着一个惊人的消息，太史令张衡发

明了一种仪器，可以测到发生地震的时间和方位。但也有人不相信，认为地震发生在几百里以外，人怎么能测出来呢？

张衡生于公元78年，死于139年，是我国古代杰出的科学家。他在数学、天文、地震等方面，都有突出的成就。张衡发明的仪器叫地动仪，这是世界上第一架地震仪。据《后汉书》记载，地动仪以精铜铸造而成，圆径达八尺，外形像个酒樽，机关装在樽内，外面按东、西、南、北、东北、东南、西南、西北八个方位各设置一条龙，每条龙嘴里含有一个小球，地上对准龙嘴各蹲着一个蛤蟆，昂头张口，当任何一个方位的地方发生了较强的地震时，传来的地震波会使樽内相应的机关发生变动，从而触动龙头的杠杆，使处在那个方位的龙嘴张开，龙嘴里含着的小球自然地落到地上的蛤蟆嘴里，发出“当当”的响声，这样观测人员就知道什么时间、什么方位发生了地震。

公元138年3月1日，这台地动仪西方的龙嘴张开了，球“当”的一声落到蛤蟆嘴里，测知洛阳以西发生地震。但由于洛阳没有感到震动，所以很多人议论纷纷，说这台仪器不准。几天以后，信使飞马来报，距离洛阳以西一千多里的陇西（甘肃东南部）发生了大地震，这才使朝廷内外“皆服其妙”。

每年都有闰月吗

无论是在古代的夏历（今天我们称之为农历或阴历），还是在今天全世界通用的、被中国人称之为阳历或公历的历法中，都有闰月这回事情。那么，闰月到底是什么意思呢？

“闰”从字义上讲就是“余数”的意思，用到历法里面就是指“历法纪年和地球环绕太阳一周运行时间的差数”。

闰月，阴历以月球绕地球定历法，每年和回归年的365日5时48分46秒相差约10日21时，积以置闰，所以每三年要闰一个月，每五年闰两个月，每十九年闰七个月。这样每逢闰年所加的一个月，称为闰月。

古人如何看待“天狗食日”

古代人把日全食俗称“天狗食日”，日代表天帝，皇帝是天之子。如果出现日食，就是妖孽侵犯皇帝统治的凶兆。唐朝推背图李淳风认为，发生日食是皇帝失德、奸党当道的表现，日全食一般出现在国亡君死，天下大乱，城池沦陷，疆土丢失之时。

在古人看来，日食出现很不吉利。《诗·小雅·十月之交》写道：“十月之交，朔日辛卯，日有食之，亦孔之丑。”丑者，恶也、凶也；孔者，甚也。《诗·小雅·鹿鸣》：“我有嘉宾，德音孔昭。”郑氏笺注曰：“孔，甚，昭，明也。”

由此可见，早在《诗经》的那个年代，日食就已经被人们视为极不吉利的象征了。在上天所显示的各种异象中，以日食最为严重，即所谓“夫至尊莫过乎天，天之变莫大乎日蚀”。《后汉书·五行志》注引。

所以，一旦出现日食，就意味着帝王举措失当。对此，古人有大量论述。例如，春秋时晋人伯瑕认为，日食是“不善政之谓也。国无政，不用善，则自取谪于日月之灾。”《左传·昭公七年》。

所谓不善政，当然是指执政者而言。国君是最大的执政者，所以，发生日食，当然可以认为是国君的过错所致。

古人一旦发生日食，就会有许多仪式，祈求平安、祷告日食早点结束。在中国，每当日食发生时，民间总会以敲锣打鼓的方式祈求太阳出现。此时，朝廷也会有所行动。

传说中12生肖的位次是如何确定的

汉族民间故事说：当年轩辕黄帝要选十二种动物担任宫廷卫士，猫托老鼠报名，老鼠给忘了，结果猫没有选上，从此与鼠结下冤家。大象也来参赛，被老鼠钻进鼻子，赶跑了，其余的动物，原本推牛为首，老鼠却窜到牛背上，猪也跟着起哄，于是老鼠排第一，猪排最后。虎和龙不服，被封为山中之王和海中之王，排在鼠和牛的后面。兔子又不服，和龙赛跑，结果排在了龙的前面。狗又不平，一气之下咬了兔子，为此被罚在了倒数第二。蛇、马、羊、猴、鸡也经过一番较量，一一排定了位置，最后形成了鼠、牛、虎、兔、龙、蛇、马、羊、猴、鸡、狗、猪的顺序。传说故事虽不是对问题的科学解释，但它却体现了人们希望对十二生肖的选择作出解释的愿望。

我国古代最早的天文学著作是哪一部

中国人很早就注意观察天象，古书上关于夏朝时流星雨和日食的记载，就是世界天文史上最早的记录。

战国时期还出现了天文学专著，如齐国的天文学家甘德著的《天文星占》，魏国人石申著的《天文》，后人将这两部著作合为一部，称作《甘石星经》。这是我国乃至世界上现存最早的一部天文学著作。

《甘石星经》记录了水、木、金、火、土五大行星的运行情况以及它们的出没规律。书中还测定了121颗恒星的方位，记录了800颗恒星的名字。这是我国乃至世界上最早的恒星表，比希腊天文学家伊巴谷测编的欧洲第一个恒星表大约早两百年。

甘德还用肉眼发现了木星的卫星，比意大利天文学家伽利略在1609年用天文望远镜发现该星早两千多年。石申则发现日食、月食是天体相互掩盖的现象，这在当时也是难能可贵的。为了纪念石申，月球上有一座环形山就是用他的名字命名的。

后世许多天文学家在测量日、月、行星的位置和运动时，都要用到《甘石星经》中的数据。因此，《甘石星经》在我国和世界天文学史上都占有重要地位。

为什么12生肖中没有猫

你知道自己属什么吗？为什么有属老鼠的，却没有属猫的呢？这里面有个很有趣的故事。传说很久很久以前，有一天，人们说：“我们要选十二种动物作为人的生肖，一年一种动物。”可是天下的动物实在是太多了，怎么才能选出十二种来呢？于是，人们就规定了一个日子，这一天，动物们来报名，先到

的十二种动物就选为十二生肖。

猫和老鼠是邻居，又是好朋友，它们都想去报名。猫说："咱们得一早起来去报名，可是我爱睡懒觉，怎么办呢？"老鼠说："别着急，你尽管睡你的大觉，我一醒来，就去叫你，咱们一块儿去，争取报道头一个和第二个。"猫听了很高兴，说："你真是我的好朋友，谢谢你了。"

到了报名的那天早晨，老鼠一早就醒来了，可是它高兴地忘乎所以了，只想着自己报名的事，把好朋友猫给忘了。结果，老鼠被选上了。猫呢？因为起床太迟了，等它赶到时，十二种动物已经被选定了。

猫因为没有被选上，就怪老鼠没有叫它，所以一直想找老鼠算账。而老鼠呢，自知理亏，所以总是躲着猫，一直到现在，老鼠见了猫还是要逃跑。

农历和公历的闰月有何不同

为了调整历法年的平均长度，使其与回归年的长度相符合，有时就需要调整个别月份的长度或增加一年中的月数。这个被调整的月份或增加的月份就被称为"闰月"。

在中国传统的阴阳历中以朔月的长度29.5306日为1个月的平均值，全年12个月，同回归年的长度365.2422日相差约10日21时，因此需要置闰，使阴阳历各个月份和天象物候保持对应的关系。我国古六历中用3年闰1个月，5年闰2个月，19年闰7个月的闰月法，每逢闰年所加的月便称为"闰月"。

在公历中，闰月不是在一年中增加一个月，而是在某一个月增加一天，以保证历法年与回归年相一致，如《儒略历》和现行《公历》一般年份都是365天。通常每过四年（现行公历有时相隔八年）就把二月增加一天，这一年就是366天。这年的二月就是闰月，而这一年也叫闰年。

什么是月令

月令是上古的一种文章体裁，按照一个12个月的时令，记述政府的祭祀礼仪、职务、法令、禁令，并把它们归纳在五行相生的系统中，除了现存《礼记》中有一篇《月令》之外，还有《逸周书》中的一篇《月令》，不过后者已经失传了。

“月令”的答案可以从中国古典哲学里推寻，它在四季中包含了“金、木、水、火、土五行”。它们分别是：春，木令，木旺，其中正月为阳木，二月阴木，三月属土；夏，火令，火旺，其中四月阴火，五月阳火，六月属土；秋，金令，金旺，其中七月阳金，八月阴金，九月属土；冬，水令，水旺，其中十月阴水，十一月阳水，十二月属土。

中国古代是用天干和地支来计算时间的。一年分为十二个月，在计算月的时间时，天干是变化的，而地支是不变的，正月为寅，二月为卯，三月为辰，四月为巳，五月为午，六月为未，七月为申，八月为酉，九月为戌，十月为亥，十一月为子，十二月为丑。每月的地支就叫月令，就是上面说的这些。正月月令为寅，二月为卯……依此类推。

万年历是怎么来的

万年历是我国古代传说中最古老的一部太阳历。为纪念历法编撰者的万年功绩，便将这部历法命名为“万年历”。关于万年历的来历，还有一个传说故事。

相传，在很久以前，有个名叫万年的青年，看到当时节令很乱，就想把节令定准。一天，他上山砍柴，坐在树阴下休息，树影的移动启发了他，他设计了一个测日影计天时的晷仪。可是，天阴雨雾，影响测量。后来，山崖上的滴泉引起了他的兴趣，他又动手做了一个五层漏壶。天长日久，他发现每隔三百六十多天，天时的长短就会重复一遍。当时的国君名叫祖乙，天气风云的不测，使他很苦恼。一个名叫阿衡的大臣，为了讨好国君，奏称要设天台敬祭天神。祖乙认为有理，便带领百官去祭天，却无济于事。万年知道后，忍不住就带着日晷和漏壶去见国君，对祖乙讲清了日月运行的道理。祖乙听后龙颜大悦，感到很有道理。于是把万年留下，在天坛前修建日月阁，筑起日晷台和漏壶亭，并派了十二个童子服侍万年。祖乙对万年说：“希望你能测准日月规

律，推算出准确的晨夕时间，创建历法，为天下的黎民百姓造福。”

有一次，祖乙传旨要阿衡去了解万年测试历法的进展情况。当他登上日月坛时，看见天坛边的石壁上刻着：日出日落三百六，周而复始从头来。草木枯荣分四时，一岁月有十二圆。阿衡见此，知道万年的历法已研究成功，心中忐忑不安。他万分惧怕万年因创建历法而得宠，国君会怪罪自己提出祭祀天神的主意。于是，他阴谋策划，派了一个刺客去除掉万年。刺客攀上日月阁，见万年正在阁上观察星斗，便张弓搭箭，准备射死他。谁知，刺客被卫士发现，被当场缉拿。祖乙知道后，惩处了阿衡，亲自登上日月阁看望万年。万年指着天象，对祖乙说：“现在正是十二个月满，旧岁已完，新春复始，祈请国君定个节吧。”祖乙说：“春为岁首，就叫春节吧。”冬去春来，年复一年。后来，万年经过长期观察，精心推算，制定出了准确的太阳历。当他把太阳历呈奉给继任的国君时，已是满面银须。国君深为感动，为纪念万年的功绩，便将太阳历命名为“万年历”，封万年为日月寿星。以后，人们在过年时挂上寿星图，据说就是为了纪念德高望重的万年的。

而现在所使用的万年历，实际上就是记录一定时间范围内的具体阳历或阴历日期的年历，方便有需要的人查询使用，与原始历法并无直接联系。

不同形状的月亮都有哪些名字

上弦月，农历每月初八或初九只能看到月亮西边的半圆，这种月相叫“上弦”，这时的月亮人们称为“上弦月”。下弦月是指农历每月二十二、二十三日只能看到月亮东边的半圆，这种月相叫“下弦”，这时的月亮人们称为“下弦月”。

上弦月上半夜出来，在西面出来，月面朝西。下弦月与上弦月相反。在农历的每月初一，当月亮运行到太阳与地球之间的时候，月亮以它黑暗的一面对着地球，并且与太阳同升同没，人们无法看到它。这时的月相叫“新月”或“朔”。新月过后，月亮渐渐移出地球与太阳之间的区域，这时我们开始看到月亮被阳光照亮的一小部分，形如弯弯的娥眉，所以这时的月相叫“娥眉月”。

什么是“三才”

三才：指天、地、人。《易·说卦》：“是以立天之道，日阴日阳；立地之道，日柔日刚；立人之道，日仁日义，兼三才而两之，故《易》六通而成卦。”大意是构成天、地、人的都是两种相互对立的因素，而卦，是《周易》中象征自然现象和人事变化的一系列符号，以阳爻、阴爻相配合而成，三个爻组成一个卦。“兼三才而两之”成卦，即是这个意思。

《周易》最早最明确最系统最深刻地提出了“天、地、人三才之道”的伟大学说。这个学说早就深入了中华民族之心，贯穿于中华民族的人伦日用之中，牢固地培育了中华民族天地合一、与自然和谐的精神，对天地与自然持有极其虔诚的敬爱之心。中华民族与天地和谐相处的高智慧，对于今后改进、调整、理顺、整合、协调人与天地即自然环境的平衡和谐发展的关系，以及人与社会、人心与人身的平衡和谐发展的关系（即使生态、世态、心态的三态都得到同步平衡和谐的发展），对树立和落实科学发展观、实现世界和平发展、创造人类更美好的明天，有着巨大的启迪。

“黄道吉日”指的是什么样的日子

“黄道吉日”是我国特有的一种用天干、地支记年、月、日的历法。这种历法，即是现在仍在用的农历，多记在《历书》即过去的《皇历》上。在老《皇历》上，除了干支记日外，同时把日期上又加上了另外12个字并成口诀。即：建满年好黑(黑道)，除危定执黄(黄道)，成开皆可用（黄道），闭破不能行（黑道）。就这样，人为地把每天划分成“黄道吉日”和“黑道凶日”。

首先，我们先人是根据日、月、地的运行规律来总结的，农历便是据此排列，直到现在还在指导着农耕。古人把人也当作自然界的一分子，根据星球运行的位置产生的影响归结出来，指导人们的生产实践活动。

第二十章
中国古代的医疗学术

中国的中医学起源于三皇五帝时期，相传是伏羲发明了针灸并尝试草药。在公元前3000多年，中国的轩辕黄帝写下了人类第一部医学著作——《祝由科》，后世人在这部医药著作的基础上不断增补删改，逐渐形成了后来的中医学。

《本草纲目》在医学界有着怎样的地位

《本草纲目》是明朝伟大的医药学家李时珍为修改古代医书的错误而编。李时珍以毕生精力，亲历实践，广收博采，实地考察，对本草学进行了全面的整理总结，历时29年编成。

《本草纲目》被誉为“东方药物巨典”。这是因为《本草纲目》首先在药物分类上改变了原有上、中、下三品分类法，采取了其中，“析族区类，振纲分目”的科学分类。它把药物分矿物药、植物药、动物药。又将矿物药分为金部、玉部、石部、卤部四部。植物药一类，根据植物的性能、形态，及其生长的环境，区别为草部、谷部、菜部、果部、木部等五部；草部又分为山草、芳草、醒草、毒草、水草、蔓草、石草等小类。动物一类，按低级向高级进化的顺序排列为虫部、鳞部、介部、禽部、兽部、人部等六部。还有服器部。这种分类法，已经过渡到按自然演化的系统来进行了。从无机到有机，从简单到复杂，从低级到高级，这种分类法在当时是十分先进的。尤其对植物的科学分类，要比瑞典的分类学家林奈早二百年。

所以，这本药典不论从它严密的科学分类，或是从它包含药物的数目之多和流畅生动的文笔来看，都远远超过古代任何一部本草著作，被誉为“东方药物巨典”是当之无愧的，它对人类近代科学以及医学方面影响是巨大的。

何为“望、闻、问、切”

望、闻、问、切是中医用语。望，指观气色；闻，指听声息；问，指询问症状；切，指摸脉象。合称四诊。

简单来说，“望”包括一般望诊和舌诊两部分内容，一般望诊又包括望神察色，望形态、望五官等，舌诊包括望舌质、望舌苔。望诊首先是望神，中医认为神是人体生命活动的体现，如神志清楚，语言清晰，目光明亮，反应灵敏，称为有神，是健康或病情轻浅的表现。

“闻”，包括听声音和嗅气味两个方面。主要是听患者语言气息的高低、强弱、清浊、缓急等变化，以分辨病情的虚实寒热。

“问”是通过询问患者或其陪诊者，以了解病情。有关疾病发生的时间、原因、经过、既往病史、患者的病痛所在，以及生活习惯、饮食爱好等与疾病有关的情况，均要通过问诊才能了解，故问诊是了解病情和病史的重要方法之一，在四诊中占有重要的位置。

“切”，包括脉诊和按诊两部分，是医者运用指端之触觉，在病者的一定部位进行触、摸、按、压，以了解病情的方法。中医主要是指把脉，把脉讲究的是双手同时把脉，如果不会同时把脉的，那一定是个学艺不精的医生。

为什么说“用药如用兵”

古代中医讲究：“用药如用兵，任医如任将。”意思是说：用药就如同是

在用兵，要懂得战略和战术。不但要熟知药性，更要切中病机，有的放矢，这样才能达到治病的目的。为什么要这样说呢？

首先，药有性属类别，兵有种类装备；药有轻用重用，兵有辅攻主攻；药有缓急攻补，兵有虚实强弱；药有配伍精良，兵有出奇制胜……因此，一个艺术高超的中医，就如同是一个精通兵法的将军。

清代名医徐大椿就是这样一个人，他不仅精通医术，而且深谙兵法，他所著写的《用药如用兵论》，就讲述了如何像用兵一样用药。他认为：对于循着六经传变的病邪，要预先占据它尚未侵袭的部位，就好比切断敌军的必经之路一样；对来势凶猛的病邪，要赶快守护那尚未致病的部位，就好比守卫我方险要的疆土一样；对挟带积食而造成的疾病，要首先消除积食，就好比敌方的辎车粮食已经烧毁一样；对新旧病的并发症，一定要防止新旧病邪会合，就好比切断敌方的内应一样……这些理论充分启迪我们，在用药、用兵之间，去深入探讨其中的道理，决不是耸人听闻。

“中医”的命名是为了区别西医吗

在今天人们的眼里，“中医”就是指中国医学或中国大夫，并认为命名“中医”就是为了区别“西医”。其实不然，“中医”的“中”，本来的意思根本就不是指中国。

据史料记载，早在距今两千多年前的西汉时代就有了“中医”一词，那时的中国人根本就不知道“西医”这回事，怎么可能为区别“西医”而称中国的医学为“中医”呢？

其实，命名中医的真正原因还是来自中医学内部，因为中国古代的医学理论认为，人体的阴阳保持中和才会取得平衡，不会生病。若阴阳失衡，则疾病必来。中医大夫有“持中守一而医百病”的说法，意即身体若无阳燥，又不阴虚，一直保持中和之气，会百病全无。所以“尚中”和“中和”才是中医之“中”的真正含意。

"胎教"最早起源于哪儿

胎教，在现在似乎是一个时髦的话题，大多数人都认为这是西方社会的产物，其来源和中国没有多大关系。其实不然，早在中国古代，我们的祖先就懂得了胎教。而且我国自古就有很多关于这方面的论述。

早在《列女传》中就有古人进行胎教论的记载："古有妇人妊子，寝不侧，坐不边，立不跸，不食邪味，割不正不食，席不正不坐，目不视邪色，耳不听淫声，夜则令瞽诵诗道正事；如此则生子形容端正，才过人矣。"由此可见，尊德重道的中华民族为了孕育德才兼备的后代，早就开始了胎教的实践活动，并积极地进行了理论总结。而且后来的很多医家都有对胎教的阐述，使胎教学说不断完备，宋代名医陈自明所著的《妇人良方大全》更是把"胎教"专立为一门学问来讲述。所以，胎教最早起源于中国。

中药店门口为什么要供奉獐狮呢

在许多中药店，尤其是在古时候的中药店，都供奉着一种名叫"獐狮"的怪兽。但很多人却不知道为什么要供奉。其实，对于这个问题，据说和神农氏炎帝有关。

獐狮是神话传说中的一种奇兽，可以尝试天下各种药物而不死。

传说神农氏为了解救天下百姓，立志尝遍天下百草，寻找可以治疗疾病的草药。可是这里面的很多草药大都有毒，为此，神农氏随身携带的奇兽獐狮就发挥了作用。

有一次，神农在山中发现了一条黑虫，一遇动静就蜷成一团，像颗圆溜溜的黑珠子，咕噜噜地滚下山去。神农从未见过这种怪虫，就拣了一个放在手心让獐狮试服。獐狮闻了闻，立马龇了龇牙，不愿吞食。神农便把"黑珠"塞进了獐狮的嘴里，獐狮只好小心翼翼地嚼了嚼，就赶快吐了出来，霎时间獐狮遍体发黑，口吐白沫，神农急拿解药灵芝草也无济于事。獐狮望着神农，落泪而亡，神农亦悲痛万分，懊恼不已。

后来，中药店均供奉"獐狮"引以为戒：千万不可滥用、错用药物！

古人是如何以尿入药的

从中医理论上讲，人体就是一个中药生产基地，如人尿就是一味相当不错的中药。历史上最早利用人尿制药的是宋代的沈括。沈括不仅用科学方法从人尿中提取出“秋石”，而且应用这种药物治疗各种疾病。

据《苏沈良方》记载：沈括用“秋石”做成的药丸，治愈了十多个病人，其中有沈括本人及其父亲。中医认为，“秋石”有滋阴降火、明目清心、清血热、强筋骨、补虚利尿的功效。李时珍的《本草纲目》则直接把人尿作为一种药材记载。

现代医学发现，尿疗的作用主要为营养素的再吸收和再利用，激素的再吸收和再利用，酶的再吸收，尿素的再吸收，免疫学作用，杀菌和杀病毒的作用。但专家建议，并不是每个人都适合尿疗治病法，所以大家要根据个人的身体情况适当选择，不要盲目跟风。如果想通过此疗法治病时，请咨询专业医生。

为什么中药又叫作“本草”

在中医学中，通常把中药统称为“本草”，如李时珍的《本草纲日》就是一本专门记载各种中药的书籍。那么，你知道为什么要把中药叫作本草吗?

原来，古人把“草”或“草本”作为植物的代称，而大多数中药又以植物药为主，所以就把中药统称为本草。当然，如果从药物的起源过程来观察，还可以得到更深层次的认识。

一般认为，我们的祖先在寻找食物的过程中，逐渐发现了某些动、植物的医疗功效，进而用于治病实践。由于人类对植物接触最多，认识最早，起初寻找药物时只是在植物中进行，所以最初的药物只有植物。《说文解字》云：“药，治病草也。”这也反映了最初只有植物药的状况。虽然以后又发现了动物药、矿物药，但“草为药之本”的概念一直被保留下来。这就是后世把药物称为“本草”的由来。

白菜具有哪些养生价值

慈禧作为当时被朝野上下敬仰的老佛爷，对吃可谓是相当讲究。但是在1909年秋末冬初，病入膏肓的慈禧太后，却一直靠着白菜汤维持奄奄一息的生命，这让人很是不解。慈禧太后一辈子最爱吃好的，为何在生命垂危时反倒吃起了清汤寡水的家常熬白菜呢?

原来，此时的慈禧太后一直高烧不退，且口干舌燥、咳嗽痰多、心慌怕冷，以致呼吸困难，上气不接下气。深懂药食同源的慈禧太后知道："白菜有减少痰液分泌，止咳嗽，去寒热的功效。"因此才命人天天给她熬白菜汤，服用久了自然就对其产生了强烈的依赖。

中医认为，大白菜，性味甘平，有化痰止咳、退烧解毒的功效。此外，白菜中所富含的大量纤维素，又能通导大便，使体内、特别是肠道的毒素随粪便排出体外，有助退烧，并改善高热患者的全身状态。原来白菜有这么多的好处，难怪慈禧太后在生命垂危之际会天天喝白菜汤。

古人如何以馒头作药

"馒头"对于中国人来说并不是什么稀奇的东西，尤其是在北方人的餐桌上，馒头可以说是他们每天必不可少的主食。但是，你知道吗，馒头其实还是一味中药!

据中医书籍记载：馒头不仅能当主食，作小吃，无馅的馒头还能作为药物治疗多种疾病。早在晋朝葛洪的《肘后方》中就有"馒头烧存性，研末，调油治烧灼伤"的记载。李时珍在《本草纲目》中也说道："馒头甘、平、无毒，具有消食、养脾胃，温中化滞，益气和血、止汗、利三焦，通水道"的功效。宋代有一位叫孙琳的名医给宋宁宗治淋病时，就用馒头为主药。可见，"馒头"还真的是一味作用不小的中药。

为什么说甘草是中医的“国老”

懂中医的人都知道，甘草在中医中有“国老”之称。但是据调查发现，甘草的市场价格与其他中药相比应该算是很低了，那么，为何还被称为“国老”呢？

据说最先把甘草命名为“国老”的是我国南朝齐、梁时期的著名医药学家陶弘景。

梁武帝年间，陶弘景隐居句曲山，研究老庄哲学和葛洪的神仙道学，梁武帝多次礼聘，他都坚持隐居。但是只要是朝廷遇到什么难以定夺的大事，梁武帝就跑去向他请教，所以当时的人们把陶弘景称为“山中宰相”。一日，梁武帝侍从又到句曲山，请陶弘景火速面君，不得有误。陶弘景情知事急，迅速进京。

原来，梁武帝连日来不思饮食，上吐下泻，众御医会诊无效，这才派人去请陶弘景。因为梁武帝深知陶弘景不仅精通道学思想、历史、地理等学问，在医学方面也有相当高的造诣。

陶弘景见梁武帝荣卫气虚、脏腑怯弱、心腹胀满、肠鸣泄泻，便写了一张处方：“国老(炙)、人参(去芦)、茯苓(去皮)、白术各等份，研为细末，每服2钱，水煎服。”这国老是何物？众御医还是头一回听说有这么一味药，所以对此很是不解。陶弘景笑着说：“国老者，甘草之美称也。甘草调和众药，使之不争，堪称国老矣。”众御医点头叫好。从此以后，甘草就有了“国老”的美称。

中医之最有哪些

中医文化博大精深，历史悠远，各门类的鼻祖可谓是层出不穷。但是在今天的中医界有公认的六大鼻祖。下面对此一一介绍。

1.针灸之祖——黄帝

黄帝是传说中中原各族的共同领袖。现存《内经》即系托名黄帝与岐伯、雷公等讨论医学的著作。此书治疗方法多用针灸，对针灸的记载和论述特别详细。

2.外科之祖——华佗

华佗，精通内、外、妇、儿、针灸各科，对外科尤为擅长。对“肠胃积聚”等病，饮麻沸散，须臾便如灌肠洗涤，缝腹摩膏，施行腹部手术。

3.儿科之祖——钱乙

钱乙，北宋郓州（今山东东平）人。著《小儿药证直诀》共三卷。以脏腑病理学说立论，根据其虚实寒热而立法处方，比较系统地作出了辩证施治的范例。

4.法医之祖——宋慈

1247年总结宋代前法医方面的经验及他本人四任法官的心得，写成《洗冤集录》，是世界上最早的法医文著。

5.中医“易水学派”鼻祖——张元素

张元素，中医易水学派创始人，生卒之年无以确切考证而不详。其所处时代略晚于与其同时期的医家刘完素。著有《医学启源》《脏腑标本寒热虚实用药式》《药注难经》《医方》《洁古本草》《洁古家珍》以及《珍珠囊》等。其中《医学启源》与《脏腑标本寒热虚实用药式》最能反映其学术观点。

6.中医寒凉派鼻祖——刘完素

刘完素自幼聪慧，耽嗜医书。因母病，三次延医不至，不幸病逝，遂使之立志学医，终成当时名声显赫的医家。刘完素是中医历史上著名的“金元四大家”之一，也是“寒凉派”的鼻祖。

我国第一部营养学专著是什么

《饮膳正要》是我国古代第一部有关食物营养、食品、卫生的专著，由元代蒙古族医学家忽思慧所撰，公元1314年至公元1320年间，他在元宫廷任饮膳太医，负责宫廷中的饮膳调配工作，是当时有名的营养学家。忽思慧对各种营养性食物和滋补药品，以及饮食卫生、食物中毒现象等，均有深入的研究。

《饮膳正要》共分三卷。卷一阐述养生避忌、妊娠食忌、乳母食忌和饮酒避忌。卷二精选各种中草药配制的疗效食品，有配方，也有主治功能。卷三附图论述24种谷物、39种水果、46种蔬菜、31种家畜野兽、17种家禽飞鸟、17种

鱼类、13种药酒及30多种调味品的味（甘、辛、苦）、性（温、平、寒）、功能、主治病症、有无毒性等。忽思慧在书中总结前代的饮食养生经验，强调营养学的医疗作用，强调“药补不如食补”，重视粗茶淡饭的滋养调节搭配；从平衡膳食的角度提出健身益寿的原则，主张饮食季节化和多样化，重视原料药用性能的鉴别，防止食物中毒；要求培养良好的卫生习惯，如“早刷牙不如晚刷牙”“酒要少饮为佳”“莫吃空心茶”等。

《饮膳正要》早年传往日本，明、清两代曾多次翻印，广为流传。这也是世界上最早的较为系统的饮食卫生营养专著。

张仲景还有哪些不为人知的故事

大家都知道张仲景是个大夫，寻医问药是他的强项。可一个大夫也会抓小偷，这就不得不令人惊奇，但事实却真的存在。

相传在张仲景做长沙太守时，到一个小镇上微服私访，体察民情。当他走到一家客栈门前时看到里面围着很多人，而且吵吵嚷嚷，好像发生了什么大事。原来，头天晚上住店的一客人银子被盗，正闹着让店主赔呢。对此，客栈的老板也很为难，想想客人是在自家的店里丢的银子，如果不给客人一个说法，传出去是会对客栈的生意有影响的；但丢失的银子数目又太大，自己拿什么去赔人家?

就在大家争执不休的时候，张仲景走上前说：“事已发生，急也没用，关键是先把贼捉住。”张仲景在店内四周转了一周，然后胸有成竹地对客栈老板说：“是你店里的人偷了银子。”于是，他令店里伙计及客人都站好，然后说：“偷银子的人是被鬼迷住了心窍，谁偷的自己说出来！”他这样一说肯定不会有人主动承认。张仲景又说：“看来非得我亲自动手了，幸好当年师父教过一招牵腕拿鬼术，没想到今天可以派上用场了！”说着嘴里念念有词，谁也听不懂咒语，接着就挨个牵腕，当转到一人面前牵起他的腕时，张仲景突然说：“银子就是你偷的，马上把银子还给人家，否则我带你去见官！”那人吓得“扑通”一声跪在地上直求饶，果真是店里的一名伙计。

其实张仲景所谓的牵腕抓鬼之术是假，搭脉是真。由于偷银子的人心虚惧怕，脉搏加速，因此不难识别。同时，从这个例子我们可以看出张仲景的聪明过人之处。

历史上的神农氏真的亲尝百草吗

传说神农一生下来就是个“水晶肚”，几乎是全透明的，五脏六腑全都能看得见，还能看得见吃进去的东西。当然，这只是当时的人们的一种美好愿望而已。那个时候，人们经常因乱吃东西而生病，甚至丧命。于是神农决心尝遍百草，能吃的放在身体左边的袋子里，介绍给别人吃；不能吃的就放在身体右边的袋子里，做药用，而且时时提醒人们注意。

神农氏尝百草，不一定就是说神农氏尝了一百种草药。中国人素来以百、千、万这样的数字来代表很多，所以，神农氏不一定尝了百草，说不定他只尝了几十种，也说不定他尝了有几百种草药。总之，神农氏对中国中医药作出了突出贡献，只不过，后来的人将神农氏的功绩夸大了而已。

“病入膏肓”是一种什么程度

现在说谁病势严重，常用“病入膏肓”来形容。你知道什么是“膏肓”吗？为什么病到了“膏肓”就无药可医呢？

据说，春秋时期的晋景公得了重病，本国的医生都束手无策。于是专程派人去请秦国的一个医术很高明的医生。

在医生还没来到之前，晋景公做了个梦。梦见两个小孩在他旁边小声嘀咕着。一个说：“据说主人去请一个医术高明的大夫，我看我们这回在劫难逃了，往哪里跑呢？”另一个小孩说道：“怕什么，我们躲到肓的上面、膏的下面，无论他用什么样的药，都不能把我们怎么样。”

等到秦国的名医请来了，看了躺在床上的晋景公一眼便说：“疾病已经在肓之上、膏之下，用灸法攻治不行，扎针又达不到，吃汤药，其效力也达不到、所以这病已经无药可救了。”晋景公一听，觉得医生的话居然和自己梦中

听到的两个小孩的话如出一辙，就叹了口气说："你的医术真高明啊！"然后叫人犒赏了医生，让他回秦国去了。不久晋景公就去世了。

后来就用"病入膏肓"来指病情已经无药可医，现在也引申为事情没有挽回的余地了。

脉诊是扁鹊发明的吗

脉诊在我国有悠久的历史，它是我国古代医学家长期医疗实践的经验总结。《史记》中记载的春秋战国时期的名医扁鹊，便是以精于"望、闻、问、切"的方法闻名于世，其中脉诊一项更是举世无双。

《史记》的作者司马迁甚至说："至今天下言脉者，由扁鹊也。"他把我国古代脉诊的发明完全归功于扁鹊，并不确切。据历史记载，我国脉诊的渊源很古，例如，传说中的上古医生僦贷季、鬼臾区等已经讨论了脉诊。到春秋战国时期，脉诊已经达到相当高的水平。当时开始出现的重要医学著作《黄帝内经》和稍晚的《难经》中，已经对脉诊有许多详细论述。1973年湖南长沙马王堆三号汉墓出土的医药文献帛书——《脉法》《阴阳脉症候》，也有用脉诊判断疾病的宝贵材料。这些都说明早在两千多年前，脉学就已经成为我国古代医学的重要组成部分了。

《黄帝内经》为什么被列为"上古三大奇书"之一

《黄帝内经》是我国传统医学四大经典著作之一，也是第一部冠以中华民族先祖"黄帝"之名的传世巨著，是我国医学宝库中现存成书最早的一部医学典籍。与《山海经》《易》并称为"上古三大奇书"。那么，它到底奇在哪些方面呢?

第一，《黄帝内经》是第一部中医理论经典。虽然医疗技术的形成远远早于《黄帝内经》，但中医学作为一个学术体系的形成，却是从《黄帝内经》开始的，所以《黄帝内经》被公认为是中医学的奠基之作。

第二，《黄帝内经》是第一部养生宝典。《黄帝内经》中讲到了怎样治病，但更重要的不讲了怎样不得病，怎样使我们在不吃药的情况下就能够维持健康，益寿延年。

第三，《黄帝内经》是第一部关于生命的百科全书。《黄帝内经》以生命为中心，里面讲了医学、天文学、地理学、心理学、社会学，还有哲学、历史等，是一部围绕生命问题而展开的百科全书。我们国学的核心实际上就是生命哲学，《黄帝内经》就是以黄帝的名字命名的、影响最大的国学经典。

针灸是如何起源的

针灸学具有悠久的历史。相传，华夏文明的始祖伏羲是中医针灸的发明人。伏羲氏“尝百药而制九针”“尝草制砭”。砭就是砭石，即华夏民族最早的针灸。

在《山海经》和《内经》有“石镂”刺破痈肿的记载，以及《孟子》“七年之病，求三年之艾”的说法，再根据近年在我国各地所挖出的历史文物来考证，“针灸疗法”的起源就在石器时代。

当时人们发生某些病痛或不适的时候，不自觉地用手按摩、捶拍，以至用尖锐的石器按压疼痛不适的部位，而使原有的症状减轻或消失，最早的针具砭石由之而生。随着古人智慧和社会生产力的不断发展，针具逐渐发展成青铜针、铁针、金针、银针，直到现在用的不锈钢针。

针灸治疗方法是在漫长的历史过程中形成的，其学术思想也随着临床医学经验的积累渐渐完善。

最早的外科医生是谁

大家可不要认为外科医生是西方社会的产物，其实，在中国，华佗是医学史上为数不多的杰出外科医生之一。他善用麻醉、针、灸等方法，并擅长开胸破腹的外科手术，因而被称作“外科鼻祖”。

华佗，东汉人。一名旉，字元化，活动于公元2~3世纪，沛国谯（今安徽亳州）人。华佗治病碰到那些用针灸、汤药不能治愈的腹疾病，就叫病人先用酒冲服麻沸散，等到病人麻醉后没有什么知觉了，就施以外科手术，剖破腹背，割掉发病的部位。华佗在当时已能做肿瘤摘除和胃肠缝合一类的外科手术。他的外科手术，得到了历代的推崇。明代陈嘉谟的《本草蒙筌》引用《历代名医图赞》中的一诗作了概括："魏有华佗，设立疮科，剔骨疗疾，神效良多。"可见，后世尊华佗为"外科鼻祖"，是名副其实的。

古代医学可以提供哪些美容服务

史实表明，中医外科在三国时期由华佗开创了手术疗法，但后来未得到应有的发展。公元3世纪时，晋代的美容整形术已有显著的建树。名医葛洪著《肘后备急方》中，就记载了用鲜鸡蛋清做面膜，治疗面部瘢痕的疗法，这说明我国的医学美容术源远流长。

据史籍记载，中国在汉代以前民间就有了以审美为目的的穿耳、戴环的习俗。但最初并非是现代式样的耳环，而是腰鼓形的，其戴法也与后世不同。唐代就有人工"酒窝"的记载，唐诗中就有"眉间翠细深""当面施圆靥"的佳句。南宋时已有装义眼的记载等。更令人惊叹的是，中国在元代就有鼻梁修补术的记载。

通过这些可以知道，我国古代医家已把对人体美的维护作为医学的任务之一，所以他们关注人体的修饰，并以医学的手段介入，使修饰品和修饰手段更完善，更符合人体健康的要求，更使中医美容以其深度和广度并存，在世界美容史上占据了独特的位置。

中国人从什么时候开始预防天花

天花，是世界上传染性最强的疾病之一，是由天花病毒引起的烈性传染病。其实早在我国晋代，勤劳的中国人民就已经开始注意天花的预防了。

在世界医学历史上，晋代医学家葛还第一次记载了两种传染病，其中一种就是天花。葛洪在《肘后备急方》里写道：有一年发生了一种奇怪的流行病，病人浑身起一个个的疱疮，起初是些小红点，不久就变成白色的脓疱，很容易碰破。如果不好好治疗，疱疮一边长一边溃烂，人还要发高烧，十个有九个治不好，就算侥幸治好了，皮肤上也会留下一个个的小瘢。小瘢初起发黑，一年以后才变得和皮肤一样颜色。葛洪描写的这种奇怪的流行病，正是后来所说的天花。西方的医学家认为最早记载天花的是阿拉伯的医生雷撒斯，而葛洪认识到天花这种病并开始预防，比雷撒斯要早五百多年。

为什么说《神农本草经》“颇有瑕疵”

《神农本草经》又名《神农本草》，简称《本草经》或《本经》，是我国现存最早的药学专著。撰人不详，所以以“神农”为托名。很长一段历史时期内，《神农本草经》都是医生和药师学习中药学的教科书，或者是作为必读书，被放在了非常重要的位置上。即使时至今日，它也是医学工作者案头必备的工具书之一。

但是，由于历史和时代的局限，《神农本草经》也存在一些缺陷。为了附会一年365日，书中收载的药物仅365种，而当时人们认识和使用的药物已远远不止这些。而且在神仙不死观念的主导下，收入了服石、炼丹、修仙等内容，并把一些剧毒的矿物药，如雄黄、水银等列为上品之首，认为长期服用有延年益寿的功效，这显然是荒谬的。此外，《神农本草经》很少涉及药物的具体产地、采收时间、炮制方法、品种鉴定等内容，这一缺陷直到《本草经集注》才得以克服。

所以说，在我国医学史上具有举足轻重作用的《神农本草经》并不是十全十美的。

老牌的中医药店为何都叫“××堂”

我国一些老字号的中医药店，多以“堂”相称，诸如“济生堂”“同仁

堂”“长春堂”等。中医药店为何称为“堂”呢？中医生为何称为“坐堂医生”呢？这还得从“医圣”张仲景说起。

张仲景生在汉末纷乱之世，疾病流行，人民处于水深火热之中。他目击惨状，抱着救死扶伤的精神，立志学习医术，以解除人民大众的疾苦。他“勤求古训，博受众方”，研读《素问》《难经》等医学典籍，并结合自己的临床经验，写出了《伤寒杂病论》，创造了辩证论治的治疗法则，被后世尊为“医圣”。

张仲景在任长沙太守期间，正值疫疠流行，许多贫苦百姓慕名前来求医。他一反封建官吏的官老爷作风，对前来求医者总是热情接待，细心诊治，从不拒绝。开始他是在处理完公务之后，在后堂给人治病；后来干脆把诊所搬到了长沙大堂，公开坐堂应诊，首创了名医坐大堂的先例。他这一举动，被传为千古佳话。

后来，人民为了怀念张仲景，便把坐在药店内治病的医生通称为“坐堂医生”。这些医生也把自己开设的药店取名为某某堂药店，这就是中医药店称“堂”的来历。

药引子是用来做什么的

“药引子”是引药归经的俗称，指某些药物能引导其他药物的药力到达病变部位或某一经脉，起“向导”的作用。关于它的配方及功效，民间流传着一些趣闻和传说，而这些趣闻和传说都纯粹是调侃的。

在一张处方中，需不需要用“药引子”，则由医生根据病情而定，一般不需要病家自己去配。如果要病家自己去配制的药，往往是该医院（或药店）配不齐，要求病家到其他医院（或药店）去配，或自己采集的药品，它可能是也可能不是“药引子”。

中医认为，“药引子”有引药归经、增强疗效之功用，有时还兼有调和、顾护、制约、矮味等功效，与中药、中成药适当配合，可收到相得益彰的效果。

太医署是一个什么机构

我国第一座由国家举办的正式医学专科学校是唐高祖武德七年（公元624年）在长安建立的唐“太医署”。唐“太医署”由行政、教学、医疗、药工四大部分组成，与现在医学院(校)的教育行政机构设置相类似。

太医署不仅规定对学生定期考核，而且规定“凡医师、医正、医工，疗人疾病，以其痊多少而书之以为考课”。对于教师和教辅人员的考核制度保证了师资队伍的质量，这样也保证了整个医学校的教育质量。

我国第一所医学学校——太医署，为我国唐代培养了不少医学人才，以后历代都设立类似的医学校。公元1102年，宋代把医学校划归“国子监”管理。（“国子监”是当时主管教育的高级领导机构）其规模也有所扩大。元、明、清几个朝代的医学校都与唐“太医署”相类似，改变不大。历代不少名医都来自医学校，如宋代的朱肱、陈自明，元代的危亦林、齐德之，明代的徐春甫、薛己等。

第二十一章 中国古代的趣味小知识

《史记·律书》："会高祖厌苦军事，亦有萧张之谋，故偃武一休息，羁縻不备。"军事，是军队事务的简称，中国古代称呼为军务，是与一个国家（或者政权、集体）生死存亡有关的重要事务以及法则。

包公真的有三口铡刀吗

在流行的包公戏里，宋朝皇帝赐给包公三把铡刀：龙头铡、虎头铡、狗头铡，包公因此有先斩后奏的特权。那么历史上的包拯真的有这三口铡吗？

其实历史上并没有皇帝赐给包拯三把铡刀的记载。至于包公戏里的那三口铡刀，只不过是为了戏剧冲突集中爆发的需要，满足恶有恶报的观众心理而已。

宋朝建国之初就恢复了死刑复奏制度。根据北宋法律的规定，开封府审判的死刑案件，还需要上报大理寺审查，同时送刑部复核；案发地为京师地区的死刑判决，必须上奏皇帝。宋朝死刑的执行，基本实行"立春后不决死刑""秋冬行刑"的制度。

所以，所谓的包拯先斩后奏只不过是出于剧情的需要而创作的。

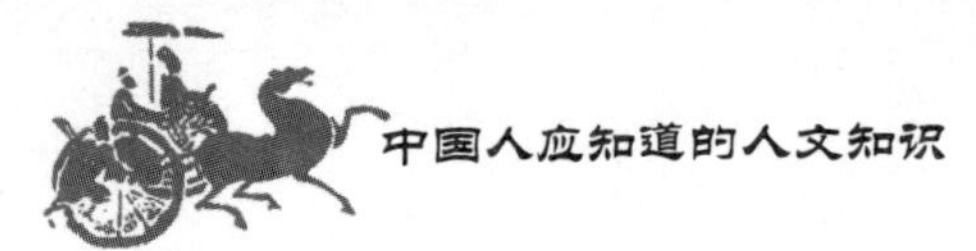

梁山好汉们究竟聚在哪里

小说《水浒传》使梁山泊闻名遐迩。一百单八将聚义水泊梁山，杀富济贫、替天行道的一幕幕惊天动地的侠义故事名扬天下，水浒英雄举世闻名。

关于水泊梁山一百单八将聚义的故事，著名历史学家张政烺先生作过细致的考证。其实宋江的起义，无非是三十六个人的流寇集团，并没有小说写得那样英勇神武。但梁山泊倒是个真实的地名。它位于今天山东省西南部梁山县境内，地处黄河下游，汶水和济水汇聚地，古称泽国。

据有关资料记载，从五代到北宋末，黄河曾经有三次大的决口，滚滚河水倾泻到梁山脚下，并与古巨野泽连成一片，形成了一望无际的大水泊，即《水浒传》中所描绘的“港汊纵横数千条、四方周围八百里”的梁山泊。

沧海桑田，由于黄河多次决口分洪改道，“八百里梁山泊”现在已经泥沙沉积，梁山周围的湖泊已经变成了耕地。

“禅让”制是一种什么制度

和尚要“修禅”，而古代帝王有“禅让”制度，有些人认为这两件事情之间可能有什么内在的联系。其实这是一种极为可笑的想法。为什么这样说呢?

首先，“禅让”乃是原始社会末期推选部落首领的制度，那时候还没有和尚呢。所以“禅让”跟和尚的“修禅”是风马牛不相及的两件事。

至于禅让的最初来历，那就要说到远古时期的尧、舜、禹三位部落首领了。据传尧当上部落联盟的首领后，老百姓非常拥护他，如爱“父母日月”一般。但是尧的儿子丹朱却是个粗野之人，好闹事。所以在尧年老的时候，各部落领袖都推举舜为继承人。尧便对舜进行了三年考核，认为他可以胜任，就把帝位禅让给舜，还把自己的两个女儿娥皇、女英嫁给舜。

舜接位后，亲自耕田、打鱼、制陶，深受大家爱戴。舜年老的时候，也仿照尧的样子召开继位人选会议，民主讨论。大家推举禹来做继承人。经过治水考验，禹在舜死后便成为首领。

“三皇五帝”都有哪些人

从古至今，三皇五帝一直是中国人敬仰的伟大人物，中国人也喜欢把自己称作是炎黄子孙。但是，有人却发出了疑问：中国历史上真的有三皇五帝其人吗？

事实上，所谓的“三皇五帝”都是象征性的人物，是想象中的氏族部落或部落联盟的领袖。三皇五帝实属虚构，并非实有其人。在中国古书上，把伏羲、女娲、神农合称为“三皇”，把太皞、炎帝、黄帝、少皞、颛顼合称为“五帝”。

《史记》以黄帝为五帝本纪之首，可以说黄帝就是中华文明的一种标志。黄帝设官置监、迎日推策、播种百谷、驯化鸟兽的事迹，已经表现为早期文明的特点。因此，以炎黄二帝的传说作为中华文明的起源自古就有之，并非现代人的创造。同样炎黄二帝也代表了两个不同地区，一个是中原的传统，一个是南方的传统。

“天可汗”指的是谁

据史料记载：唐太宗时期，北方的各少数民族都把太宗皇帝尊称为“天可汗”，而且这一称谓在唐太宗以后的唐朝皇帝身上也一直被沿用。那么，你知道他们为什么要把唐朝皇帝称为“天可汗”呢？

原来当年李世民当了皇帝不久，就打算一举消灭当时在亚洲大陆上横行霸道的突厥人。公元629年，东突厥两可汗之间的矛盾激化起来。突利可汗请求唐朝出兵援助，于是唐朝派大将李靖出兵讨伐。李靖带兵穿越阴山长途奔袭，直捣颉利可汗大营，一举击溃突厥主力，颉利也被俘获。经此一役，唐太宗就彻底把突厥从亚洲大陆的地图上抹去，这也使得当时的唐朝威名远播。

这时，北方各少数民族也慑于唐军势不可挡的兵势，生怕自己成为第二个突厥，于是在回纥酋长率领下前来长安，借大唐献俘庆典之际推戴唐太宗为各族共同的最高领袖。据史料记载，当时各族酋长纷纷上言曰：“愿得天至尊为奴等天可汗，子子孙孙愿为天可汗奴，死无所恨。”太宗当时问：“我身为大

唐天子，亦可行使可汗事乎？”诸蕃君长异口同声地表示肯定，并欢呼万岁，顶礼膜拜。因而从此开始，唐朝皇帝针对边疆诸蕃行文，就用“皇帝天可汗”的称号。

古代有多少小皇帝

中国封建社会的皇位世袭制，使得中国历史上出现许多还未成年的皇帝，现代人把他们俗称为中国的“娃娃皇帝”。那么，你对中国历史上的娃娃皇帝了解多少？

据史学家的不完全统计，在中国历史上，年龄在5岁以下的皇帝有11位；5岁到10岁称帝者有33位；年龄在11岁至19岁之间的皇帝有93位。照这么算来历史上的小皇帝共有137个，几乎占皇帝总数的40%。

可以想象，一个只会哭闹的娃娃“君临天下”，怎么可能懂得管理国家大事呢？自然，这就全靠皇太后“垂帘听政”或由亲王、权臣代其摄政。这些摄政者往往根据自己的喜怒爱好和政治需要，将小皇帝们玩弄股掌之中，甚至任意废立以便取而代之、大权独揽。年幼无知的娃娃皇帝因此难逃任人摆布直至惨遭杀戮的悲惨命运，成为政治斗争的牺牲品。

当然也有有幸活到成年的小皇帝，但等他们想要收回其权力时，往往要与摄政者进行错综复杂、你死我活的斗争，演出一幕幕刀光剑影的宫廷悲喜剧。诸如著名的王莽鸩杀汉平帝与末帝、梁冀毒死汉质帝、康熙帝囚禁鳌拜等历史事件，无不惊心动魄、充满血腥。

古代哪个皇帝智力最低

中国历史上的皇帝很多，皇帝之最也是数不胜数。然而，你知道谁被称作是中国历史上最笨的皇帝吗？

晋惠帝司马衷被后世称作是中国历史上最笨的皇帝。司马衷天生就是痴呆之人，所以他当了皇帝之后，朝中的大权就尽落于皇后贾氏之手。因此也就出

现了晋朝历史上有名的“八王之乱”。

当然晋惠帝的笨不仅仅体现在他无法掌控皇权方面，下面的这个事例才是真正体现他笨的最好证明。有一年天下闹旱灾，大臣告诉晋惠帝百姓由于旱灾没有粮食吃饿死了很多人，晋惠帝居然说：“百姓没有米吃，为什么不吃肉羹？”由此可见为什么人们会称他为中国历史上最笨的皇帝。

为什么溥仪一生做过三次“皇帝”

在世人眼里，一个人一辈子能做一回皇帝就已非常了不起了。当然，纵观中国两千多年来的帝制历史，绝大多数皇帝一生仅坐了一次皇帝大位。但是有一个人，一生竟做过三次皇帝，可谓是中国历史上绝无仅有的。你知道他是谁吗？

清朝末代皇帝溥仪一生不厌其烦地接连做了三次皇帝，因此他也被人们称作是中国历史上唯一一个三起三落的皇帝。

溥仪在他3岁时就做了皇帝，史称宣统皇帝。辛亥革命后宣统皇帝退位。就这样，溥仪的第一次皇帝做了3年就宣告结束。

溥仪第二次做皇帝是因为公元1917年6月的“张勋复辟”。张勋率领“辫子兵”气势汹汹地进入北京城，到处叫嚣着“奉还大政”。1917年7月1日，溥仪便在张勋和康有为等保皇党人的扶持下开始了他的第二次皇帝生涯。然而，这次他仅仅当了12天的皇帝就在全国人民的声讨声中匆匆宣告退位。

1932年3月1日，日本扶持溥仪为日本傀儡政权“满洲国”的执政，建年号为“大同”。于是，溥仪第三次做了皇帝，但这次的溥仪只能算是日本人羽翼下的“儿皇帝”。1945年8月15日，日本战败投降。溥仪一生的皇帝梦从此永远地结束了。

中国第一个女皇帝是武则天吗

一提到中国的女皇帝，一般人都认为那就是武则天，并且认为中国历

史上的女皇帝除出了武则天再无他人。其实这种说法并不完全正确。在武则天以前，中国还出过一位女皇帝，只因为她是自封的，所以没有被正史所记载。

唐朝浙东农民起义军女首领陈硕真，睦州（治今浙江淳安西）人。于唐高宗永徽四年（公元653年）十月率众起义，并自封为“文佳皇帝”。虽然她所率领的农民起义军很快被镇压了，但因她开天辟地般的女性称帝行为，使得现代史学家翦伯赞称她为“中国第一个女皇帝”。

中国皇帝有哪些“最”

在封建社会，皇帝是高高在上的九五之尊，是人们所敬仰的天之骄子。他们在治国理政的同时，也创下了人类历史上的无数“之最”。下面就列举一部分中国古代皇帝创下的历史之最。

中国历史上命最短的皇帝是东汉的殇帝，他不到1周岁就夭折。最长命的皇帝是清朝的乾隆皇帝，享年88岁。即位时年龄最大的皇帝是武则天，她到67岁才真正当上皇帝。

在位时间最长的皇帝是清朝的康熙皇帝，总共当了61年的皇帝。在位时间最短的皇帝是金末帝完颜承麟，仅仅一天即战死。嫔妃最多的皇帝是晋武帝，他有后宫佳丽10000人。 子女最多的皇帝也是清朝康熙皇帝，男孩36人，女孩26人。最荒淫的皇帝是隋炀帝，有粉黛3000人。中国历史上的最后一位皇帝是清朝的溥仪皇帝。

为什么用“三宫六院”指代皇帝的妃嫔

今天的人们时常用“三宫六院”这个词来代称古代皇帝的妻妾之多。而最初的三宫六院是指古代皇宫的建筑。那么你知道它具体指的是哪些建筑吗？

其实，“三宫六院”一词是由故宫的建筑而来。故宫在建筑概念上分

为外朝和内廷，乾清门以南是外朝，以北是内廷，“三宫六院”都在故宫的内廷。

“三宫”分别是指皇帝居住的乾清宫、皇后居住的坤宁宫，以及位于乾清宫和坤宁宫之间的交泰殿。

“六院”其实是十二院。“三宫”东、西两路各有六宫，因各宫均为庭院格局建筑，故称为“东六院”和“西六院”。

所以，三宫六院只是皇后和妃子们居住的地方，后来，人们通常就将“三宫六院”用来代指皇帝的妻子们了。

“皇后”这一称呼是怎么来的

在封建社会，人们通常把皇帝的正妻叫作“皇后”。然而，“后”最初的意思是君主，也就是说，最早它是对皇帝的称呼。那为何后来又成了对皇帝老婆的称呼呢？

据史料记载，这种叫法是从周朝开始的。在周朝以前，天子之妻都被称为“妃”，周朝开始则称为“后”。秦始皇统一六国之后，开始称自己为皇帝，并规定把皇帝的正妻称为皇后。而把这种后妃制度和等级划分正式作为完备制度来用的是汉朝。《汉书·高帝纪下》中就有：“尊王后曰皇后，太子曰皇太子。”

对于为什么把皇帝的老婆称为“后”，《说文解字》上的有关记载给出了明确的答案：“后，继体君也，像人之形，施以告四方，发号者，君后也。”因为在远古氏族部落中，一般发号施令者为权威的女性，所以“后”的意思为有权威的女性长辈，也因而被引申为帝王的正妻等含义。

“三令五申”最初是什么意思

“三令五申”这个词在今天的意思是：上级再三地向下级命令告诫。而在书上我们可以了解到，在我国古代就有“三令五申”这个词。那么你知道这

个词在古代指的是什么吗？

其实，“三令五申”是我国古代军事纪律的简称，它最早出自《史记·孙子吴起列传》。所谓“三令”就是三个层次有别的军事命令：一令观敌之谋，视道路之便，知生死之地；二令听金鼓，视旌旗，以齐其耳目；三令举斧，以宣其刑赏。所谓“五申”：一申赏罚，以一其心；二申视分合，以一其途；三申画战阵旌旗；四申夜战听火鼓；五申听令不恭，视之以斧。

由此可见，“三令”与“五申”在古代是分开来说的，而且是指教育将士应该在点阵或军事行动中明确作战守则。

“三军”说的是海陆空军吗

现代社会的人一提到“三军”这个词，普遍觉得这就是指陆、海、空三军。但在中国古文化中也有“三军”这个词。谁都知道古代军队没有空军，那么古代文化中“三军”到底是指哪三军呢？

从史料上看，“三军”一词最早起源于春秋时期，当然，其意思和现代的陆、海、空三军在实质意义上相去甚远。

三军在古代的称谓因国家的不同而不同。如春秋时的晋国称上军、中军、下军为三军；楚国又称左军、中军、右军；齐国、鲁国和吴国都称上、中、下三军。随着时代演进，上、中、下军渐渐被前军、中军、后军所代替。

唐宋以后，“三军”主要是指担任不同作战任务的各种部队。先锋部队称为前军；主将统率的部队为中军，也就是主力；后军主要担任掩护和警戒任务。今天，前军、中军、后军编制已完全消亡，而被现代的陆、海、空三军所替代。

士兵黥面是从何时开始的

在我国，黥的历史悠久，其含义也各有不同。“黥”在中

种肉刑，后来逐渐演变成在人体上刺刻出记号、文字或图案，并涂上墨汁，让其保留下来。

“士兵黥面”最早开始于唐朝末期，是一个叫朱温的将领发明的。朱温在帮助唐朝政府镇压了农民起义后，他又与其他割据势力展开长期争夺。由于连年混战，士兵厌战，纷纷逃亡。朱温为了重整军纪就提出：“凡将校有战没者，所部兵悉斩之，谓之‘拔斩队’”。结果由于此项军纪过于残酷，反而使得士兵逃亡得更多。朱温一怒之下，命令在军中士兵的脸上刻上所在军队的称号。这样即使有士兵费尽心机逃出军队，但因黥面就很难藏匿，最终都会被人告发。

由此可见，黥面刚开始是军队的强迫定制，但时间一久，人们也就对此习以为常，而且后来有人还自愿黥面。特别是那些私人武装部队，在重金奖赏之下，士兵往往自愿黥面，以示忠诚。元朝时，士兵黥面的现象渐渐消失，但军中仍有少数人自愿文身。

“沙盘”是装沙的盘子吗

最早的沙盘雏形应该出现在秦始皇部署灭六国时。为了消灭六国，秦始皇亲自堆制沙盘研究各国地理形势，在李斯的辅佐下，派大将王翦进行统一战争。后来，秦始皇在修建陵墓时，堆塑了一个大型的地形模型。模型中不仅砌有高山、丘陵、城池等，而且还用水银模拟江河、大海，用机械装置使水银流动循环。可以说，这是最早的沙盘，至今已有两千多年的历史。

中国南朝宋范晔撰《后汉书·马援传》已有记载：汉建武八年光武帝征伐天水、武都一带地方豪强隗嚣时，大将马援“聚米为山谷，指画形势”，使光武帝顿有“虏在吾目中矣”的感觉。

第一次世界大战以后，沙盘得到广泛应用。随着电子计算技术的发展，出现了模拟战场情况的新技术，为研究作战指挥提供了新的手段。

“民兵”最早是什么时候开始设置的

一提到“民兵”这两个字，现代人的普遍会认为民兵是抗日战争时期的产物。事实上，这是一种非常错误的说法。那么中国到底是何时出现“民兵”这个字样的呢？

据《魏书》卷五十一记载，北魏文成帝兴安二年(公元453年)，淮阳王皮豹子曾上表：“臣所领之众，本自不多，唯仰民兵，专恃防固。”可见，中国早在北朝时期就已经开始使用“民兵”一词。到了北宋时期，也把民兵称作乡兵。当时的民兵已经逐渐成为国家武装力量的组成部分。神宗熙宁三年(公元1070年)，政治家王安石变法，推行保甲，倡训民兵。熙宁五年，民兵隶属兵部。哲宗嗣位(公元1086年)后，废除民兵。元顺帝时设立民兵万户府，下诏各地组织民兵（亦称义兵），结堡自卫。

由此可见，中国民兵的历史由来已久，只不过在封建社会，民兵多为地主阶级用以维持统治的工具。

击鼓鸣金代表何种军令

击鼓和鸣金是古代军事指挥的号令。击鼓就是敲战鼓，鸣金就是鸣钲。在《荀子汉兵》中有这样一句话：“闻鼓声而进，闻金声而退。”意思是军队听到击鼓号令就要开始进攻，听到鸣金号令就要收兵撤退。那么这种规矩是最初是谁定的呢？为什么不是击鼓而退，鸣金而进呢？

传说“击鼓鸣金”其实最初是由黄帝发明的。当年黄帝从东海流波山上猎获了一种叫作“夔”的动物，它全身青黑色，发出幽幽的光亮，形状像牛，但头上不长角，而且只有一只脚。这种动物目光如电，叫声如雷，十分威武雄壮。当时黄帝为它的叫声所倾倒，就剥下它的皮制成80面鼓。在黄帝与蚩尤作战时，他让玄女娘娘亲自击鼓，顿时声似雷霆，直传出500里。从此后世就有了“击鼓进军，鸣金收兵”的规矩。

烽火台是用来做什么的

烽火台是古时军队用于点燃烟火传递重要消息的高台，古时又把它称作烽燧、烽堠、烟墩，是最古老但行之有效的土电报。在今天的很多古装影视剧中，我们也时常见到古时烽火台的模样，而且还会发现，电视里面的烽火台往往只是建造在长城上。正是因为如此，现代的很多人认为：烽火台就是长城建筑的一部分，最早就是出现在长城上。事实上这种看法是错误的。

其实烽火台的建筑早于长城，但自长城出现后，长城沿线的烽火台便与长城密切结为一体，成为长城防御体系的一个重要组成部分，有的甚至就建在长城上。特别是在汉代，朝廷非常重视烽火台的建筑，在某些地段，连线的烽火台建筑甚至取代了长城城墙建筑。

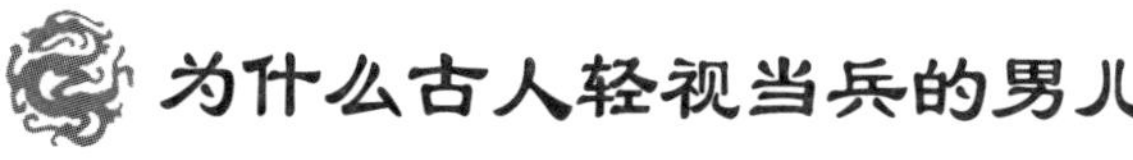

为什么古人轻视当兵的男儿

在民国以前，民间一直流传着这样一句话：“好铁不打钉，好男不当兵。”意思很明了，就是当兵的男的是最没出息的。古人为什么会有这样的观点呢？这句话到底产生于什么时代？

其实，看不上男人当兵的观念最严重的时期是北宋，因为北宋是个重文轻武的时代。宋太祖赵匡胤是武将出生，他在后周禁军将领的帮助下发动陈桥兵变，建立了北宋政权。当了皇帝的赵匡胤从自己身上深深体会到武将一旦造反，所产生的后果是不可想象的。所以为了防止国家易主，防止旧戏在自己身上重演，赵匡胤开始崇文抑武，用儒家思想来控制社会。

正是由于宋太祖的这一政策，使得宋朝从中央到地方的政权机构中，包括最高军事决策机构，科举出身的文官成为当时执政的主体力量。因为宋代的文官已经不会习武，所以没有造反的本事，反而受到重用。于是就逐渐产生了唯有科举出身的文官才算是当之无愧的士大夫的时代观念，武官则算不上是士大夫。正因宋代人尚文轻武，所以“好铁不打钉，好男不当兵”的话头也就从那时传了下来。

古代第一个女将军是谁

提到历史上的女将军，读者首先会想到替父从军的花木兰，会想到戏剧中的杨门女将。其实中国历史上正式被当朝皇帝册封为女将军的，只有秦良玉一位。

秦良玉是一位苗族姑娘，从小受父亲的影响，极具爱国热情。秦良玉是家中唯一的女孩，父亲尤其钟爱她，鼓励她习武，以免她在兵火战乱中受欺凌。

万历二十七年，播州宣慰使杨应龙作乱。次年二月朝廷集结重兵，围剿叛军，马千乘亦率五百精兵跟随，秦良玉参加了这支军队。在平叛战争中，秦良玉初露锋芒，取得了很突出的战功。

万历四十一年（公元1613年），马千乘被太监邱乘云诬陷，冤死云阳狱中，朝廷因秦良玉屡立战功，于是命令她代为石柱宣抚使。从此秦良玉开始了戎马生涯，南征北战，威名远播。

明朝末年，秦良玉力保朝廷，在抗击清兵入侵中屡立战功，崇祯皇帝派特使表彰她，并在平台召见了她，亲自赋诗赠给她："蜀锦征袍手剪成，桃花马上请长缨。世间多少奇男子，谁肯沙场万里行？"

所以，秦良玉是唯一一位经过册封的巾帼不让须眉的女将军。

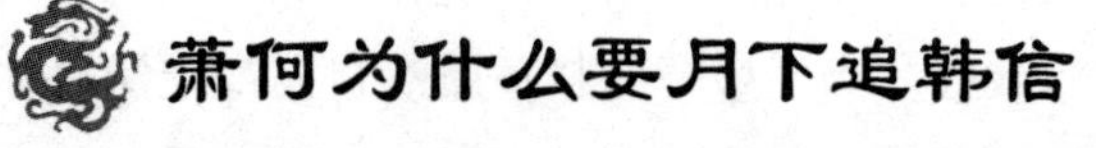

萧何为什么要月下追韩信

中国历史上有一段萧何月下追韩信的趣事，时常被后世当作是千古佳话所传唱。你知道萧何为什么要在月下追韩信吗？

原来，当年韩信投奔到刘邦帐下，本想着从此可以大有一番作为，哪知刚开始刘邦并不重用他。韩信看到刘邦也不信任他，就连夜跑了。这可急坏了萧何，于是他来不及向刘邦说句话，骑上马就去追韩信。萧何借着月光马不停蹄地追了一夜，终于在一个小树林中追上韩信。在萧何的再三恳求下，韩信勉强跟萧何回去了。

此时的刘邦正为萧何的不知去向在发愁呢，忽然见萧何领着韩信来见他，

不禁笑骂道："你不是跑了吗，怎么又回来了？"萧何就向刘邦汇报了他跑的原因。刘邦一听，立马怒骂道："多少文臣武将跑了你不去追，却去追一个无名小卒。你分明在骗我嘛。"萧何却很镇定地对刘邦说："除了韩信，其他人的去留都无关紧要。如果你想夺取天下，就必须有韩信的辅佐，别无他人。这就是我追韩信的原因。"刘邦最终听从了萧何的建议，以隆重的仪式拜任韩信为大将。

后来，正如萧何说的那样，韩信果然是用兵如神，打败了项羽，为刘邦夺取天下立下了汗马功劳。

中国古代都有哪些刑罚

中国古代在执行死刑时，除了常用的斩首之外，还有很多种刑罚，常见的有如下几种。

（1）绞刑。绞刑有好几种，有的是吊死，有的是勒死，大多数是用绳索或类似的东西来阻止人的呼吸，让其窒息而死。

（2）毒药。毒药用来执行死刑，应该说比绞刑更体面也更人道些。在中国，一般都是皇帝赐死才使用毒药。

（3）溺刑。指把人抛进水里淹死。一方面这么做简单易行，另一方面，许多民族都认为水能洗涤人的罪恶，所以这种刑罚在世界各地都有记载。

（4）活埋。在中国古代，活埋的名称是"坑"。活埋，就是把活人埋葬在土里，使人窒息而死。

（5）饿死。把人活活饿死，最早是在原始社会，人们把失去劳动能力的老人或无力抚养的小孩抛弃在野外。在中国古代，饿死往往也是一种"仁慈"的死法，如武则天的女婿薛绍家族参与了反对女皇的密谋，结果全家都被处以这种刑罚。

（6）钝击。用任何一种有点分量的钝器打击都可能致死。

（7）肢解。肢解的俗称就是大卸八块。秦始皇曾把27个劝阻他囚禁太后的人砍断四肢，扔在阙下。古代还有一种肢解方法是车裂，也叫五马分尸。

（8）凌迟。凌迟是从辽代开始正式写进法律的，指把人身上的肉一刀一刀刮下来。

头颅为什么又叫首级

在我国古代，尤其是在古代的军队中，时常把人的头颅称作“首级”。为什么要这样叫呢?

原来，古人认为头是人体之首，所以就把头称为首，一首一级。久而久之，人们就把头颅叫作“首级”了。秦汉时期，军队作战有一条奖励制度，凡是斩下敌人的一个人头者，赐爵一级。后世把这种制度叫作“首级制度”。

“首级制度”原是为了鼓励将士奋勇杀敌，岂料士兵们为了争夺首级，经常自相残杀。据《史记》记载，项羽自刎而死，王翳取其头跑掉了，另外十余骑为争夺项羽的身子，“相杀者数十人”。此外，有的人还把首级当成了商品，卖给无战功的人。大量的事实表明，“首级制度”很不可取。

直到北宋，大将狄青向皇帝上书陈述“首级制度”的种种弊端，建议皇帝予以废除。仁宗皇帝批准了狄青的建议，废除了“首级制度”。从那以后，“首级制度”就在中国历史上销声匿迹了，但“首级”作为头颅的别称却一直沿用了下来。

凌迟是一种什么样的刑罚

我们时常在一些史料或是电视剧中看到“凌迟处死”这个刑罚。“凌迟”的本意是：山陵的坡度是慢慢降低的。那么，这个词转到刑罚中，是怎样的一种刑罚呢?

“凌迟”也称“陵迟”，即民间所说的“千刀万剐”。意思是指处死人时将人身上的肉一刀刀割去，使受刑人痛苦地慢慢死去。

“凌迟”这种刑罚最早出现在五代时期，正式定为刑名是在辽。《宋史》刑法志上说：凌迟是“先断其肢体，乃绝其亢”。“亢”是指咽喉。这样看来宋朝的“凌迟”是一种肢解刑，而不是脔割。这种刑法主要用于处罚那些“十

恶不赦”的罪犯，如谋反、大逆等。但后来为了镇压农民反抗，对于不按时交纳赋税的也要处以凌迟刑，这在明太祖时期尤为常见。

到了清朝乾隆时期，如果打骂父母或公婆、儿子杀父亲、妻子杀丈夫，也是触犯伦理道德的重罪，要处凌迟刑。

戊戌变法后，朝廷被迫作出一些政策改变。光绪三十一年（公元1905年），下令将凌迟和枭首、戮尸等法“永远删除，俱改斩决”。从此，凌迟才被斩首代替了。

宫刑一般用来惩罚哪种人

太史公司马迁遭受了“宫刑”，使这种刑罚千百年来被人们所牢记。那么宫刑到底是一种什么样的刑罚呢？它最初的作用是什么？

“宫刑”在中国历史上很早就有了。在《尚书》中有几处提到了五刑和宫刑，据说宫刑至少在夏禹以前就已出现。周朝时将受了宫刑的男子称为“寺人”。“寺”字为“士”与“寸”二字构成，古文字中“士”是男性生殖器的象形字，“寸”像一只手拿着一把小刀，“士”“寸”合在一起就是用刀割去男性生殖器。所以，男子受宫刑，一般理解是将阴茎连根割去，但据古籍记载，也有破坏阴囊与睾丸者。

宫刑最初的作用是为了惩罚男女之间不正当的性关系，后来被统治者用来惩罚那些罪责比较大的犯人。

宋朝的监狱有什么特点

在今天的人们看来，监狱就是一个服刑机构，或者说它就是关押犯人的地方。然而令人疑惑的是，宋朝的监狱里面居然没有服刑人员。既然不关押服刑的罪犯，那么监狱的用处是什么呢？

其实，宋朝的监狱不是服刑的机构，监狱中没有服刑人员，这和宋代的刑罚体系有很大的关系。宋代笞、杖、徒、流、死为五种法定刑罚，其中笞、杖、流、死都不在监狱中执行。徒刑可以用钱赎刑，并且宋太祖还制定了把徒刑折换成杖刑的方法。因而，对于犯有徒刑的罪犯，就可以交一定的赎金或是受一定的杖责而不再服徒刑。即使不赎刑或不受杖责，这些徒刑犯也不是在监狱中服刑，而是安置到官营的生产部门或军队中服劳役。

既然监狱中不关押服刑的罪犯，那么监狱的用处是什么呢？宋朝监狱主要作这样几个用途：与案件相关的当事人、证人以及和案件有关系的人会被关押在监狱，押解途中的罪犯也要暂时关押到监狱中，有时监狱也用作维持治安的临时拘留所。另外，不交国家赋税的人也往往会被投入监狱之中。宋朝监狱中所关押的人主要是刑事案件的被告人，已经判决尚未执行的罪犯，以及刑事案件的证人。此外还有民事案件的当事人以及已经被判处死刑但还没有执行的犯人。

所以宋代监狱是临时关押之地，而不是服刑和劳动改造的场所。

《唐律疏议》在封建法制史中有着怎样的地位

唐朝永徽三年（公元652年），朝廷将法典《律疏》与《律》合为一体，统称为《永徽律疏》，宋元时称作《故唐律疏议》，明末清初开始叫作《唐律疏议》。《唐律疏议》是中国历史上保存至今的最具影响力的封建法典，也是一部完整的、综合性的封建法典，它将法律条文与对条文的解释有机地结合在一起，反映了唐代律学的统一和发达。

《唐律疏议》从结构上包含律文和相应的法律解释两部分，内容清晰且便于使用。唐律的条文涵盖广泛、疏而不漏，全面维护着唐朝封建统治秩序的稳定。它的基本特征就是对唐律律文进行周密、系统、完整的解释，即“疏议”部分，这部分是中国古代律学之精华的体现。律文的解释丰富了律文的内容及其法理的色彩，建立起了一个律学的体系，从而使中国古代的律学达到了最高的水平，成为中国乃至世界封建法律的最高成就。

唐代对律文的疏解是古代社会解律经验的集中体现，对律文的各种解释基本上都包括在这一部刑律之内，成为后世法律的典范。

参考文献

[1]中华书局编辑部.中国人应知的国学常识（插图本）[M].北京：中华书局，2010.

[2]星汉.不可不知的3000个文化常识[M].北京：中国华侨出版社，2011.

[3]紫妩晴.万事万物由来知识全书[M].北京：中国纺织出版社，2012.